Lauren Brooke

Sonderband

Ein Paradies für Pferde

Aus dem Englischen
von Birgit Hock

Ravensburger Buchverlag

Die Ausgabe enthält die beiden Bände
„Rückkehr nach Haus“ und „Nach dem Sturm“,
die in der Reihe von „Heartland – Paradies für Pferde“
im Ravensburger Buchverlag erschienen sind.

Die englische Originalausgabe erschien bei Scholastic Inc., New York
unter dem Titel „Heartland – Coming Home“

Die englische Originalausgabe erschien bei Scholastic Inc., New York
unter dem Titel „Heartland – After the Storm“

Umschlagkonzeption: Scholastic, New York

Printed in Germany

ISBN 3-473-34986-0

www.ravensburger.de

Rückkehr nach Haus

Mit besonderem Dank an Linda Chapman

1

Der Schulbus verschwand in der Ferne. Amy Fleming warf sich den Rucksack über die Schulter und lief los zur Farm, nach Heartland hinauf. Auf den Weiden zu beiden Seiten des staubigen Weges grasten Pferde und Ponys zufrieden in der Nachmittagssonne und vertrieben schweifschlagend die Fliegen, die um sie herumschwirrten. Amy lächelte. Beim Anblick der Tiere schlug ihr Herz jedes Mal höher, sie war froh, zu Hause zu sein.

Mit schnellen Schritten lief sie auf das schindelgedeckte Haus und die Stallgebäude zu. Als sie näher kam, wurde eine der Boxentüren gerade geöffnet, und Ty, der siebzehnjährige Stallbursche, führte Copper, einen Fuchs-Wallach, hinaus.

Amy winkte, aber Ty konzentrierte sich auf das Pferd und bemerkte sie nicht. Er brachte den Wallach an den nebenan liegenden Weiden vorbei zum Roundpen am oberen Ende des Geländes. Amy beschirmte die Augen. Jetzt konnte sie auch die schlanke Gestalt ihrer Mutter erkennen; sie wartete schon am Gatter, ihr blondes Haar glänzte in der Sonne.

Amy rannte am Haus vorbei und lief Ty hinterher. Nichts mochte sie mehr, als ihrer Mutter bei der Arbeit zuzusehen.

Der Wallach schlug mit dem Kopf, um die Fliegen abzuwehren. Ganz automatisch hob Ty die Hand, um die lästigen Insekten zu verscheuchen. Da sprang Copper mit einem lauten, alarmierenden Wiehern einen Satz zurück.

„Copper!“ Amy schnappte nach Luft, als sie sah, wie das Pferd hochstieg und seine Hufe durch die Luft wirbelten.

„Hey!“, schrie Ty und stolperte erschreckt.

Coppers Vorderhufe schlugen auf den Boden. Panik stand in seinen Augen. Ty kriegte den Führstrick zu fassen, aber die hastige Bewegung veranlasste das verschreckte Pferd erneut dazu, sich aufzubäumen. Wenige Zentimeter von Tys Kopf entfernt wirbelten Coppers Hufe durch die Luft.

„Hierher!“, rief jetzt Marion Fleming. Im nächsten Augenblick stand sie neben Ty und nahm ihm den Strick aus der Hand. „Ruhig, ganz ruhig!“

Für den Bruchteil einer Sekunde berührte Copper mit seinen Hufen den Boden, dann stieg er wieder empor. Marion hielt den Strick locker und ließ das Pferd toben. Aufmerksam beobachtete Amy, wie ihre Mutter nun mit leisen, sanften Worten versuchte, das verängstigte Tier zu beruhigen.

Copper kam schnaubend herunter und stieg sofort wieder in die Höhe, dieses Mal allerdings nicht ganz so steil. Marion redete weiter beschwichtigend auf Copper ein. Wieder krachten seine Hufe auf den Boden – aber nun blieb er zitternd stehen. Eine lange Sekunde – die wie eine Ewigkeit schien – bewegte sich Marion überhaupt nicht, fixierte den Wallach und redete beruhigend auf ihn ein. Als er sich entspannte, drehte sie sich zur Seite und ging mit abgewandtem Blick langsam auf ihn zu. Amy hielt den Atem an. Marion griff nach Coppers Halfter. Er schnaubte und senkte den Kopf. Amy seufzte erleichtert.

Ty war blass. „Ich kann es nicht fassen, dass ich so dumm war!“

Marion drehte sich um. „Schon okay, Ty“, sagte sie. „Dir ist einfach ein Fehler unterlaufen. Du hast vergessen, wie Copper reagiert, wenn jemand versucht, ihn an den Kopf zu fassen!“ Sie tätschelte das Pferd. „Er hat ja auch allen Grund dazu.“

Amy wusste, worauf sie anspielte. Copper war vor vier Wochen nach Heartland gekommen, ein verängstigtes Springpferd, dessen Besitzern nachgesagt wurde, ihm brutal die Gerte über Kopf und Hals gezogen zu haben, wenn er im Parcours ein Hindernis riss. Nur ganz allmählich gewann Copper unter der Fürsorge ihrer Mutter sein Vertrauen in die Menschen zurück.

Jetzt erst schien Marion von Amy Notiz zu nehmen. „Hallo, Liebling!“ Ihre blauen Augen leuchten auf. „War's schön in der Schule?“

„Klar“, erwiderte Amy. Sie hatte keine Lust, über die Schule zu reden. „Ist Copper in Ordnung?“

„Er schafft das schon.“ Marion führte das Pferd ins Roundpen. „Ich werde ein Join-up mit ihm versuchen. Möchtest du zusehen?“

„Na klar!“ Sie stellte sich neben Ty ans Gatter. „Hallo, Ty!“

„Selber Hallo!“, antwortete Ty. Seine dunklen Haare fielen ihm ins Gesicht, in seinen grünen Augen war Selbstverachtung zu lesen. „Bestimmt hast du das eben mitgekriegt.“

Sie nickte.

„Ich kann's einfach nicht fassen, dass ich versucht habe, ihm die Fliegen vom Kopf zu verscheuchen, Amy“, sagte Ty. „Bin ich denn bescheuert?“

„Mach dir keine Sorgen“, sie stieß ihn freundschaftlich in die Seite. „Schau dir Copper doch jetzt mal an!“

Amy war gefesselt von dem, was sie sah. Der Wallach galoppierte frei in kleinen Kreisen durch den Ring, sein Hufschlag war ruhig und rhythmisch. Marion Fleming stand in der Mitte. Sie benutzte weder Seil noch Longe, doch es schien, als existierte zwischen ihr und dem Pferd ein unsichtbares Band. Wenn sie einen Schritt nach vorn machte, wurde Copper langsamer – wenn sie zurücktrat, beschleunigte er. Sein äußeres Ohr war nach vorn gerichtet, aber das innere fixierte Marion in der Mitte des Platzes. Jetzt streckte Copper den Kopf nach unten und schnaubte. Damit gab er zu verstehen, dass er ihr vertraute.

Amy sah zu Ty. Ihre Blicke trafen sich und sie tauschten ein Lächeln. „Es ist einfach sagenhaft, deiner Mutter beim Arbeiten zuzusehen!“, sagte er. „Wenn ich im Umgang mit Pferden nur ein Zehntel so gut wäre wie sie, wäre ich glücklich!“

„Ich auch“, seufzte Amy.

Marion ermunterte Copper aufs Neue. Und dann, nach zwei weiteren Runden, begann das Pferd, sein Maul zu öffnen und wieder zu schließen – als würde es kauen. Amy wusste, dass dies das Signal war, auf das ihre Mutter gewartet hatte. Marion bewegte sich seitlich im rechten Winkel auf das Pferd zu und wartete. Der Wallach wurde langsamer und hielt schließlich an. Er blickte in die Mitte. Amy hielt den Atem an. War er bereit, sich ganz auf ihre Mutter einzulassen? Eine Sekunde lang wirkte er unschlüssig, dann ging er hinüber. Unmittelbar neben ihr hielt er an und schnaubte leise. Vorsichtig rieb Marion ihn zwischen den Augen.

Amy wusste, dass der entscheidende Moment gekommen war, ihre Mutter hatte einen Weg gefunden, den Kontakt zu dem verängstigten Pferd aufzubauen. Es war der erste Schritt zu seiner Heilung, ein großer Schritt.

Als Marion das Tier wieder in den Ring schickte, wandte sich Ty ab. „Komm schon, lassen wir deine Mom allein", sagte er mit leiser Stimme.

Amy nickte und griff nach ihrer Tasche. Gemeinsam liefen sie wieder an den Weiden vorüber, an den hinteren zwölf Boxen vorbei und auf das große Stallgebäude zu.

Ty hatte vor drei Jahren als Aushilfe auf der Heartland Farm angefangen – zunächst, um sich mit Wochenendarbeit und an den Nachmittagen nach der Schule etwas Geld zu verdienen. Als er sechzehn wurde, hatte er die Schule verlassen, und widmete sich nun hauptberuflich den Pferden. Amy war froh darüber. Ty verstand sich prächtig auf die Tiere, und es machte Spaß, ihn um sich zu haben.

„Ich muss Chester noch putzen." Ty ging zur Sattelkammer, um sich Halfter und Putzzeug zu holen.

Amy lief ihm voraus, zum Stall hinüber, wo Chester, ein großer brauner Hunter, seinen Kopf durch die obere Hälfte der geteilten Tür streckte. Er war nach Heartland gekommen, um von seiner Furcht vor Pferdetransportern kuriert zu werden. „Na, geht's dir nicht großartig?", sagte Amy und streichelte seine Nüstern, gerade als Ty mit dem Halfter kam.

„Ich wusste gar nicht, dass dich das interessiert!" Ty grinste.

„Glaub bloß nicht, dass du gemeint warst!"

Ty öffnete die geteilte Tür ganz und trat in den Stall, er tätschelte den Braunen. „Morgen geht er wieder nach Hause. Deine Mom sagte, dass er so weit ist!"

„Morgen?“, wiederholte Amy, und ihr Herz wurde schwer bei dem Gedanken, Abschied nehmen zu müssen. Sich von den Pferden trennen zu müssen, wenn ein neues Zuhause für sie gefunden worden war oder wenn sie, wie in Chesters Fall, zu ihren eigentlichen Besitzern zurückkehrten, war eine der unschönen Seiten, die das Leben und die Arbeit auf Heartland mit sich brachten. „Ich werde ihn vermissen!“

Ty nickte. „Ich auch.“

Einen Moment lang streichelten beide schweigend das Tier.

„Hey, Kopf hoch!“ Ty blickte Amy an. „Das heißt aber auch …“

„… dass wieder Platz ist für ein anderes Pferd, dem wir helfen können!“, beendete Amy den Satz. „Wir haben beide das Gleiche gedacht!“

„Weißt du, ob Lou angerufen hat?“, fragte sie ihn, als er nach Kardätsche und Striegel griff und anfing, Chester zu putzen.

Ty schüttelte den Kopf. „Keine Ahnung. Warum? Erwartest du ihren Anruf?“

„Sie wollte zu meinem Geburtstag kommen, wusste nur noch nicht wann genau.“ Bei dem Gedanken an ihre Schwester begannen Amys graue Augen zu strahlen. „Ich freue mich so auf sie! Es ist Ewigkeiten her, seit wir uns das letzte Mal getroffen haben!“

„Und es ist wirklich sicher, dass sie kommt?“, forschte Ty nach.

„Ja.“ Amy bemerkte seinen skeptischen Blick. *„Ja!“*, bestätigte sie. „Sie hat es ganz fest versprochen.“

Amy schulterte ihre Tasche und lief hinüber zu dem weiß gestrichenen Farmhaus, das im rechten Winkel zum Stall stand. Sie konnte es Ty nicht übel nehmen, dass er an Lous Worten zweifelte. Seit Lou vor einem Jahr von England nach New York gezogen war, um dort einen Job bei einer Bank anzutreten, hatte sie mehrfach versprochen, sie zu besuchen. Doch bisher war immer etwas dazwischengekommen.

Amy stieß die Hintertür des Hauses auf und streifte sich die Turnschuhe von den Füßen, bevor sie in die Küche lief. „Hi! Da bin ich!"

Die Küche war groß, aber ziemlich voll gestopft. In der einen Ecke stand ein Holzregal, das überquoll von Pferdebüchern und Zeitschriften. Auf dem alten, etwas mitgenommenen Tisch war jede Menge Krimskrams – ein Hufkratzer, eine Trense, ein einzelner Handschuh, eine Schale mit Schlüsseln.

Amys Großvater, Jack Bartlett, war gerade dabei, eine hölzerne Putzkiste zu reparieren. „Na, Süße, wie war's?" Er legte lächelnd den Schraubenzieher beiseite. Amy rollte mit den Augen und griff sich eine Limonade. „Jetzt, wo die Schule aus ist, geht's mir gleich viel besser! Hat Lou angerufen?"

Jack Bartlett schüttelte den Kopf. „Noch nicht. Ich denke, sie meldet sich, sobald sie Feierabend hat."

Amy nickte und nahm sich eine Hand voll Kekse aus der Dose. „Ich zieh mich schnell um, Grandpa."

Immer zwei Stufen auf einmal nehmend lief sie die Wendeltreppe, die in ihr Zimmer führte, hinauf. Sie öffnete die Tür und stieg vorsichtig durch das heillose Durcheinander von Pferdezeitschriften, die wie immer verstreut auf dem Boden verteilt waren. Das Bett war nicht gemacht. Auf dem Nachttisch lagen Teile ihrer Putzausrüstung. Während Amy in die Arbeitsjeans schlüpfte und ein T-Shirt überstreifte, blickte sie nach draußen auf das vordere Stallgebäude. Chester streckte noch immer seinen Kopf aus der Box, und Ty lief gerade zu Pegasus hinein. Amy fasste ihre langen, dunklen Haare zu einem Zopf zusammen und eilte wieder hinunter in die Küche.

In diesem Moment klingelte das Telefon. „Ich geh schon ran!“, rief sie und schnappte sich den schnurlosen Hörer. „Das ist ganz bestimmt Lou.“

Tatsächlich war Lou am Apparat. „Telepathie!“, freute sich Amy. „Ich habe gewusst, dass du es bist!“

„Ja, ich bin's“, sagte Lou. „Hallo.“

„Wann kommst du morgen?“, fragte Amy eifrig. „Abendessen gibt's um sieben, aber Mom meinte, dass du bestimmt schon früher kommst. Ich freu mich schon so!“

„Also …“

Amy hörte die Zurückhaltung in Lous Stimme. „Du kommst doch, oder?“, hakte sie nach.

„Tut mir Leid“, sagte Lou etwas schwerfällig. „Aber mir ist in meinem Job etwas dazwischengekommen, in letzter Minute … Ich kann die Arbeit nicht einfach liegen lassen.“

„Aber du hast es versprochen“, protestierte Amy. „Und ich habe Geburtstag!“ Sie wusste, dass sie wie ein trotziges, sechsjähriges Kind klang, aber das war ihr völlig egal. Sie konnte nicht glauben, dass Lou ihren Besuch schon wieder absagte.

„Das weiß ich. Und es tut mir schrecklich Leid. Ehrlich!“ Plötzlich klang Lou wieder etwas fröhlicher. „Warum kommst du nicht einfach zu mir nach New York? Wir könnten zusammen einkaufen gehen oder irgendeine Show besuchen. Machen, wozu du gerade Lust hast!“

„Ja, sicher.“ Amys Stimme klang belegt.

„Kannst du Mom und Grandpa sagen, dass es mir Leid tut?“, bat Lou. „Ich habe eben ein Päckchen an dich abgeschickt. Und Carl hat angerufen, er lässt Grüße ausrichten.“

Amy brachte keinen Ton hervor. Carl Anderson war Lous Freund. Amy war ihm nur ein einziges Mal begegnet, aber er war ihr auf Anhieb unsympathisch gewesen. Als sie ihm von der Arbeit ihrer Mutter erzählte, hatte er nur gelacht und kommentiert: „Ein Seelenklempner für Pferde? Herrje!“ Sie konnte einfach nicht verstehen, was Lou an ihm so anziehend fand.

Lou schien Amys Betroffenheit zu spüren. „Ich hole den Besuch bald nach“, versicherte sie schnell. „Versprochen. Aber ich muss Schluss machen. Tschüss!“

Wütend legte Amy auf. „Sie kommt wieder nicht?“, fragte ihr Großvater leise.

„Nein!“ Amy war wütend. „Sie muss arbeiten. *Wie immer!“*

Jack Bartlett seufzte. „Du weißt, wie wichtig Lou ihren Job nimmt – er bedeutet ihr sehr viel.“

„Mein fünfzehnter Geburtstag ist auch wichtig!“, rief Amy. „Und überhaupt ist das Ganze nur eine billige Ausrede. Sie *will* einfach nicht hierher kommen. Das weißt du ganz genauso gut wie ich! Sie findet jedes Mal eine andere Ausrede.“

Der Großvater widersprach ihr nicht. „Es ist nicht einfach für sie“, sagte er mit einem Seufzer. „Das weißt du doch.“

Amy zog ein finsteres Gesicht und ließ sich auf einen Stuhl fallen. Grandpa klopfte ihr auf die Schulter. „Ich hab was für dich.“ Er reichte ihr die neueste Ausgabe der Zeitschrift HORSE LIFE.

„Endlich!“, rief Amy aus. Augenblicklich vergaß sie ihre Schwester, schlug die Zeitschrift auf und ließ ihren Blick über die Seite mit der Inhaltsangabe schweifen. Tatsächlich! Da, auf Seite 23: DAS LEBEN AUF DER HEARTLAND FARM!

Schnell blätterte sie durch die Seiten des Magazins und las:

Inmitten der sanften Hügellandschaft im Nordosten des US-Bundesstaates Virginia arbeitet Marion Fleming, die berühmte „Pferdedame“, auf der Heartland Farm, einer Tierklinik für Pferde, für Ponys und Esel. Die Tiere kommen hierher, um geheilt zu werden und um sie die Narben aus der Vergangenheit vergessen zu lassen.

Amy grinste. Das gefiel ihr. Sie las weiter:

Vor zwölf Jahren, nachdem ihre Ehe zerbrochen war, begann Marion Fleming, einst eine der besten Springreiterinnen der Welt, mit der Arbeit auf Heartland. Infolge eines schweren Sturzes bei einem Wettkampf war ihr damaliger Ehemann Tim Fleming, ein britischer Springreiter von Weltklasse, an den Rollstuhl gefesselt geblieben, unfähig, jemals wieder reiten zu können.

Amy runzelte die Stirn und überflog den Rest des Abschnittes. Darin wurde der Unfall ihres Vaters beschrieben. Wie es geschehen war, dass er, auf dem besten Weg, die Weltmeisterschaften zu gewinnen, ein Rennen gegen die Uhr bestritten hatte und sein Pferd Pegasus zu scharf auf den letzten Oxer zugeritten hatte. Pegasus erwischte den Absprung nicht und geriet mit seinen Vorderbeinen zwischen die Stangen. Er stürzte ins Hindernis und begrub seinen Reiter unter sich. Tim Fleming hatte sich dabei schwere Lähmungen zugezogen.

Ein Schauer lief Amy über den Rücken. Damals lebten sie alle in England und sie, Amy, war gerade drei Jahre alt gewesen. Sie konnte sich kaum an den Unfall erinnern oder an das, was danach geschehen war – als Daddy sie verlassen hatte, weil er es nicht schaffte, mit seiner Behinderung zurechtzukommen. Ihre ersten wirklichen Erinnerungen hatte sie an Heartland, das Zuhause ihres Großvaters, wo sie mit ihrer Mutter und Pegasus seitdem lebte. Mit einem schnellen Blick erfasste Amy die folgenden Zeilen. Sie war erleichtert, als sie feststellte, dass sich der nächste Abschnitt wieder mit dem Leben auf der Farm beschäftigte.

Mit seinen achtzehn Boxen ist Heartland eine Tierklinik für Pferde, die aus Verhältnissen übler Vernachlässigung oder von eklatanter, physischer Misshandlung gerettet worden sind. Ein Zufluchtsort auch für Pferde, die kein Zuhause mehr haben oder denen woanders angeblich nicht mehr geholfen werden kann. Mit Methoden sowohl der konventionellen als auch der alternativen Medizin findet Marion Fleming immer einen Weg, ein Pferd zu erreichen. Sobald die Tiere geheilt sind, gelten ihre Anstrengungen dem Bemühen, für den jeweiligen Schützling ein neues, geeignetes Unterkommen zu finden.

Die Zeitschrift berichtete weiter, dass Marion Problempferde jeder Art behandele. Amy las den Artikel in einem Atemzug zu Ende. „Na, was steht drin?“, fragte Jack Bartlett, als sie aufblickte.

„Klasse!“ Amy war begeistert. Ihre schlechte Laune war verflogen. „Das klingt, als ob Mom tatsächlich Wunder vollbringt. Alle möglichen Leute werden uns wohl ihre Pferde bringen!“

Sie sprang auf.

„Aber Amy – man soll das Fell des Bären nicht verteilen, bevor …“

Amy lachte. Die Aufregung stand ihr ins Gesicht geschrieben. „Hat Mom den Artikel schon gesehen?“, fragte sie eifrig.

„Nein, noch nicht“, antwortete der Großvater.

„Ich muss ihn ihr gleich zeigen!“, erwiderte Amy.

Sie schlüpfte schnell wieder in ihre Turnschuhe und rannte hinaus, in der Hoffnung, dass Mom ihre Arbeit mit Copper nun beendet haben würde. In ihrem Kopf schwirrten jede Menge Gedanken. Der Artikel würde ihnen ganz bestimmt viele gut zahlende Kunden bringen, und mit dem Geld würden sie noch mehr Pferden auch aus freien Stücken helfen können. Die Fantasie ging mit ihr durch. Sie sah schon ein neues Stallgebäude mit zwanzig weiteren Boxen und einen Pick-up nebst Pferdehänger vor ihrem geistigen Auge. Vielleicht würden sie sogar eine Halle bauen; dann könnten sie auch im Winter trainieren, wenn der Reitplatz im Schlamm versank. Sie wollte, dass Heartland so erfolgreich wie nur möglich würde. Ganz sicher trug dieser Artikel dazu bei!

Sie kam zum Roundpen. Ihre Mutter stand in der Mitte und tätschelte Copper. „Komm nur rein!“, rief sie Amy zu.

Amy kletterte über das Gatter und rannte auf ihre Mutter zu. „Der Artikel im *Horse Life* ist da!“

Marion begann zu lesen. Amy streichelte derweil über Coppers warmen Nacken.

„Diese Zeile hier gefällt mir!“ Marion lachte. „… um sie die Narben aus der Vergangenheit vergessen zu lassen – klingt gut!“

„Finde ich auch!“ Amy nahm einen Mint-Snack aus der Tasche und hielt ihn Copper hin. Er leckte ihn auf, und Amy spürte Coppers warmen Atem auf ihrer Handfläche. Sie rieb ihm sanft übers Gesicht.

Marion lächelte und blickte kurz von der Zeitschrift auf. „Noch vor vier Wochen hätte er sich das nicht gefallen lassen!“

Amy nickte, aber sie ging nicht auf die von ihrer Mutter erwähnte gute Entwicklung Coppers ein. „Der Artikel ist klasse, nicht wahr? Ich wette, dass eine Menge Leute uns jetzt ihre Pferde bringen, damit wir ihnen helfen. Heartland wird richtig Geld abwerfen!“

„Zurzeit läuft es ganz ordentlich“, meinte Marion lächelnd. „Wir haben jetzt schon fast mehr Nachfragen, als wir annehmen können.“ Marion Flemings guter Ruf war beständig gewachsen, seit sie mit ihrer Arbeit auf Heartland begonnen hatte. Schon seit geraumer Zeit gab es immer Anfragen von Pferdebesitzern, die hofften, dass Marion ihre Tiere korrigieren könnte.

„Aber wenn wir noch mehr Kunden hätten, könnten wir einen neuen Stall bauen und noch mehr Pferden helfen“, sagte Amy.

Marion lächelte. „Lass uns einfach abwarten, was geschieht.“ Sie gab Amy die Zeitschrift zurück. „Komm, bringen wir Copper zurück.“

Als sie am Stallgebäude angekommen waren, erinnerte sich Amy plötzlich an die zweite, weniger erfreuliche Neuigkeit. „Lou hat angerufen“, sagte sie. „Sie kommt nicht.“

Marions Miene verdüsterte sich.

„Es ist immer dasselbe“, beschwerte sich Amy wütend. „Immer wieder verspricht sie vorbeizukommen, und dann sagt sie in letzter Minute ab. Sie interessiert sich überhaupt nicht für uns, für sie zählen nur ihr dummer Job und Carl!"

„Amy, du weißt, dass das so nicht stimmt", sagte Marion und begann Copper zu bürsten. „Lou hat dich wirklich gern – nicht nur dich, uns alle. Es fällt ihr aber nicht leicht, hierher zu kommen."

„Das ist doch Unsinn!", ereiferte sich Amy. „Heartland ist ihr Zuhause!"

„Ist es nicht!", widersprach Marion. „Und das weißt du genauso gut wie ich!"

Amy wollte ihrer Mutter widersprechen, aber tief in ihrem Innern wusste sie, dass Marion Recht hatte.

Nachdem ihr Vater sie damals verlassen hatte, wollte Lou nicht mit nach Virginia in die USA kommen. Überzeugt von der Tatsache, dass ihr Vater eines Tages zu ihnen zurückkehren würde, hatte sie darum gebettelt, auf einem englischen Internat bleiben zu dürfen. Marion hatte dem Wunsch nachgegeben, weil sie es für besser hielt, Lou nicht noch mehr Zerreißproben auszusetzen. Auch während der Ferien war Lou nie zu Besuch nach Heartland gekommen. Sie hatte jedes Mal eine andere Ausrede gefunden, um bei ihren Freunden in England zu bleiben. Als sie dann eines Tages doch auftauchte, machte sie keinen Hehl aus der Tatsache, dass sie den Pferden die Schuld an Daddys Unfall und seinem Fortgehen gab, und sie machte Marion und Amy Vorwürfe, England den Rücken gekehrt zu haben.

Amy seufzte. Trotz aller Differenzen mochte sie ihre Schwester. „Ich würde sie einfach gerne wieder einmal sehen, Mom!"

„Ich weiß, Liebling. Bestimmt wird sie eines Tages zu uns kommen.“

„Ja, vielleicht, wenn ich sechzig bin“, gab Amy patzig zurück. „Warum kann sie Daddys Unfall nicht einfach vergessen? Das ist jetzt schon so lange her!“

Marion schüttelte den Kopf. „Ich weiß, dass es dir wie eine Ewigkeit vorkommt. Aber Lou war ein ganzes Stück älter als du, als der Unfall geschah, und sie war ihrem Daddy sehr nahe. Die beiden waren unzertrennlich.“ Der Anflug von einem Lächeln zeigte sich auf ihrem Gesicht. „Er war so stolz auf seine kleine Lou. Er konnte sie auf jedes Pferd setzen, ganz gleich welches, sie kam mit allen klar. Sie ist ihm sehr ähnlich – mutig und genauso praktisch veranlagt. Und du weißt, dass Lou nach seinem Unfall eine ganze Menge geleistet hat.“ Sie seufzte, und Amy konnte die Traurigkeit in den Augen ihrer Mutter lesen. „Sie war sehr stark und hat sich um vieles während unseres Umzugs gekümmert. Ich weiß nicht, wie wir das damals alles ohne sie geschafft hätten.“

Marion blickte zu Boden und schwieg. Amy schluckte. Plötzlich hatte sie ein schlechtes Gewissen. Nie zuvor hatte sie darüber nachgedacht, dass auch ihre Mutter Lou vermisste.

Marion streichelte Copper den Schopf und zwang sich zu einem Lächeln. „Eines Tages wird sich Lou mit allem, was geschehen ist, abfinden“, sagte sie zu Amy. „Du wirst schon sehen.“

Aus der Nachbarbox streckte Pegasus jetzt seinen Kopf nach draußen und begrüßte sie mit einem leisen Wiehern. Liebevoll legte Marion eine Hand auf seinen großen, weißen Kopf.

Amy ging ihr nach. „Und ich – bin ich Daddy auch ähnlich?“

Marion schwieg eine Weile.

„Bitte!“ Amy ließ nicht locker. Seit einiger Zeit dachte sie immer öfter darüber nach, was damals passierte, aber ihre Mom war nur selten in der Stimmung, über die Trennung von ihrem Vater und über ihn selbst zu reden.

Marion musterte Amys schlanke, fast zerbrechlich wirkende Gestalt, die dunklen Haare und ihre langen, schwarzen Wimpern. „Äußerlich bist du ihm schon ähnlich“, sagte sie ruhig. „Aber von deinem Wesen her kommst du wohl eher nach mir – spontan und intuitiv.“ Sie lächelte. „Wahrscheinlich sind wir beide deshalb so ein tolles Team. Lou ist eher praktisch veranlagt, sie steht mit beiden Beinen auf der Erde.“

„Wie Daddy?“, fragte Amy.

„Ja.“ Marion nickte. Dann hielt sie inne, ihr Blick verdüsterte sich. „Na ja – zumindest habe ich immer so von ihm gedacht.“ Ihre Stimme war so leise, dass Amy sie kaum verstehen konnte. Dann lächelte sie wieder. „Komm schon, schau nicht so traurig drein! Lass uns schnell die Tiere füttern und dann mach einen Ausritt. Heute ist so ein wunderschöner Nachmittag. Ty und ich können uns den Rest der Arbeit teilen.“

Amy war von dem Vorschlag ihrer Mutter überrascht. So ein Vergnügungsritt musste immer hinter der Arbeit zurückstehen. „Okay“, sagte sie und ihre Miene hellte sich auf.

Marion lächelte. „Immerhin hast du schon fast Geburtstag.“

„Soraya wollte nachher noch vorbeischauen“, sagte Amy. „Vielleicht hat sie ja Lust mitzukommen.“

Amy und Soraya waren seit der dritten Klasse miteinander befreundet und teilten auch ihre Pferdeliebe.

Marion nickte. „Gute Idee. Macht euch einen schönen Nachmittag."

In diesem Moment wurde die Hintertür des Wohnhauses aufgerissen und Jack Bartlett sah heraus. „Marion! Telefon!"

Marion warf Amy noch ein kurzes Lächeln zu, dann eilte sie über den Hof. Amy trat näher zu Pegasus. Er schnupperte an ihr. Trost suchend lehnte Amy ihren Kopf gegen seinen kräftigen Hals. Die Pflege und Fürsorge, die sie Pegasus entgegenbrachte, verband sie mit ihrem Vater. Sie wünschte sich, Lou würde genauso fühlen. „Wann wird Lou nach Hause kommen?", fragte sie ihn. Er schnaubte leise. Amy umarmte ihn. Pegasus verstand sie immer. „Ich habe dich wirklich lieb!", flüsterte sie.

Während sie auf ihre Mutter wartete, bearbeitete Amy Pegasus' Ohren mit leichten, kreisenden Bewegungen, die dazu beitrugen, Spannungen, Furcht und Schmerzen abzubauen. Es war nur eine der zahlreichen alternativen Methoden mit denen ihre Mutter die Pferde auf der Heartland Farm behandelte. Als Antwort auf Amys geschickte Finger senkte Pegasus seinen mächtigen Kopf – es war ganz offensichtlich, dass er die Aufmerksamkeit genoss.

Einige Minuten später trat Marion aus dem Haus. „Wayne Taylor hat gerade angerufen", sagte sie. „Er holt Chester morgen früh ab."

Sie legte ihren Arm um Amys Schulter und lächelte. „Komm", sagte sie, „fangen wir an zu füttern." Amy nickte. Jake und Tarka, zwei Pferde, die ihre Boxen am hinteren Ende des Stallgebäudes hatten, traten schon ungeduldig mit ihren Vorderhufen gegen die Boxentür.

Die Futterkammer war voll vom Geruch gestampfter Rüben. Spinnweben hingen zwischen den Deckenbalken, und auf dem Boden zeigten die alten Steine breite Risse. Marion begann, Kleie, Gerste und Luzerne in die Futtereimer zu schöpfen.

„Wenn du nachher ausreitest, schaust du dann bitte mal bei Mrs Bell vorbei?“, fragte Marion. „Ich hab ihr ein paar Heilkräuter gegen Sugars Juckreiz versprochen.“

„Klar doch“, gab Amy zurück. Mrs Bell war eine alte Dame, die weit abgelegen in einem winzigen Haus wohnte. Sie besaß ein kleines Shetland-Pony namens Sugar, das ihr überallhin folgte wie ein Hund. Amy stattete Mrs Bell gelegentlich Besuche ab, um ihr bei Sugar zur Hand zu gehen. „Von Mrs Bell aus können wir ja in Richtung Clairdale Ridge weiterreiten“, sagte sie und begann Rübenbrei auf die Futtereimer zu füllen. „Soraya konnte das neue Pferd von den Mallens noch immer nicht sehen.“

Ihre Mutter verzog das Gesicht. „Großvater hat Gerüchte gehört, dass die Mallens umgezogen wären.“

„Schon wieder?“ Amy war überrascht. „Dabei sind sie noch gar nicht so lange hier in der Gegend, merkwürdig.“ Die Familie Mallen hatte das heruntergekommene Haus in Clairdale Ridge gemietet. Sie besaßen eine Menge Tiere – Hühner, Hunde und ein paar Kühe. Erst kürzlich war ein wunderschöner brauner Hengst hinzugekommen. Amy war, so oft es ging, an der kargen Weide vor dem Haus vorbeigeritten und hatte das Pferd bewundert. „Wo sind sie wohl hin?“, wunderte sie sich.

„Das scheint niemand zu wissen.“ Marion gab einen Löffel Lebertran ins Futter. „Hoffentlich gibt es dort, wo sie jetzt wohnen, bessere Weiden für ihre Tiere. Aber vielleicht ist an den Gerüchten ja auch nichts dran."

„Das werde ich herausfinden", sagte Amy.

Marion warnte sie mit einem Blick. „Aber vergiss nicht: Bleib auf den Nebenwegen! Die Straße, die nach Clairdale Ridge führt, ist viel zu gefährlich, um auf ihr zu reiten."

„In Ordnung, Mom", seufzte Amy. Ihre Mutter hatte sie bestimmt schon tausend Mal vor der Straße gewarnt. Kopfschüttelnd griff sie ein paar Futtereimer und lief zum vorderen Stall.

2

Nach dem Füttern ging Amy zur Ponyweide. Ein schönes, schwarzes Pferdchen stand am Gatter und wieherte ihr entgegen. „Hi, Jaz“, sagte Amy, kramte ein paar Leckerbissen aus ihrer Hosentasche und fütterte die Stute damit. Jasmine stupste Amy mit ihrer weichen Schnauze, um noch mehr zu erbetteln.

Durch das Rascheln des Papiers waren auch die anderen Tiere auf der Weide aufmerksam geworden und spitzten die Ohren. Sie drängten sich am Gatter zusammen und Amy versuchte, die Leckerbissen unter all den Ponys einigermaßen gerecht zu verteilen. Doch plötzlich stob die Gruppe auseinander; eines der Tiere drängte sich mit zurückgelegten Ohren und um sich schnappend dazwischen.

„Sundance!“ Das Pony stoppte unmittelbar vor ihr und knallte seinen Kopf gegen ihre Brust. „Du alter Rüpel!“

Sundance sah sie hingebungsvoll an. Amy gab ihm einen Kuss auf seinen golden schimmernden Kopf. Sundance stupste sie und schnaubte glücklich – um dann im nächsten Augenblick nach Jasmine auszukeilen. Amy seufzte. Sundance würde sich wohl niemals ändern, aber sie liebte ihn dennoch.

Sie mochte ihn vom ersten Augenblick an, als sie ihn in einem Pferch auf dem Pferdemarkt gesehen hatte. Mit kleinen, angelegten Ohren und hoch erhobenem Kopf hatte er aller Welt seine Verachtung gezeigt und nach jedem geschnappt, der versuchte, seinen Pferch zu betreten, um ihn zu begutachten. „Aus dem kannst du nur noch Buletten machen", hatte Amy zwei Männer über ihn sagen hören. Aber dann war es anders gekommen. Amy konnte ihre Mutter überreden, ihn zu kaufen, und sie arbeitete so lange mit ihm, bis sie sein Vertrauen und seine Achtung besaß. Zur großen Überraschung aller stellte sich heraus, dass Sundance eine außergewöhnliche Begabung als Springpferd hatte. Inzwischen interessierten sich eine ganze Menge Leute für ihn, aber Marion hatte Amy versprochen, ihn nicht wieder herzugeben.

„Amy!"

Amy drehte sich um. Soraya kam den Weg entlanggelaufen, ein Halfter in der Hand haltend; ihre schwarzen Locken hüpften auf ihren Schulter auf und ab.

„Hallo, Amy!" Soraya keuchte. „Schön, dich zu sehen. Deine Mom hat mir gerade gesagt, dass wir gemeinsam ausreiten können!"

Amy nickte. „Wen möchtest du reiten? Ich nehme Sundance!"

Soraya überlegte nur einen kurzen Moment. „Dann reite ich Jasmine." Soraya war mit den Pferden und Ponys auf Heartland beinahe ebenso gut vertraut wie Amy.

Auch die Stute Jasmine zählte seit langem zu den Dauergästen auf der Heartland Farm. Sie war ein ehemaliges Dressurpony und sollte seinerzeit eingeschläfert werden, nachdem sie angefangen hatte, wegen eines Sehnenschadens auf der Vorderhand zu lahmen. Marion hatte sie gerettet. Jetzt, nachdem die Stute erfolgreich behandelt worden war, konnte sie wieder leicht beansprucht werden. Sie war ein schönes Pony, ein Araber-Mix mit einem ausdrucksvollen Gesicht, einem weißen Stern auf der Stirn und weißen Fußfesseln. Ganz im Gegensatz zu Sundance hatte sie ein ausgesprochen gutartiges Temperament und wurde von allen geliebt. Amy hoffte, obwohl es ihr mit Sicherheit schwer fallen würde, sich von ihr zu verabschieden, dass sie für Jasmine eines Tages ein neues Zuhause finden würden.

Es dauerte nicht lange und Amy und Soraya hatten die beiden Pferde von der Weide geführt, geputzt und gesattelt. Bevor sie losritten, nahm Amy von ihrer Mutter ein Päckchen mit Heilkräutern in Empfang und verstaute es in ihrer Satteltasche.

Die beiden ritten auf dem sandigen Weg, der von der Heartland Farm steil bergan führte, nach Teak's Hill hinauf.

Schnell näherten sie sich Mrs Bells Haus, und der Schatten, den die Bäume auf den Weg warfen, war ihnen angenehm.

„Hat Lou schon gesagt, wann sie morgen kommt?", fragte Soraya ihre Freundin.

„Fehlanzeige!", gab Amy zurück. „Sie hat angerufen, um ihren Besuch abzusagen!"

„Was? – Schon wieder?" Soraya schüttelte den Kopf.

„Ja, schon wieder!"

Amy bekam einen freundschaftlichen Blick zugeworfen, dann – verständnisvoll wie immer – wechselte sie das Thema. „Was, glaubst du, wirst du denn zum Geburtstag bekommen?"

„Nun ..." Amy nahm sich vor, nicht weiter an Lou zu denken, und ihre Stimme klang ein wenig fröhlicher. „Ich wünsche mir die blaue Jacke, die bei ‚Coopers' im Schaufenster hängt –

du weißt schon, das wasserdichte Modell. Ich habe sie Mom bestimmt schon zehnmal gezeigt."

„Klar – ich erinnere mich." Soraya nickte. „Coopers" war der örtliche Reitsportladen. Jedes Mal, wenn die Mädchen in der Stadt waren, statteten sie ihm einen Besuch ab.

„Außerdem wünsche ich mir Handschuhe und eine neue Reithose für die Turniere", fuhr Amy fort.

Soraya lächelte. „Was meinst du – ob Matt dir auch etwas schenkt?"

Amy dachte an Matt Trewin, diesen schlanken, blonden Jungen mit seinen schönen braunen Augen und dem schiefen Grinsen, das er oft aufsetzte. Dann zuckte sie mit den Schultern. „Ich weiß es nicht."

„Ich wette, er kauft dir was!", sagte Soraya. „Jeder Blinde kann sehen, dass er in dich verknallt ist. In der Schule lungert er ständig in deiner Nähe herum, und er kommt auch immer wieder auf Heartland vorbei ..."

„Das macht er nur, weil er Scott gern bei seiner Arbeit begleitet", unterbrach Amy sie. „Nicht meinetwegen." Matts älterer Bruder Scott war der am Ort ansässige Tierarzt, und wenn er Heartland einen Besuch abstattete, war Matt dabei. „Schließlich will er herausfinden, ob er sich ebenfalls zum Tierarzt eignet."

„Als ob das die Wahrheit wäre", sagte Soraya und rollte mit den Augen. „Alle wissen, dass das längst klar ist. Natürlich wird er Tierarzt werden."

„Nun – vielleicht ändert er ja seine Meinung noch."

„Amy!", rief Soraya aus. „Sei doch nicht so dämlich! Du weißt ganz genau, dass Matt scharf darauf ist, sich einmal mit dir zu treffen. Warum gestehst du es dir nicht einfach ein und sagst Ja? Ich hätte das schon längst getan!"

Amy rang nach Worten. Es war nicht so, dass sie Matt nicht leiden konnten – im Gegenteil. Sie mochte ihn sehr gern, und sie kamen auch prima miteinander aus, aber … „Ich würde mir wünschen, er wäre ein besserer Reiter", sagte sie. „Pferde haben es ihm nicht gerade angetan. Er ist ganz anders als sein Bruder", fügte sie hinzu, „Scott liebt Pferde über alles." Soraya blickte ihre Freundin fassungslos an.

„Amy!" Fast schrie sie es. „Manchmal begreife ich dich einfach nicht! Der süßeste Junge aus der ganzen Schule bewundert dich und himmelt dich an, und das Einzige, woran du denkst, ist, dass er sich nicht so unbedingt auf Pferde versteht. Dabei gäbe fast jedes Mädchen was darum, mit Matt ausgehen zu dürfen! Matt sieht einfach klasse aus, er ist ein Ass in der Schule und hilfsbereit dazu. Ich wünschte, mir würde jemand begegnen, der nur halb so nett ist. Bis jetzt bin ich immer nur mit irgendwelchen Trotteln verabredet gewesen." Der Typ, mit dem Soraya ein Zeit lang zusammen gewesen war, hatte sie immer wieder versetzt. Dann hellte sich ihre Miene auf. „Aber wer weiß, vielleicht lerne ich im Camp ja jemanden kennen!"

„Ganz bestimmt!", erwiderte Amy.

Soraya hatte sich für Anfang Juli zu einem Reiter-Camp angemeldet. Jeder Teilnehmer bekam gleich zu Beginn ein eigenes Pferd zugeteilt, um das er sich die Zeit über kümmern musste und mit dem er dann auch Wettbewerbe ritt. Sorayas Eltern hatten ihr das Camp als ganz besondere Belohnung organisiert. Amy würde einen ganzen Monat lang auf ihre beste Freundin verzichten müssen. „Ich werde dich vermissen", sagte sie wehmütig.

„Bestimmt." Soraya streichelte über Jasmines Rücken. „Und ich werde dich ebenfalls vermissen – und all die Pferde hier. Aber im August bin ich wieder zurück!"

Amy grinste sie an. „Und vielleicht mit einem neuen Freund!"

Sorayas nickte ihr zu. „Hoffentlich!"

Sie kicherten beide und trieben die Pferde in den Galopp. Im Schatten der Bäume war es angenehm kühl, und als sie Seite an Seite nebeneinander herritten und der sanfte Wind sie beide umstreifte, dachte Amy, dass sie immer und ewig so weiterreiten wollte. Dann waren sie schon an dem schmalen Pfad angekommen, der sie hinführte zu Mrs Bells kleinem, mit Schindeln gedecktem Haus und dem baufälligen Zaun davor. Alles war still.

„Hey!" Amy brachte Sundance zum Stehen. „Mrs Bell, wo sind Sie?", rief sie laut.

In diesem Moment wieherte Jasmine, und als Antwort ertönte ein Wiehern von der Rückseite des Hauses zu ihnen. Amy und Soraya warfen sich einen fragenden Blick zu, dann saßen sie ab und führten ihre Ponys ums Haus herum zum Garten. Dort sahen sie Mrs Bell, die im Gemüsebeet kniete. Sie war damit beschäftigt, Karotten aus der Erde zu ziehen und sie in einen Korb zu legen. Die Arbeit schien ihr große Mühe zu machen. Neben ihr stand das kleine Shetland-Pony. Und während Mrs Bell vor sich hin arbeitete, sang sie mit leiser, zitternder Stimme.

„Hallo, Mrs Bell!", rief Amy der alten Frau zu, aber die hörte sie nicht. Sie sang einfach weiter. „Komm, wir lassen Sundance und Jasmine hier stehen“, meinte Amy zu ihrer Freundin. Sie banden die Ponys an einem Zaunpfosten fest und näherten sich dem Gemüsebeet.

Mrs Bell trug eine alte, zerrissene Schürze und einen Schlapphut, aber Sugar neben ihr machte einen gepflegten Eindruck. Sein rostrotes Fell glänzte. Die helle Mähne und der Schwanz waren ordentlich gebürstet, und unter seinem Schopf strahlten die Augen dunkel und glänzend hervor.

Mrs Bell wandte sich Sugar zu, um ihn zu tätscheln, dann murmelte sie: „Was meinst du, Sugar – es sieht so aus, als wollten die Kürbisse diesen Sommer nicht so richtig gedeihen, oder?“

Sugar stupste ihre Hand mit seinem Maul und wieherte leise.

„Er ist wirklich goldig“, kommentierte Soraya.

„Mrs Bell!“ Wieder rief Amy nach der Frau.

Jetzt blickte die alte Dame überrascht auf, und sie lächelte, als sie Amy und Soraya erkannte. „Hallo, ihr beiden!“, sagte sie und erhob sich langsam vom Boden. „Schön, euch zu sehen!“ Sugar lief auf Soraya zu und schnupperte an ihrer Jackentasche, in der Hoffnung, einen Leckerbissen zu finden. „Wollt ihr Mädchen etwas trinken?“, fragte Mrs Bell dann.

„Nein danke“, sagte Amy und Soraya lehnte ebenfalls ab. „Wir sind nur kurz vorbeigekommen, um Ihnen für Sugar ein paar Kräuter zu bringen. Mom meinte, sie würden seinen Juckreiz lindern … Und wie geht es Ihnen, Mrs Bell?“

„Danke, alles bestens.“

Amy war überhaupt nicht der Meinung, dass Mrs Bell gut aussah – ganz im Gegenteil. Sie sah blass aus und immer wenn sie einatmete, war ein leises pfeifendes Geräusch zu hören.

„Können wir irgendetwas für Sie tun?“, fragte Soraya.

„Das ist sehr nett von euch. Wenn ihr mir den Korb in die Küche tragen würdet, wäre das schon eine große Hilfe.“

Die Mädchen liefen hinter Mrs Bell ins Haus, Soraya trug den Gemüsekorb, Amy das Päckchen mit den Kräutern. Mrs Bell lehnte sich gegen Sugars Nacken, um etwas Halt zu finden. Amy war überrascht, wie gut sich das Pony darauf verstand, seiner Besitzerin zu helfen. Es lief neben ihr her bis in die Küche und stützte die alte Dame so lange, bis diese sich auf einem Küchenstuhl niederlassen konnte.

Amy betrachtete das alte, emaillierte Waschbecken, das schon zahlreiche Risse hatte, den einzigen Küchenstuhl am wackeligen Tisch, den abgewetzten blauen Teppich, der auf den hölzernen Dielen lag, und sog die muffige Luft ein. Sugar bediente sich selbst und nahm einen Apfel aus dem Obstkorb, der neben der Tür stand.

„Darf er das denn?“, fragte Soraya überrascht.

„Oh ja – er nimmt sich immer nur einen einzigen!“, erwiderte Mrs Bell und streichelte Sugars Nacken. Dieser kaute genüsslich das Obst, dann legte er seinen Kopf auf Mrs Bells Schultern. „Und er weiß auch, dass er nur in die Küche darf“, sagte Mrs Bell und fügte hinzu: „Er macht mir das Haus und meinen Garten hier erst richtig zum Zuhause!“

„Wie lange haben sie Sugar denn schon?“, wollte Soraya wissen, die Mrs Bell nicht so gut kannte wie Amy.

„Er ist jetzt zwölf Jahre alt. Und ich weiß noch genau wie es war an dem Tag, als er zu mir kam.“ Die Erinnerung daran ließ sie vor Freude strahlen. „Gerade war er von seiner Mutter entwöhnt worden, und er war das schmächtigste Fohlen, das ich je gesehen habe. Ich *musste* ihn einfach kaufen! Und seit jenem Tag war er immer bei mir." Sugar stupste Mrs Bells Schulter, und sie legte eine Hand auf seinen Nacken. „Nun, ich mache mich jetzt wohl besser wieder an die Arbeit", sagte sie. „Ich habe noch etwas Hausarbeit zu erledigen."

„Ihnen geht es also wirklich gut, Mrs Bell?", fragte Amy besorgt nach. Sie war immer etwas beunruhigt, wenn sie an die alte Frau dachte, die so allein hier oben auf Teak's Hill lebte. Außer ihr, Amy, und Eric Beasley, dem Postboten, schien nie jemand bei ihr vorbeizuschauen.

Mrs Bell warf ihr ein Lächeln zu. „Ganz bestimmt geht's mir prima, Amy. Schließlich habe ich Sugar, der auf mich aufpasst!"

Als sie den Hügel wieder hinabritten, meinte Amy: „Ich glaube, es wäre gut, wenn wir öfter bei Mrs Bell vorbeisehen würden!"

Soraya nickte zustimmend. „Sie sieht wirklich nicht ganz gesund aus, nicht wahr?"

Amy schüttelte den Kopf. „Ich werde es Mom sagen, wenn wir wieder zurück sind." Dann ließ sie ihren Blick über Teak's Hill schweifen. In der Ferne war Clairdale Ridge schon auszumachen, dunkel und felsig zeichnete es sich gegen den blauen Himmel ab. Die Sonne stach noch immer vom Himmel, aber in der Ferne, hinten gegen die Hügelkette, türmten sich Wolken auf. „Sollen wir bis zum Gelände der Mallens weiterreiten?", fragte Amy.

Soraya grinste. „Klar! Schließlich will ich das Pferd, von dem du so schwärmst, endlich mal mit eigenen Augen sehen!"

„Es ist großartig!“, schwärmte Amy. „Warte ab.“

Der Weg wurde wieder etwas breiter und sie trieben ihre Pferde zum Galopp. Amy lehnte sich nach vorn. An der einen Seite des Weges lagen zwei umgestürzte Bäume und Amy steuerte geradewegs darauf zu. Wie immer beim Anblick eines Hindernisses, das es zu überspringen galt, spitzte Sundance die Ohren, hob den Kopf und sein Galopp wurde kraftvoller. Beim Absprung spürte Amy, wie sich seine Muskeln anspannten und er sich konzentrierte. Er taxierte genau und sprang sauber – da war noch genug Platz zwischen seinen Hufen und dem Hindernis – und vollführte nach der Landung noch einen übermütigen Buckler. Lachend griff ihm Amy in die Mähne.

Die Mädchen verlangsamten ihr Tempo. „Er springt wirklich gut!“, sagte Soraya. „Wirst du diesen Sommer ein Turnier mit ihm reiten?“

Amy nickte. Sundance war wie geschaffen für die Reitpony-Wettbewerbe. Und wenn Amy auf ihm ritt, schien es, als würde er den Auftritt vor Publikum regelrecht genießen: Er nahm jeden Sprung perfekt, riss keine Stange und sprang so athletisch und stilvoll, dass selbst die Richter sich seinem Charme nicht entziehen konnten. „Zum Glück sehen die Mitglieder der Jury nie, wie sich Sundance zu Hause aufführt“, dachte Amy trocken, als er die neben ihm trottende Jasmine mit angelegten Ohren mürrisch angiftete.

Soraya grinste. „Dann wird sich Ashley wohl in Acht nehmen müssen.“

Die beiden Mädchen kicherten. Ashley Grant war eine ihrer Mitschülerinnen. Sie sah sehr gut aus, stammte aus einem reichen Haus, und sie war eine begabte Reiterin. Ashleys Eltern besaßen ein bekanntes Gestüt, Grean Briar, wo ihre Mutter Val Grant selbst als Trainerin arbeitete. Ashley ritt jeden Wettkampf, und auf ihren teuren „Knopfdruck"-Ponys hatte sie schon viele Preise gewonnen. Als sie Amy auf Sundance zum ersten Mal im Parcours sah, hatte sie das Pony als Maultier bezeichnet, denn sein schmutzfarbenes Fell wirkte nicht gerade vorteilhaft, und auf dem Abreiteplatz hatte er sich wie immer unmöglich aufgeführt. Als Sundance dann aber mit perfekt gespitzten Ohren über den Parcours galoppierte und das blaue Siegesband gewann, hatte Ashley ihren Spott allerdings etwas zurücknehmen müssen.

„Habe ich dir schon erzählt, dass Ashleys Mutter unseren Sundance kaufen wollte?", fragte Amy.

„Das glaube ich dir nicht!", antwortete Soraya.

„Sie hat letzte Woche angerufen." Amy grinste. „Sie hat uns eine ganze Stange Geld für ihn geboten. Aber Mom hat selbstverständlich Nein gesagt." Sie klopfte Sundance auf den Nacken. „Als ob ich es je zulassen würde, dass er an einen Ort wie Green Briar gehen müsste!"

Die Trainingsmethoden auf Green Briar unterschieden sich sehr von den Methoden, die auf Heartland angewendet wurden. Val Grant war überzeugt davon, dass Gewalt eine gute Erziehungsmethode war, und sie legte äußersten Wert auf Disziplin und schulte die Pferde, exakt alle Befehle zu befolgen. Ganz gleich, wer oben saß – ihre Pferde wurden darauf abgerichtet, „wie auf Knopfdruck" eine Disziplin perfekt zu beherrschen, und wenn sie zum Wettkampf antraten, dann erwartete man von ihnen, dass sie den Sieg davontrugen. Val Grant hielt es für Zeitverschwendung, eine Beziehung zu den Pferden aufzubauen. Es machte Amy wütend, wenn sie daran dachte, dass Pferde nicht mit dem ihnen gebührenden Respekt und Verständnis behandelt wurden.

In diesem Moment kam Jasmine Sundance ein wenig zu nahe. Er quietschte und schnappte nach der Stute. „Wenn ich es mir richtig überlege", sagte Amy und schüttelte den Kopf, „dann bist du, mein lieber Sundance, bei Ashleys Mutter vielleicht doch besser aufgehoben!" Sie lachte und klopfte ihm schnell auf die Schulter, um klarzustellen, dass sie es nicht ernst meinte.

Sie überlegte, wie oft sie diesen Sommer wohl Gelegenheit haben würde, Sundance auf einem Turnier zu reiten. Sie hatte es sich heimlich zum Ziel gesetzt, ihn auch in A-Springen für Großpferde starten zu lassen, nicht nur in der Reitpony-Klasse. Aber das war eine Frage der Zeit, die ihnen zur Verfügung stand. Wenn sie auf Heartland sehr beschäftigt waren, konnte ihre Mom sie nicht zu den Turnieren begleiten. Aber eigentlich machte Amy das nicht viel aus. So gern sie auch Turniere ritt, es gab nur eines, das in ihrem Leben wirklich zählte: ihre Mom bei der Arbeit auf Heartland zu unterstützen.

„Lass uns traben", sagte Soraya. Amy nickte.

Je näher sie nach Clairdale Ridge kamen, desto schwieriger wurde das Gelände. Die steilen Hänge entlang der Hügelkette waren bedeckt von dicken Grasbüscheln, und immer wieder ragten kantige Felsnasen in den Weg.

Dann endlich erreichten sie den Pfad, der zum Haus der Mallens führte.

„Vorsicht!“, sagte Amy und brachte Sundance zum Stehen. Mehrere in die Erde geschlagenen Pfosten versperrten ihnen den Weg. Die Pforten waren durch drei Reihen Stacheldraht miteinander verbunden. Der Draht war auf Brusthöhe der Ponys angebracht und es war viel zu gefährlich, darüber zu springen. Nichts Ungewöhnliches, die Wege hier wurden blockiert, wenn sie unpassierbar geworden waren.

„Vielleicht gab es einen Felsrutsch“, sagte Soraya und hielt neben Sundance an. Sie warf einen Blick zum Himmel – die schwarzen Wolken, die sie in der Ferne gesehen hatten, waren näher gekommen. „Vielleicht sollten wir umdrehen. Es sieht so aus, als ob ein Gewitter aufzöge.“

„Aber wir sind schon so nahe dran!“, protestierte Amy. Sie wollte den prächtigen Hengst unbedingt wieder sehen. „Wir können ja die Straße entlangreiten.“

„Aber deine Mutter hat uns davor gewarnt, die Straße zu nehmen“, widersprach Soraya zweifelnd.

„Das geht schon in Ordnung.“ Der Gedanke an das Pferd ließ Amy nicht los. „Wir werden nicht mehr als fünf Minuten auf der Straße sein. Komm schon!“

Sie drängte Sundance vorwärts. Soraya folgte ihr zögernd.

Die Straße war eng und steil, und überall am Rand, zwischen herabgestürzten Felsbrocken, lagen alte, hölzerne Pfosten, von denen rostiger Stacheldraht herabhing.

„Das sieht aber nicht so sicher aus“, sagte Soraya bedenklich.

„So schlimm ist es nun auch wieder nicht“, beharrte Amy ungeduldig.

Sie trabten den Straßenrand entlang, und die Hufe ihrer

Ponys klapperten hörbar auf dem Asphalt. Hinter der zweiten Kurve verwandelte sich die Straße in einen dunklen, von Bäumen gesäumten Tunnel. Sundance schnaubte unbehaglich und hielt inne.

„Bleib ruhig, Junge!“ Amy klopfte auf seinen Hals. „Lauf weiter!“

Sundance lief in die Dunkelheit, aber er setzte die Hufe vorsichtig auf. Die Luft war ganz plötzlich kühl geworden, da die Sonnenwärme das gewaltige Blätterzelt nicht durchdringen konnte. Amy fröstelte.

Mit lautem Kreischen flatterte ein Eichelhäher auf. Jasmine und Sundance scheuten gleichzeitig und verloren den Halt auf dem glitschigen Untergrund. Amy blickte sich nach Soraya um. Ihre Miene war angespannt.

„Lass uns wieder traben“, sagte Amy schnell. Allmählich überfiel sie das ungute Gefühl, dass ihre Mutter mit der ständigen Warnung, diese Straße sei gefährlich, Recht haben könnte. Es war gefährlich und auch ein bisschen unheimlich.

Amy schnalzte mit der Zunge und trieb Sundance vorwärts. Er war nervös und angespannt, aber es gelang ihr, ihn zu beruhigen. Er verfiel in einen gleichmäßigen Trab. Aber als sie den dunklen Tunnel aus Bäumen wenig später hinter sich zurücklassen konnten, fiel ihr ein Stein vom Herzen. Vor ihnen lag der Weg, der auf das Gelände der Mallens zuführte. Erleichtert bogen sie ein.

Als sie sich dem Haus näherten, verdüsterte sich Amys Blick. Sie verlangsamte ihr Tempo. „Sie sind tatsächlich weg!“, stellte sie fest.

Das Haus war leer. Kein Pferd, keine der mageren Kühe standen auf der Weide, der klapprige, rostige Pick-up war verschwunden und die Vorhänge vor den Fenstern waren abgenommen. Lediglich ein paar mit Müll angefüllte Tüten zeigten, dass hier noch bis vor kurzem jemand gewohnt haben musste.

„Oh!“ Soraya war enttäuscht.

Auch Amy blickte bekümmert. Sie hatte sich so darauf gefreut, den Hengst noch einmal bewundern zu können. „Nun, ich glaube, wir machen uns jetzt wohl besser auf den Rückweg“, sagte sie und wendete langsam.

Sie ritten seitlich am Haus vorbei, dabei passierten sie mehrere halb verfallene Nebengebäude. Die Luft war schwer und drückend und die dunklen Wolken türmten sich jetzt direkt über ihnen auf.

„Hier ist es unheimlich“, flüsterte Soraya.

Plötzlich warf Jasmine den Kopf hoch und wieherte schrill. Beide Mädchen erschraken. „Jaz!“ Amy stieß einen Schrei aus. Aber die Worte blieben ihr im Hals stecken, als sie zur Antwort ebenfalls ein Wiehern vernahm, das zu ihnen herüber drang. Amy und Soraya sahen sich entsetzt an.

„Wo kam das her?“, fragte Soraya.

„Ich – ich weiß es nicht“, stammelte Amy und blickte ziellos in der Gegend umher – so, als wäre sie soeben einem Gespenst begegnet. Dann hörten sie ein neuerliches Wiehern.

Diesmal konnte Amy die Richtung, aus der es kam, ausmachen.

„Dort drüben!“, sagte sie und zeigte auf einen Stall, der nicht ganz so baufällig war wie die anderen Gebäude des Anwesens.

Amy verkürzte den Zügel, als Sundance zur Seite wich. Soraya hatte mit Jasmine ebenfalls ihre Mühe, denn auch die Stute wieherte aufgeregt. Rasch stieg Amy ab und führte Sundance zu Soraya. Dann warf sie ihr die Zügel zu. „Hier, halt ihn fest!"

Während sie mit schnellen Schritten das kurze Stück zu dem Stallgebäude lief, spürte sie einen schweren Regentropfen auf ihrem Arm. Aber Amy nahm davon keine Notiz. Kaum am Stall angekommen, kämpften ihre Finger bereits mit dem schweren, verrosteten Riegel, der das Tor verschloss. Sie konnte hören, wie auf der anderen Seite des Tores ein Huf kratzte. Warum nur war ein Pferd hier eingeschlossen? In welcher Verfassung würde es wohl sein? Der Riegel gab jetzt nach, aber das Tor selbst war verzogen und schwer und ließ sich nicht öffnen.

„Sei bloß vorsichtig!", rief Soraya ängstlich.

Amy mahnte sich zur Ruhe. Soraya hatte Recht – das Pferd war bestimmt schon erschrocken und verängstigt genug davon, eingesperrt zu sein. Und ängstliche Pferde waren gefährlich.

Ganz vorsichtig öffnete Amy das Tor einen winzigen Spalt und warf einen Blick in den Stall. Im ersten Moment konnte sie überhaupt nichts erkennen, aber nach einer Weile hatten sich ihre Augen an die Dunkelheit gewöhnt. Und dann schnappte Amy vor Aufregung nach Luft!

Ganz in die hintere Ecke des Stalls gedrängt und sie misstrauisch anblickend stand – der prächtige braune Hengst der Mallens!

3

„Es ist der Hengst!“, rief Amy hektisch in Sorayas Richtung. Sie drückte das Tor weiter auf, schwer schrammte das Holz über den Boden. Dann fiel genügend Licht in den Stall und Amy konnte das Tier deutlich erkennen. Es stand in der hintersten Ecke des Stalls, seine Augen rollten aufgeregt, seine Muskeln waren angespannt, seine Schultern und seine Flanke zitterten. Es sah Amy an.

„Keine Angst.“ Amy redete beschwichtigend auf den Hengst ein. „Ich tue dir nichts!“ Sie ließ ihren Blick durch den Raum gleiten. Der Boden war nackt und nirgends gab es Wasser oder Futter. Dennoch war der Hengst in einer guten körperlichen Verfassung. Amy schloss daraus, dass er noch nicht mehr als ein oder zwei Tage eingesperrt war.

Draußen wieherten die Ponys aufgeregt und schrill. Amys Gedanken rasten. Wenn sie das Tor noch weiter öffnen würde, konnte der Hengst versuchen auszubrechen. Das würde ihm zum Verhängnis werden – entweder in der Wildnis von Clairdale Ridge oder auf der engen, gefährlichen Straße. Aber helfen musste sie ihm! Sie wandte sich wieder Soraya zu. „Wir müssen irgendetwas für ihn tun!“

Doch Soraya hatte ganz andere Sorgen. Aufgeschreckt vom nervösen Wiehern des eingesperrten Pferdes tänzelten auch Sundance und Jasmine aufgeregt herum. Sundance versuchte immer wieder, nach Jasmine zu schnappen, sodass die Stute rückwärts drängte und auf einmal in die Luft stieg. Nur mit Mühe konnte sich Soraya im Sattel halten.

Amy warf einen Blick in den düsteren Himmel. Inzwischen regnete es heftig. Riesengroße Regentropfen fielen zu Boden. Ihr Herz klopfte aufgeregt, als sie sich wieder zum Stall wandte und versuchte, sich durch den geöffneten Torspalt zu quetschen.

„Ganz ruhig!", rief sie dem verängstigten Hengst zu. Der bäumte sich auf und machte einen Satz nach hinten. „Ruhig!" Aber das Pferd ließ nicht nach. Es trat nach allen Seiten aus und seine Hufe krachten laut gegen die Stallwände.

„Amy!" Soraya rief nach ihrer Freundin. „Ich kann Sundance nicht mehr länger halten!"

Amy zögerte. Sie wusste, dass Soraya ihre Hilfe brauchte – aber was war dann mit dem Pferd? Draußen goss es inzwischen in Strömen, die Wege weichten auf und es bildeten sich Pfützen. Ihre Gedanken fuhren Karussell. Selbst wenn es ihr gelingen würde, sich dem Hengst zu nähern, wie sollte sie es schaffen, ihn ohne Halfter oder Zaumzeug nach Heartland zu führen?

„Amy!" Sorayas Stimme klang verzweifelt.

Da fasste Amy einen Entschluss. Sie zwängte sich aus dem Stall nach draußen und zog das Tor hinter sich zu. „Tut mir Leid!", flüsterte sie durch den Spalt, als sie es wieder verriegelte. „Aber ich bin bestimmt bald wieder zurück!"

Der Hengst schrie vor Verzweiflung, als Amy den Riegel vor das Tor schob. Sie versuchte, ihre Ohren davor zu verschließen, und wandte sich ab. Gerade stieg Sundance erneut panisch in die Luft.

Amy rannte auf ihre Freundin zu. Dann schnappte sie sich Sundance' Zügel und zog ihn nach unten. „Schnell! Wir müssen dem Tier da drinnen irgendwie helfen!"

Amy redete beruhigend auf Sundance ein, dann schwang sie sich in den Sattel. Im Galopp stoben die beiden Mädchen den Weg zurück nach Heartland.

Als sie auf der Farm ankamen, waren Amy und Soraya bis auf die Haut durchnässt. Die Reithosen klebten ihnen an den Beinen und von ihren T-Shirts tropfte es.

Aufgeschreckt von dem Tempo, mit dem Soraya und Amy auf den Hof ritten, stürzte Marion Fleming aus der Sattelkammer. „Was zum Teufel ist denn in euch gefahren?" Dann sah sie Amys weit aufgerissene Augen und ihr blasses Gesicht, und ihr Ton wurde ruhiger. „Was ist passiert?", fragte sie besorgt.

„Das Pferd ...!", keuchte Amy und glitt aus dem Sattel. „Die Mallens .... sie sind weg, und der Hengst ist eingeschlossen. In einem Stall abseits vom Haus. Mom! Du musst ihm helfen!"

„Sie haben ihn zurückgelassen?", fragte Marion ungläubig.

Amy nickte. „Wir müssen hin und ihn holen!"

Marion blickte zum Himmel und deutete auf den strömenden Regen. „Bei diesem Wetter können wir unmöglich mit dem Transporter los! Die Straße nach Clairdale Ridge ist steil und eng. Das ist viel zu gefährlich!"

Amy verscheuchte ihre Gedanken an den dunklen Tunnel aus dichten Bäumen, den sie verbotenerweise entlanggeritten waren. „Aber wir können das Pferd dort nicht noch eine Nacht lang eingesperrt lassen! Es hat kein Futter und kein Wasser!"

„Gar nichts?", fragte Marion besorgt.

Amy schüttelte den Kopf. „Es ist total verängstigt. Wenn der Sturm noch zunehmen sollte, dreht es womöglich durch und versucht auszubrechen!“

Marion hatte ihre Entscheidung getroffen. „Okay, wir werden es holen“, sagte sie entschlossen. Ihre Stimme klang forsch und geschäftsmäßig. „Du stellst die Ponys unter und holst einen Eimer mit Futter für den Hengst. Ich hole den Hänger.“ Sie eilte davon. „Wir treffen uns gleich wieder hier.“

„Gib her!“, sagte Soraya und griff nach Sundances' Zügeln. „Geh schon. Ich kümmere mich um Sundance und Jasmine. Ich kann nicht mitkommen. Dad wird bestimmt gleich hier sein, um mich abzuholen.“ Amy zögerte einen Augenblick. „Mach schon“, drängelte Soraya. „Ruf mich einfach heute Abend an und erzähle, wie es gelaufen ist!“

„Danke! Vielen Dank!“, keuchte Amy. Dann drehte sie sich um und rannte ihrer Mutter hinterher.

Als sie von Heartland auf die Straße bogen, schien das Wetter noch schlechter zu werden. Die Wolken hingen schwer und schwarz vom Himmel. Die Scheibenwischer quietschten rhythmisch hin und her, aber sie schienen den Wassermassen nicht gewachsen. Zu beiden Seiten der Reifen spritzte es hoch empor.

Amy, die noch immer ihre feuchte Kleidung trug, zitterte. „Was meinst du, warum die Mallens ihn zurückgelassen haben, Mom?“

Marion schüttelte den Kopf. Ihre Augen waren fest auf die Straße geheftet. „Ich vermute mal, dass sie ihn gestohlen hatten. Aber dann wurde ihnen die Sache zu heiß, noch bevor sie einen

Käufer für ihn finden konnten. Vielleicht war die Polizei ja auch schon hinter ihnen her."

„Ich kann nicht glauben, dass man ein Pferd einfach so aufgibt!", schimpfte Amy. „Es wäre jämmerlich verhungert!"

Marions Blick verfinsterte sich, als sie den steilen, kurvigen Weg nach Clairdale Ridge hinauflenkte. „Leuten wie den Mallens ist das völlig gleichgültig." Der Motor jaulte auf, als sie einen Gang herunterschaltete, um den Transporter durch die scharfen Kurven zu manövrieren. Vor ihnen lief das Wasser in Bächen über den Asphalt.

Sie gelangten in den finsteren Tunnel aus Bäumen. Das Fahrzeug und der Anhänger schaukelten beängstigend. Ein Ast über ihnen brach ab und krachte aufs Autodach. Amy schauderte. Einer der Bäume knirschte und ächzte beunruhigend, als sie an ihm vorbeifuhren. Amy krallte sich an ihren Sitz und dachte einzig und allein an das Pferd.

Endlich gelangten sie wieder ins Freie. „Ich kann überhaupt nichts erkennen", sagte Marion, während der Regen auf die Windschutzscheibe prasselte.

Amy spähte nach draußen und versuchte, die Stelle auszumachen, die von der Straße weg zum Farmhaus führte. „Da! Hier gabelt sich der Weg! Jetzt ist es nicht mehr weit, Mom!"

Das Fahrzeug holperte durch tiefe Pfützen. Vor dem Grundstück hielt Marion an und ließ die Scheinwerfer brennen, um den Weg zu beleuchten. Dann sprang sie ins Freie. Amy schnappte sich das Halfter und die Führungsleine vom Sitz, während ihre Mutter die Laderampe des Transporters herunterließ. „Wo ist es denn?", rief sie Amy zu.

„Dort!“ Amy schrie gegen den Wind an.

Dann stolperten sie durch den Regen auf das Stallgebäude zu. Nachdem Marion den Riegel zur Seite geschoben hatte, drückten sie gemeinsam das Tor so weit auf, dass sie eben hindurchpassten. Amy blickte in den Stall. Mit zitternden Nüstern, erhobenem Kopf und wildem Blick starrte der Hengst sie beide an. Marion musterte ihn einen Moment, dann zog sie ein kleines Kästchen aus ihrer Jackentasche. Sie schüttete eine Prise eines körnigen, schwarzen Pulvers auf ihre Hand und verrieb es zwischen den Handflächen. „Geh mal einen Schritt zurück“, sagte sie leise zu Amy.

Amy tat es und Marion zwängte sich durch den Spalt im Tor. Mit angelegten Ohren trat das Pferd unruhig auf der Stelle hin und her. Marion ging langsam auf das Tier zu, blieb seitlich neben ihm stehen und blickte zu Boden. Der Hengst beobachtete sie aufmerksam. Ganz langsam streckte sie ihre Hand aus. Der Braune tat, als wolle er seinen Kopf zurückwerfen, doch dann schien er plötzlich das Pulver wahrzunehmen. Seine Nüstern zitterten, und als er den Geruch einatmete, stellte er die Ohren plötzlich auf.

Amy hielt den Atem an. Das Pulver wurde auf der Basis der so genannten „Kastanien“ hergestellt – jener dicken Hornknubbel, die innen an den Pferdebeinen wachsen und von Zeit zu Zeit bearbeitet werden müssen. Von einem alten Pferdefreund hatte Marion gelernt, dass dieser Geruch nervöse und verängstigte Pferde beruhigt. An den Türrahmen gepresst beobachtete Amy aus sicherer Entfernung, was nun geschehen würde.

Ganz vorsichtig streckte das Pferd seinen Kopf nach vorn.

Marion blieb reglos stehen, die Augen abgewandt. *Ich bin keine Gefahr für dich*, sollte ihre Körperhaltung ausdrücken. Noch immer schnuppernd trat das Pferd einen Schritt näher. Sein Maul berührte die Hand der ruhig vor ihm stehenden Frau ganz vorsichtig, die Nüstern weiteten sich. Dann tat er einen weiteren Schritt und berührte, noch immer aus- und einatmend, ihr Haar mit den Nüstern.

Amy sah, wie sich ihre Mutter ganz langsam umwandte, und als der Hengst einen weiteren tiefen Atemzug tat, bemerkte sie, wie die Furcht langsam aus seinen Augen wich. Die Anspannung seiner Muskeln lockerte sich, er senkte seinen Kopf und schnupperte gelöst an der ausgestreckten Hand. „Gib mir jetzt das Halfter", sagte Marion leise.

Ohne den geringsten Widerstand ließ sich der Hengst von Amys Mutter aufhalftern. Sie tätschelte ihn. „Los geht's, Junge, auf den Hänger mit dir."

Amy drückte die Tür auf. Der Hengst folgte Marion gehorsam in den strömenden Regen. Auch Amy tätschelte ihn und er schnupperte an ihrem Arm. Jetzt, da er seine Scheu überwunden hatte, wirkte er freundlich, beinahe zutraulich.

Als sie am Transporter angekommen waren, stellte sich Marion auf die Rampe und rüttelte an dem Futtereimer. Das Pferd streckte den Kopf danach aus und schnappte sich ein Maul voll von dem Gemisch. Dann lief er ohne zu zögern ruhig in den Transporter hinein. Amy stellte den Eimer so neben ihn, dass er weiter fressen konnte und überließ es ihrer Mutter, ihn anzubinden. Dann schlüpften sie seitlich aus dem Transporter heraus und schlossen die Rampe. Amys nasse Finger glitten immer wieder ab, als sie den Riegel auf ihrer Seite davor legen wollte. Der Wind pfiff in den Bäumen, und der Regen prasselte laut auf die Erde. „Nach Hause“, sagte Marion gepresst. „Und zwar schnell!“

Das Wasser lief ihnen übers Gesicht, als sie in das Auto kletterten. Marion drehte den Zündschlüssel herum und der Motor sprang an. Amy zitterte und drückte sich das Wasser aus den Haaren. Ihre Mutter schaltete die Heizung an. Das laute Geräusch des Gebläses schien mit dem Trommeln des Regens um die Wette zu eifern. Sie hörten, wie der Hengst unruhig wurde.

Draußen rumorte es gewaltig. Sekunden später zerteilte ein gewaltiger Blitz den Himmel und der Regen peitschte mit neuerlicher Wucht auf sie nieder. Als sie die steile Straße, die von dem Hügel hinabführte, nach unten fuhren, stand das Gewitter direkt über ihnen. Blitz und Donner entluden sich mit brachialer Gewalt.

Das Pferd verfiel in Panik. Seine Hufe krachten gegen die Seiten des Anhängers und ließen den Transporter gefährlich schlingern.

Amy warf ihrer Mutter einen besorgten Blick zu. Sie wurden immer schneller, als sie das steile Gefälle hinunterschossen. Marion konzentrierte sich aufs Fahren und bremste immer wieder langsam, aber beständig ab, um auf der nassen, rutschigen Straße nicht die Kontrolle zu verlieren.

„Das ist völlig verrückt!“, murmelte sie. „Ich hätte mich nicht von dir überreden lassen sollen, den Hengst zu holen, Amy.“ Ihr Blick war besorgt, während sie das Lenkrad umklammerte.

Amy zuckte zusammen, als ein Blitz, gefolgt von Donnerrollen, den Himmel vor ihnen erhellte.

Der Hengst schlug panisch gegen die Hängerwände, immer und immer wieder, als wolle er sich aus seinem holpernden Gefängnis befreien.

Vor ihnen tauchte der Tunnel aus Bäumen auf. Als sie hineinfuhren, peitschten Äste den Anhänger, kratzten und scharrten darüber hinweg.

Amys Muskeln waren zum Zerreißen gespannt, ihr Herz schlug hart, ihr Atem ging heftig und stoßweise.

Die Bäume zu beiden Seiten des Weges schwangen hin und her, und immer wieder schlugen Äste gegen das Fahrzeug. Die Straße unter dem Blätterdach war pechschwarz. Dann gab es wieder einen mächtigen Blitz und einen Donnerschlag, so laut, als hätte jemand eine Kanone neben ihnen abgefeuert. Amy schrie. Auch das Pferd schrie und im Tunnel krachte und knirschte etwas.

Kurz vor ihnen stürzte langsam ein Baum auf die Straße.

Marion bremste heftig, aber die Reifen griffen nicht auf dem nassen Asphalt. Das Fahrzeug schlitterte die Straße hinunter, direkt auf den stürzenden Baum zu.

Alles geschah wie in Zeitlupe. Es gab nichts, was man dagegen hätte tun können. Amy registrierte, wie ihnen der Baum entgegenraste. Einen winzigen Augenblick lang schien es, als würden sie gerade noch darunter hinwegkommen, doch dann, mit einem letzten, entsetzlichen Krachen schlug der Baum auf den Asphalt.

Mit erstaunlicher Klarheit, in Sekundenbruchteilen, die ihr

wie eine Ewigkeit erschienen, registrierte Amy jedes winzige Detail, jede Ader in den grünen, feuchten Blättern. „Mom!“, schrie sie.

Es gab einen Knall, Amy hatte das Gefühl zu fallen, und dann war da nichts mehr.

4

Amy schlug die Augen auf. Weiß. Alles um sie herum war weiß. Wo war sie nur? Sie blinzelte, dann konzentrierte sie sich auf die Gestalt, die an der Seite des Bettes saß.

„Lou?“, fragte sie überrascht.

„Ja, ich bin's“, antwortete Lou. Sie sah aus wie immer. Hellblondes, kurz geschnittenes Haar und veilchenblaue Augen – aber ihr Gesicht war blass und ihre Augen wirkten verweint.

Amy setzte sich auf. Ein heftiger Schmerz durchfuhr ihren Kopf und ihren Brustkorb und sie rang nach Atem. „Au“, keuchte sie.

Zärtlich legte Lou eine Hand auf Amys Schulter. „Vorsichtig“, sagte sie. „Du musst dich viel langsamer bewegen.“

„Wo bin ich?“, fragte Amy und blickte sich verwirrt um.

„Im Krankenhaus.“ Lou drückte Amy sacht hinab in die Kissen. „Du warst acht Tage ohne Bewusstsein. Nur gestern bist du einen Moment lang aufgewacht.“ Ihre Augen blickten Amy fragend an. „Erinnerst du dich?“

Amy schüttelte den Kopf. Sie ließ ihren Blick durch das Zimmer gleiten. „Wo ist Mom?“ Doch sobald sie die Worte ausgesprochen hatte, weitete sich ihr Blick vor Entsetzen. Ihre Erinnerung kam zurück. Die Straße. Der Baum. Sie starrte Lou an. „Der Unfall!“

Lou nickte.

„Wie geht's dem Pferd?", keuchte Amy und ignorierte die Schmerzen in ihrem Kopf und ihrem Brustkorb, als sie erneut hochschnellte. „Und Mom?" Sie sah auf Lou, und ihr Herz überschlug sich vor Angst. „Lou?", fragte sie, und ihre Stimme zitterte, als sie in das Gesicht ihrer Schwester blickte. „Lou! Wo ist Mom?"

Lou nahm einen tiefen Atemzug und blickte Amy in die Augen. „Das Pferd ist bei Scott Trewin", sagte sie und nahm Amys Hand. „Der Hengst ist verletzt, aber nicht schwer, nur sein psychischer Zustand ist schlimm." Sie hielt inne. Ihre Stimme versagte, als sie Amys Hand drückte. „Aber Mom … Mom ist tot, Amy."

Das Blut wich Amy aus den Adern. „Nein", flüsterte sie. Sie starrte auf ihre Schwester. Das konnte nicht sein. Lou nickte hilflos. Amy erhob ihre Stimme. „Sie darf nicht tot sein. Mom darf nicht tot sein."

„Sie ist tot", sagte Lou und schluckte. Ihre Augen füllten sich mit Tränen. „Vor drei Tagen war die Beerdigung!"

Amy starrte ins Leere, und ihr Atem wurde immer heftiger.

„Du warst im Koma", sagte Lou verzweifelt. „Grandpa und ich hatten keine Ahnung, wann du aufwachen würdest. Wir mussten sie beerdigen." Sie warf einen fragenden Blick zu Amy. „Oh Amy, ich weiß, wie du dich jetzt fühlst …"

„Nein!" Amy stieß einen Schrei aus, der tief aus ihrem Innern kam – einen Schrei voller Unglauben und Verzweiflung. Dann ging der Schrei in ein haltloses Weinen über. Amy konnte nicht aufhören zu weinen; sie wollte nicht aufhören. Sie schluchzte und schluchzte, und sie bemerkte gar nicht, dass Lou

aus dem Zimmer rannte und im Beisein einer Schwester zurückkehrte. Auf einmal fühlte sie ein Piksen im Arm. Ihr Schluchzen wurde schwächer, wurde zu einem Wimmern, dann übermannte sie der Schlaf.

Die nächsten beiden Tage lag Amy in ihrem Bett im Krankenhaus und weinte. Sie hatte zwei gebrochene Rippen und fühlte einen permanenten Kopfschmerz, aber der körperliche Schmerz tat ihr beinahe gut – so, als könnte er die Qualen, die sie fühlte, verdrängen. Es war alles ihre Schuld. Wenn sie Mom nicht so angebettelt hätte, in dem strömenden Regen loszuziehen, wäre es nie zu diesem Unfall gekommen und Mom wäre jetzt noch am Leben. Wieder und wieder hörte sie die Stimme ihrer Mutter, die sagte: „Ich hätte mich nicht von dir überreden lassen sollen, den Hengst zu holen, Amy …“ Es war ihre Schuld.

Ihr Großvater kam sie besuchen. Sein Gesicht war fahl. „Ich habe dir ein paar Zeitschriften mitgebracht“, sagte er leise und setzte sich neben sie. „Wie geht es dir?“

Amy konnte ihm nicht antworten.

„Die Pferde sind wohlauf“, sagte er. „Ty und ich, wir kümmern uns um sie. Aber ich denke, dass sie dich alle vermissen. Und Lou hat sich von ihrem Job in Manhattan freistellen lassen, sie kümmert sich um das Geschäfliche von Heartland. Sie ist wirklich großartig. Und sie steckt voller Tatendrang, ganz genau wie – deine Mom.“ Er schluckte. „Und du bist deiner Mom auch sehr ähnlich, Kleines!“ Er legte seine Hand in ihre. „Ich bin so froh, dass ich euch beide habe!“

Amy starrte auf ihr weißes Bett.

Jack Bartlett betrachtete sie aufmerksam. Die Trauer war deutlich in seinen Augen zu lesen. „Kopf hoch, Kleines!", sagte er, legte seinen Arm um sie und zog sie an sich. „Wir werden es schon schaffen! Wir *müssen* es schaffen. Du, ich und Lou, wir haben immer noch einander!"

Amy schloss die Augen. Der Schmerz pochte in ihrem Kopf. Wie *konnte* sie es denn nur schaffen? Ihre Mutter war tot – und sie hatte sie umgebracht.

Ruckartig entzog sie sich der Umarmung ihres Großvaters, und dann kamen die Worte aus ihr heraus. „Es ist meine Schuld, Grandpa!"

Jack Bartlett blickte sie mit seinen müden Augen überrascht an. „Wie meinst du das?"

„Ich habe Mom getötet", schluchzte Amy. „Ich habe sie dazu gedrängt, bei dem Unwetter hinauszufahren. Es war nicht ihre Idee. Ich habe sie überredet."

Der Großvater packte sie mit festem Griff an den Schultern. „Hör auf damit!", sagte er. „Amy, das darfst du nicht einmal denken!"

Amy ignorierte die Schmerzen in ihrem Oberkörper und beugte sich vor. „Aber es ist wahr!", schluchzte sie. „Ich habe ihr gesagt, dass wir unbedingt dem Pferd helfen müssen!"

Der Großvater zog sie wieder an sich heran. Tränen rannen ihm übers Gesicht. „Deine Mutter war sich der Gefahr, in die sie sich begeben hat, durchaus bewusst. Es war ihre Entscheidung zu fahren, um einem Pferd in Not zu helfen, Amy, nicht deine!" Er umarmte sie heftig. „Was passierte – es war nicht deine Schuld!"

„Doch!“, widersprach Amy, und ihre Stimme war heiser vom vielen Weinen. „Und ich werde es mir niemals verzeihen!“

Die Tage vergingen; ein schreckliches Gefühl der Dumpfheit überfiel Amy. Sie konnte nichts mehr fühlen, sie konnte nicht mehr denken. Großvater und Lou besuchten sie täglich. Auch Ty schaute vorbei, ebenso Soraya und Matt. Aber Amy schaffte es nicht, sich mit ihnen zu unterhalten.

Dann, eines Tages, kamen der Großvater und Lou gemeinsam. Jack Bartlett stand am Fenster. Lou setzte sich auf das untere Ende des Bettes und griff nach Amys Hand. „Die Ärzte meinen, dass sie dich nach Hause entlassen können!“, sagte sie.

„Nach Hause?“, sagte Amy niedergeschlagen. „Ich habe kein Zuhause mehr.“

„Aber sicher.“

Amy blickte in Lous entschlossenes Gesicht, und als sie sich rückwärts in ihre Kissen fallen ließ, durchfuhr der Schmerz sie wie ein Nadelstich. Wie konnte sie nach Hause zurückkehren, wenn ihre Mom nicht mehr dort sein würde! Sie wandte ihren Kopf ab.

Der Großvater trat zu ihr. „Wir brauchen dich, Amy“, sagte er zärtlich, und seine Stimme zitterte. „Komm nach Hause.“

Nach Heartland Farm zurückzukehren war furchtbarer, als Amy es sich in ihren schlimmsten Träumen ausgemalt hatte. Als sie in die Einfahrt bogen, streckten Pegasus und Copper gerade ihre Köpfe aus den Boxen. Ty war damit beschäftigt, die Wassereimer am Hahn draußen an der Stallwand aufzufüllen. Alles sah so aus wie immer. Amy spürte, wie sich ihr der Magen umdrehte, und einen Moment lang befürchtete sie, sich gleich übergeben zu müssen. Sie riss die Autotür auf und rannte ins Haus, ohne auf die Schmerzen in ihrer Brust zu achten.

Sie weigerte sich hinauszugehen. Sie wollte nicht nach den Pferden sehen. Sie saß in der Küche und starrte schweigend auf den Boden. Als es dunkel wurde, ging sie ins Bett.

„Warum kommst du nicht mit nach draußen und hilfst mir?", fragte ihr Großvater sie am nächsten Morgen. Aber Amy blieb wie am Tag zuvor zusammengekauert auf ihrem Stuhl in der Küche sitzen und rührte sich nicht.

Sie beobachtete Lou, die versuchte, Ordnung in den Papierkram zu bringen, den ihre Mutter hinterlassen hatte. Ihre Mom hatte Rechnungen, Papiere, Zettel und Notizen, sogar die Telefonnummern von so wichtigen Lieferanten wie dem Futterhändler und dem Hufschmied an den unterschiedlichsten Stellen aufbewahrt. Lou dagegen war praktisch und ordentlich, und sie hatte für alles ein System. Sie kümmerte sich um alles Organisatorische und erledigte die Anrufe, die Arbeit mit den Pferden überließ sie Großvater und Ty. Amy fühlte sich leer und hoffnungslos.

Manchmal ertappte sie Lou dabei, wie sie immer wieder in ihre Richtung blickte. Amy spürte die kaum verhohlene Verzweiflung in den Augen ihrer Schwester und wich ihrem Blick aus. Sie wusste, dass sie Lou und dem Großvater eigentlich helfen sollte, aber sie konnte es nicht – schaffte es einfach nicht, hinaus auf den Hof zu gehen, als sei nichts geschehen.

Am dritten Tag, nachdem Amy nach Hause gekommen war,

wandte Lou sich ihr zu. Sie war sehr beschäftigt und ihre Augen sahen müde aus. „Amy“, bat sie, „kannst du bitte mit Ty gemeinsam nachsehen, welche Pferde zum Hufschmied müssen? Ich muss das Telefon hüten. Ich erwarte einen Anruf von Bob Shaw, dem Besitzer von Tarka. Er wird sich jeden Moment hier melden.“

Amy schüttelte den Kopf.

„Bitte, Amy“, flehte Lou. „Ich warte dringend auf diesen Anruf.“

Amy grub ihre Fingernägel in die Handflächen. „Ich gehe nicht nach draußen“, sagte sie kalt.

„Na, dann eben nicht!“, gab Lou nervös zurück, schlüpfte in ihre Stiefel und rannte zur Tür hinaus.

Ein paar Minuten später klingelte das Telefon. Amy starrte es an. Das Klingeln schrillte durch die Küche, aber es war Amy, als wäre sie festgefroren auf ihrem Stuhl. Sie ließ das Telefon einfach weiterklingeln.

Plötzlich wurde die Tür aufgerissen. Lou kam hereingestürzt und griff nach dem Hörer. „Hallo? Heartland!“, keuchte sie. Ihr Gesicht war vom schnellen Rennen gerötet. Dann war es eine Sekunde lang ruhig und schließlich knallte sie den Hörer wieder auf die Gabel. „Zu spät!“ Sie drehte sich zu Amy um. „Warum bist du nicht rangegangen?“, schrie sie.

In diesem Moment betrat Jack Bartlett die Küche. Die Spannung, die in der Luft lag, war spürbar, und er räusperte sich. „Hallo Lou. Hast du schon mit dem Futterhändler gesprochen, um die Lieferung zu bestätigen?“, fragte er. „Unsere Vorräte gehen zu Ende.“

„Welche Futterlieferung?“ Lou fuhr sich mit der Hand durch ihre kurzen Haare und sah ihn entgeistert an. „Welche Futterlieferung?“

„Normalerweise bekommen wir alle drei Wochen Futter geliefert.“

Lou hob ärgerlich die Stimme. „Und warum hat mir das niemand gesagt?“ Doch als sie den überraschten Blick ihres Großvaters bemerkte, wurde sie wieder freundlicher. „Entschuldigung, Grandpa. „Ich …“, sie schluckte, „… es ist im Augenblick alles etwas viel. Aber ich werde es schon herausfinden. Mach dir nur keine Sorgen.“

„Du bist ein tüchtiges Mädchen, Lou!“, sagte Jack Bartlett. Er lächelte.

Amy fühlte einen Kloß in ihrer Kehle hochsteigen. Futterlieferungen! Anrufe von Pferdebesitzern! Wie konnten sie nur so tun, als sei nichts geschehen? Sie erhob sich von ihrem Stuhl und rannte nach oben auf ihr Zimmer – kauerte sich auf den Boden, schlang die Arme um die Knie und begann zu schluchzen. Was war nur mit ihnen los? Mom war tot. War sie denn die Einzige, die um sie trauerte?

Bis zur Mitte des nächsten Tages blieb Amy in ihrem Zimmer. Als sie dann in die Küche trat, saßen der Großvater und Lou am Küchentisch. Sie hörten sofort auf zu reden, als Amy eintrat. „Hallo, Kleines“, sagte der Großvater und stand auf. „Wie fühlst du dich heute?“

Amy gab keine Antwort. Sie setzte sich.

Schweigen. Amy bemerkte, dass sich Lou und der Großvater

gegenseitig Blicke zuwarfen. Dann fing Lou an zu sprechen. „Amy“, sagte sie schnell. „Grandpa und ich sind der Meinung, dass es Zeit wird, dass du dich wieder um deine Freunde kümmerst.“

Amy fühlte, wie es in ihrem Magen rumorte. Soraya, Matt und die anderen aus ihrer Klasse hatten immer wieder vorbeigeschaut oder sich telefonisch nach ihr erkundigt, seit sie aus dem Krankenhaus entlassen worden war. Allerdings hatte sie sich geweigert, irgendjemanden zu sehen oder gar zu sprechen, und darauf bestanden, in Ruhe gelassen zu werden.

„Ich will aber nicht!“, sagte sie trotzig.

„Amy!“, gab Lou zurück. „Es sind deine Freunde, und sie möchten für dich da sein!“ Sie schwieg einen Moment. „Hör zu! Wir haben für dich eine nachträgliche Geburtstagsparty organisiert – heute Abend. Wir dachten, dass du so die Möglichkeit hast, alle gleichzeitig zu treffen und es dann vielleicht etwas einfacher ist für dich.“

Amy fühlte sich, als hätte man ihr einen heftigen Schlag versetzt. „Ich habe es euch schon gesagt!“, schrie sie verzweifelt und sprang auf. „Ich will niemanden sehen!“

Grandpa kam auf sie zu. „Bitte, Amy! Lou hat Recht!“, sagte er sanft. „Du musst damit anfangen, dein Leben wieder in die Hand zu nehmen!“

Amy starrte ihn entgeistert an. *Mein Leben wieder in die Hand nehmen!* Wie konnte er so etwas nur sagen – Mom war schließlich tot!

„Wir haben nicht viele Leute eingeladen“, sagte Lou. „Nur Soraya, Matt und ein paar andere, die Soraya vorgeschlagen hat.“

„Sagt ihnen ab!“ Amy weinte, und ein schreckliches, nagendes Gefühl der Verzweiflung breitete sich in ihr aus. „Ich will niemanden sehen!“

Lou erhob ihre Stimme. „Amy! So geht es einfach nicht weiter!“ Großvater legte seine Hand auf ihren Arm, doch Amy biss sich auf die Lippen und wandte sich ab.

„Grandpa, bitte …“, bettelte sie.

Aber der Großvater und Lou wollten nicht auf sie hören. Sie behaupteten, dass alles nur zu ihrem Besten sei. Schließlich rannte sie auf ihr Zimmer und blieb dort für den Rest des Tages. Sie war noch immer oben, als gegen sieben Uhr die ersten Gäste eintrafen.

Großvater klopfte an Amys Tür. „Amy?“ Dann drückte er die Klinke. „Komm schon“, sagte er freundlich. „Komm mit nach unten!“ Amy schüttelte den Kopf. Sie fühlte sich elend. „Bitte“, wiederholte der Großvater, und streckte die Hand nach ihr aus. „Tu's mir zuliebe, Kleines.“

Amy blickte ihn an, und plötzlich fiel ihr auf, wie müde er aussah. Er hatte tiefe Ringe unter den Augen und seine Stirn war zerfurcht. Ganz langsam griff sie nach seiner Hand und erhob sich.

Er lächelte. „Es wird schon. Wart's nur ab.“

Amy folgte ihm nach, ihr Herz pochte. Doch sobald sie über die Schwelle der Küchentür getreten war, wusste sie, dass es ein Fehler gewesen war. Ihre Freunde unterbrachen die Unterhaltung, sobald sie sie erblickten, und standen schweigend im Raum. Verlegen hielten sie die eingepackten Geschenke in den Händen.

Soraya und Matt waren gekommen, ebenso Danny, Matts Freund, und Ellen und Robyn aus ihrer Klasse. Ty stand an die Spüle gelehnt neben Lou.

Soraya unterbrach das Schweigen als Erste. Sie ging auf Amy zu und sah ihr in die Augen. „Na du“, sagte sie und umarmte ihre Freundin. „Alles Gute zum Geburtstag!“

Als sie sich voneinander lösten, versuchte Amy ein Lächeln. Aber tief in ihr hatte sie nur den einen Wunsch, dem Ganzen zu entfliehen, einfach wegzulaufen.

„Hi!“ Matt kam auf sie zu. „Wie geht's?“ Amy antwortete nicht; sie betrachtete ihn. Sein Blick war besorgt.

„Möchte jemand etwas trinken?“, fragte Lou in das Schweigen. „Amy, was möchtest du?“

„Nichts“, flüsterte sie.

Einige Sekunden herrschte weiter Schweigen. „Wem kann ich etwas zu Trinken anbieten?“, wiederholte Lou rasch. „Soraya? Ellen? Was kann ich euch bringen?“

Als ihre Freunde antworteten, fiel Amys Blick auf den Tisch.

„Komm und setz dich, Kleines“, sagte der Großvater.

Amy bewegte sich wie in Trance. Sie lief zu ihm. Wortlos blickte sie auf die Geschenke, die auf dem Tisch lagen.

„Bedient euch bitte, es ist genug zu essen da“, forderte Lou die Gäste auf. Aber niemand schien hungrig zu sein. Die Hotdogs und die Chips in den Schüsseln blieben unberührt, und als sie sich setzten, musterten Amy alle mit besorgten Blicken.

„Für dich!“, sagte Matt und reichte Amy sein Geschenk.

Es war deutlich zu erkennen, dass er für Amy einen Fußball verpackt hatte. Er lächelte. „Du wirst nicht erraten, was es ist!“

Amy schluckte. „Danke“, sagte sie und versuchte ein Lächeln, als sie das Geschenk von ihm entgegennahm. Dann betrachtete sie das Päckchen in ihren Händen. War es wirklich erst drei Wochen her, dass sie mit Soraya darüber gerätselt hatte, ob Matt ihr überhaupt etwas schenken würde? Es kam ihr wie eine Ewigkeit vor. Sie blickte weiter auf das Päckchen, damit niemand merkte, wie ihr die Tränen in die Augen stiegen.

„Hier“, ließ Ty sich jetzt vernehmen. Er reichte ihr ein kleines, rechteckiges Etwas, das er die ganze Zeit in seinen Fingern hin und her gedreht hatte. „Mach mal auf!“ Amy war dankbar, etwas zu haben, auf das sie sich konzentrieren konnte, und raschelte mit dem Papier. Dann zog sie eine gerahmte Fotografie heraus – Chester. „Oh Ty! Es ist wunderschön!“, flüsterte sie und strich mit ihren Fingern über den Rahmen des Bildes. Ihre Blicke trafen sich, und sie konnte das tiefe Verständnis in Tys Augen lesen.

Eines nach dem anderen packte Amy die Geschenke aus. Es waren alles Dinge, die sie sich gewünscht hatte – Reitstiefel, Reithosen, Reithandschuhe. Nur schienen sie ihr jetzt nichts mehr zu bedeuten. Schließlich reichte ihr der Großvater das letzte Päckchen – es war groß und unförmig. „Das hier ist von deiner Mom“, sagte er. „Sie hat es an jenem Tag für dich gekauft …“ Seine Stimme verließ ihn.

Noch bevor sie es mit ihren Händen befühlen konnte, wusste Amy, was es war. Sie zitterte, als sie die Schleife und den Klebestreifen löste. Etwas Blaues schimmerte hervor. Es war die wasserdichte Jacke, die sie sich so sehnlich gewünscht hatte. Das war zu viel! Ein Schluchzen stieg in ihrer Kehle hoch, sie stieß das halb ausgepackte Geschenk von sich, floh aus der Küche und rannte hinauf auf ihr Zimmer.

Einen Augenblick später tauchte der Großvater im Türrahmen auf. „Tut mir Leid“, sagte er, schloss behutsam die Tür, ließ sich neben ihr auf dem Bett nieder und legte ihr einen Arm um die zitternden Schultern. „Ich glaube, wir haben die Sache doch falsch angefangen. Es war zu früh für dich, nicht wahr?“

Durch den Schleier von Tränen nahm Amy wahr, dass noch jemand das Zimmer betrat. Sie blickte auf. Es war Soraya.

„Komm rein“, sagte Jack Bartlett. Er erhob sich und sah von Soraya zu Amy. „Ich gehe wieder nach unten“, sagte er leise und verließ den Raum.

Sobald er hinaus war, stürmte Soraya zu ihrer Freundin. „Oh Amy!“. Sie setzte sich auf das Bett und umarmte sie. „Es tut mir alles so Leid!“ Sie lehnte ihren Kopf gegen Amys Schulter, und ihrer beider langen Haare, schwarz und dunkelbraun, vermischten sich miteinander. „Ich habe mich so danach gesehnt, dich zu sehen, aber du hast immer wieder abgelehnt, dass ich zu dir komme“, sagte Soraya. „Mein Camp beginnt morgen. Aber wenn du möchtest, bleibe ich hier bei dir.“

„Ich will einfach in Ruhe gelassen werden!“, schluchzte Amy.

Eine Pause entstand. Plötzlich wurde Amy bewusst, wie ihre Worte geklungen haben mussten. Doch Soraya sah sie verständnisvoll an. „Ich weiß“, flüsterte sie. „Und ich glaube, mir an deiner Stelle ginge es ganz genauso.“

Sie umarmten einander verzweifelt. „Ich werde dir ganz viele Briefe schreiben!“, sagte Soraya unter Tränen. „Und wenn du mich brauchst, dann ruf mich einfach an. Ich komme sofort zurück. Ich werde immer für dich da sein, Amy!"

Nachdem Soraya gegangen war, begann Amy noch heftiger zu weinen. Sie war so allein. Niemand konnte sie verstehen und nachempfinden, was sie fühlte. Niemand außer Mom.

Am nächsten Nachmittag überwachte Lou das Geschehen, als der Lkw mit der Futterlieferung eintraf. „Hoffentlich kommen Ty und Grandpa klar", sagte sie besorgt. „Ich würde den beiden ja gerne helfen, aber die Buchhaltung hinkt Monate hinterher." Sie blickte zu Amy, in der Hoffnung, von ihr eine Antwort zu erhalten – aber Amy verharrte in Schweigen. Lou öffnete die Lippen, als wolle sie etwas sagen, doch dann schien es, als würde sie sich selbst zur Ruhe mahnen. Sie drehte sich ruckartig um, griff nach dem großen Buch und einem Stapel von Papieren, die sie aus einer Kommodenschublade hervorgeholt hatte, und setzte sich an den Tisch. „Ich kann einfach nicht glauben, dass es für die ganze Buchhaltung keinen Computer gibt!", stöhnte sie.

Schnell überflog sie die Papiere und sortierte sie fahrig auf verschiedene Stapel. Sie wirkte aufgewühlt und blickte immer wieder nach draußen, um mitzubekommen, wie das Entladen der Futterlieferung vorankam. Ihre Lippen sahen unnatürlich bleich aus, und unter ihren blauen Augen zeichneten sich dunkle Ringe ab.

Einen Augenblick später hob Lou verzweifelt die Hände. „Das gibt's doch nicht. Wie soll ich da wissen, welche Rechnungen noch offen sind? Das Ganze ist völlig ohne System und so viele Quittungen fehlen!"

„Die sind wahrscheinlich auf dem Bücherregal“, meinte Amy teilnahmslos. „Oder unter dem Sessel!“

„Mach keine Witze!“ Lou warf ihr einen ungläubigen Blick zu. Aber sie stand trotzdem auf und begann, unter dem Sessel zu wühlen. Dann zog sie einen Stapel Papier hervor. „Ich fasse es einfach nicht!“, rief sie aus. „Sieh dir das an! Sie sind über und über mit Kaffee bekleckert!“

„Na und?“, fragte Amy.

„Na und!“, antwortete Lou. „Das ist schrecklich. Das ist die schlimmste Buchhaltung, die mir je unter die Finger gekommen ist.“ Ihre Stimme wurde lauter. „Mom war durch und durch planlos. Wie konnte sie nur in solch einem Durcheinander leben!“

Amy wurde von ihren Gefühlen überwältigt. Sie sprang auf die Füße, ihre Augen blitzten vor Wut. „Wahrscheinlich hat sie nicht damit gerechnet, so schnell zu sterben!“, rief sie aus. Wut, Verzweiflung und das ganze Elend der letzten Wochen ließen sie wie ein Vulkan explodieren. „Mom ist tot!“, schrie sie. „Kapierst du das nicht!? Sie ist tot, und das Einzige, was dich interessiert, ist dieser dämliche Papierkram! Du bist so schrecklich herzlos! Du hast dich nie für uns interessiert!“

Lou schlug mit der Faust auf den Tisch und erhob sich. Sie war aschfahl im Gesicht. „Wie kannst du so etwas sagen?“, rief sie mit bebender Stimme aus. „Du hast überhaupt keine Ahnung davon, wie schwer es für mich ist, das alles in die Hand zu nehmen! Du bist egoistisch, Amy!“ Amy versuchte, Lous Redeschwall zu unterbrechen, aber Lou ließ es nicht zu. „Genau das bist du! Du denkst überhaupt nicht an Grandpa oder an Ty oder an irgendjemanden sonst! Die einzige Person, die dich interessiert, ist die arme Amy Fleming. Du hängst herum und bemitleidest dich selbst. Nur – das bringt Mom nicht zurück, und eines kann ich dir sagen: Wenn Mom jetzt hier wäre und du an ihrer Stelle wärst tot, dann würde sie sich mit Sicherheit um die Pferde kümmern! Und du behauptest, ich würde mich für das alles nicht interessieren? –Schau *dich* nur an, schau dich einmal selbst an!“

Einen Moment lang starrten sie auf einander. Amy fühlte, wie das Blut aus ihrem Gesicht wich. Plötzlich war Lous Miene entsetzt. „Amy ...“, sagte sie und trat rasch auf sie zu. „Amy, es tut mir so ...“

„Lass mich in Ruhe!“, zischte Amy und lief davon.

„Versteh doch“, bat Lou.

„Versuch doch *du*, zu verstehen“, heulte Amy auf. „Lass mich einfach in Ruhe!“ Sie drehte sich auf dem Absatz um, rannte aus der Küche, lief auf ihr Zimmer und schloss die Tür hinter sich zu. Sie warf sich aufs Bett und ließ ihren Tränen freien Lauf.

Lou folgte ihr und klopfte leise an ihre Tür. Etwas später kam auch der Großvater, aber Amy wollte keinen sehen. „Oh Mom!“, schluchzte sie verzweifelt. „Mom! Warum bist du nicht hier?“

Es begann zu dämmern, als Amy erwachte. Ihre Augen waren verschwollen, und ihr Gesicht war vom Weinen rau und gerötet. Sie stand auf und blickte zum Fenster hinaus, hinüber zum Stall. Alles war ruhig. Amy fühlte sich leer und sie wusste, dass diese Leere sie niemals wieder verlassen würde, weil niemand den

Platz ihrer Mutter einnehmen konnte. Ihr Leben lag düster und trostlos vor ihr. Niemand verstand sie.

Auf einmal, undeutlich im Dämmerlicht, bemerkte sie Pegasus, der aus seiner Box herausschaute. Ihr Herz tat einen Sprung, als sie den großen grauen Kopf und die halb gespitzten Ohren sah – beobachtend, abwartend. Und es kam ihr vor wie ein heftiger Stoß in den Magen: Warum nur hatte sie nicht schon früher an ihn gedacht?

Sie schlich die Treppe hinunter, öffnete lautlos die Hintertür und rannte über den Hof. Pegasus stellte die Ohren auf und schnaubte freudig, als er Amy sah. Sie schob den Riegel zurück und schlüpfte in die Box. Der vertraute Geruch des Stalls umfing sie. Pegasus senkte fragend den Kopf; er umgab Amy mit Liebe und Vertrauen. Sie schlang ihre Arme um seinen Nacken. „Oh Pegasus!“, sagte sie verzweifelt. „Was soll ich nur tun?“

Pegasus’ Hals war warm und kräftig. Sein Mähne kitzelte ihr Gesicht. „Wir haben sie verloren“, flüsterte Amy mit schwacher Stimme. „Es wird nie mehr wie früher sein. Es gibt nur noch dich und mich.“

Pegasus schnaubte leise.

„Nur dich und mich.“ Während Amy die Worte wiederholte, erinnerte sie sich an all das, was sie gemeinsam mit ihrer Mutter getan hatte, und daran, was sie einander bedeuteten. Und während Pegasus’ Nähe ihr Trost spendete, dachte sie auch über Lous Worte nach. Hatte sie Recht? War sie, Amy, egoistisch?

Gedankenverloren begannen ihre Hände, Pegasus’ Hals zu massieren. Kleine Kreise, leichter Druck – so, wie ihre Mom es ihr gezeigt hatte. Pegasus gefiel das. Amy lächelte, als sie fühlte, wie das Pferd sich unter ihren Händen entspannte, und während sie weiterarbeitete, merkte sie auch, wie sich ihre eigene Anspannung löste.

Die Zeit verrann. Es wurde heller. Amy hörte, wie der altmodische Wecker ihres Großvaters im Haus drinnen klingelte. Sie gab Pegasus einen Kuss auf die Nase, schlüpfte aus seiner Box und gelangte unbemerkt in ihr Zimmer.

Sie legte sich auf ihr Bett. Auf einmal fühlte sie sich viel ruhiger. Sie hörte, wie der Großvater und Lou aufstanden, hörte wenig später das Scheppern der Futtereimer unten auf dem Hof und das ungeduldige Stampfen der Hufe. Schließlich lief sie zum Fenster, spähte durch die Gardine und beobachtete, wie ihr Großvater begann, die Pferde zu füttern. Dann kam Ty. Amy sah zum Himmel. Es würde ein trüber Tag werden, alles war grau und wolkenverhangen und es nieselte. In der Küche hörte sie Lou das Frühstück richten. Ein ganz normaler Tag hatte begonnen.

Einige Minuten später sah Amy ihre Schwester aus dem Haus laufen und mit Großvater reden. Ganz langsam drehte Amy sich um, ging aus ihrem Zimmer und die Treppe hinab. Unten im Flur hielt sie inne. Irgendjemand hatte das Geschenk von ihrer Mutter auf die große Kommode gelegt. Es war noch immer verpackt, der Geschenkanhänger war obenauf befestigt. Amy schluckte, dann griff sie mit zitternden Fingern nach der Karte.

In diesem Moment schrillte in der Küche das Telefon. Amy schrak zusammen und fuhr herum. Sollte sie …? Sie wollte gerade in die Küche gehen, als sie hörte, wie die Hintertür geöffnet wurde und jemand den Hörer abnahm.

„Hallo – hier Heartland“, vernahm sie Tys freundliche Stimme. Dann war es einen Moment lang ruhig. Als er wieder sprach, hatte sich sein Tonfall dramatisch verändert. „Ja ... ich weiß, wo das ist“, sagte er rasch und besorgt. „Okay. Wir werden so schnell wie möglich da sein.“ Sie hörte das Klicken des Hörers, dann wurde die Hintertür aufgerissen. „Jack!“, rief er. „Schnell, kommen Sie!“

Amy stand noch immer im Flur. Sie zögerte. Was ging da vor? Sie hörte eilige Schritte, und Lou und der Großvater betraten die Küche. „Was ist denn los, Ty?“, hörte Amy ihren Großvater fragen.

„Das war die Polizei“, erklärte Ty. „Sie sind gerade oben in dem Haus der alten Mrs Bell. Die Beamten haben die Tür aufgebrochen und sie gefunden.“ Ty hielt die Luft an. „Sie ist wohl schon seit einigen Wochen tot.“

Tot! Amy schlug sich mit der Hand vor den Mund.

„Oh nein!“, hörte sie Lou aufseufzen. „Wie schrecklich!“

„Eric alarmierte die Polizei, nachdem er heute Morgen auf seiner Postrunde bei Mrs Bell vorbeigekommen war“, erklärte Ty. „Er hatte zwei Wochen Urlaub, und in der Zwischenzeit war niemand mehr bei ihr.“

„Natürlich – normalerweise wären Marion oder Amy ab und an vorbeigeritten“, sagte der Großvater. „Furchtbar!“

„Aber es kommt noch schlimmer“, sagte Ty finster. „Es geht nicht nur um Mrs Bell. Die Polizei hat wegen Sugar hier angerufen.“

Amys Herz schlug hart. *Sugar!*

„Das kleine Shetland-Pony?“, fragte der Großvater.

„Ja. Es war in seinem Stall eingeschlossen“, berichtete Ty. „Kein Futter und nur ganz wenig Wasser. Die Polizei sagt, dass es in einem fürchterlichen Zustand ist – halb verhungert und total verschreckt. Die Beamten haben schon Scott informiert, aber sie wollen, dass auch jemand von uns dort oben vorbeischaut.“

Amy fühlte ein Schluchzen in sich aufsteigen. Armer Sugar! Er tat ihr so Leid – allein, hungrig, verängstigt …

„Kannst du das übernehmen?“, fragte der Großvater Ty.

„Aber sicher“, antwortete Ty. „Sugar kennt mich zwar nicht, aber ich denke, dass ich damit zurechtkomme!“

„Ich bring dich hin!“, sagte Lou.

Amy malte sich aus, wie sich Sugar fühlen würde, wenn Ty versuchte, ihn zu verladen, Ty, den er nicht kannte … Ihr Herz begann heftig zu schlagen. Verzweifelt ließ sie ihren Blick durch den Flur schweifen und wieder blieb er an dem Geschenk ihrer Mutter haften. *Mom,* dachte sie, *Mom, was würdest du tun?* Beinahe ohne nachzudenken, warf sie einen Blick auf die Karte und las:

Meiner lieben Amy!
Vertraue nur weiterhin auf deine Gefühle,
dann werden wir gemeinsam unsere Träume wahr machen!
Herzlichen Glückwunsch zum Geburtstag!
In Liebe,
deine Mom.

Die Worte trafen Amy wie ein Schlag. *Gemeinsam.* Tränen rannen aus ihren Augen, als sie an die Träume dachte, die sie gemeinsam mit ihrer Mutter geträumt hatte – an die Pläne, die sie geschmiedet hatten.

„Ich denke, es ist besser, wenn ich mich jetzt auf den Weg mache“, hörte sie Ty in der Küche sagen.

Auf einmal wusste Amy, was sie zu tun hatte. Rasch zerriss sie das Geschenkpapier und zog sich die Jacke über. Die Karte lag noch auf dem Tisch. Amy berührte sie und schluckte ihre Tränen hinunter. „Ich tue es für dich, Mom“, flüsterte sie. „Für unsere Träume.“

Als Amy in der Tür stand, fuhren Grandpa, Lou und Ty gleichzeitig herum.

„Mich kennt Sugar“, sagte Amy, „ich kann mitfahren.“

5

Lou und Amy liefen im dichten Regen um das Haus zum Pick-up und dem Pferdetransporter. Beide schwiegen. Die bösen Worte, die sie am Vortag untereinander gewechselt hatten, standen noch immer zwischen ihnen. Ohne einen Blick auf ihre Schwester zu werfen, lief Lou zielstrebig durch das hohe, feuchte Gras und schloss das Fahrzeug auf. Plötzlich blieb Amy stehen. Die Front des Pick-up wies immer noch Spuren des Unfalls auf. Einzelne Teile waren frisch lackiert.

Lou blickte sich um. „Wohin müssen wir …" Die Worte erstarben ihr auf den Lippen, als sie Amys Blick folgte. „Oh", sagte sie und ihre Stimme wurde weicher. „Tut mir Leid. Ich habe nicht daran gedacht!" Sie schloss die Tür wieder und steckte die Autoschlüssel in die Tasche. „Pass auf. Du musst nicht mitkommen", sagte sie. „Ich bin sicher, dass auch Ty es schaffen kann!"

Amy schluckte und schüttelte den Kopf. Sie grub ihre Hände tiefer in die Taschen ihrer neuen Jacke. „Nein", sagte sie. „Ich muss Sugar helfen."

Langsam öffnete sie die Beifahrertür und stieg ein. Ihr Herz schlug hart in ihrer Brust. Lou bedachte sie mit einem besorgten Blick und startete den Motor. Mit jeder Bodenwelle und jeder Unebenheit, über die sie fuhren, kam eine neue Szene aus der Unfallnacht in Amys Erinnerung zurück. Die Scheibenwischer kratzten über die Windschutzscheibe, und Amy krallte sich in ihren Sitz. Sie zwang sich, nur an Sugar zu denken.

Als sie auf die Straße eingebogen waren, meinte Lou zögernd. „Es tut mir Leid wegen gestern", sagte sie. „Ich hätte all das nicht sagen sollen."

Amy starrte auf ihre Knie. „Schon okay."

Bedrückte Stille. Die Worte, die zwischen ihnen gefallen waren, konnten nicht zurückgenommen werden. Oder doch? Amy hätte den Anfang machen können, aber obwohl sie nicht weiter als einen Autositz von einander getrennt waren, kam es ihr vor, als lägen Meilen zwischen ihnen.

Abgesehen von ein paar geflüsterten Hinweisen Amys, die den Weg betrafen, fuhren sie schweigend.

„Wo ist der Stall?", fragte Lou, als sie vor Mrs Bells Haus parkte.

Amy öffnete die Autotür. „Am Garten!" Sie sprang hinaus in den Regen. Als sie den schmalen Pfad entlang zum Haus lief, bemerkte sie einen strengen Geruch von Kot und Urin. Kurz vor der Stalltür zögerte sie einen Moment. Wie würde es da drinnen wohl aussehen? Amy biss sich auf die Lippen, dann lief sie weiter.

„Oh Sugar!" Ein erschrockener Ausruf kam über ihre Lippen. Das kleine Shetland-Pony stand in der Mitte des Stalls, sein Kopf hing zu Boden. Die Rippen zeichneten sich deutlich unter seinem Fell ab, die Flanken waren eingefallen, alles an ihm war stumpf und voller Dreckklumpen. Der Gestank im Stall war fast unerträglich. Langsam schob Amy den Riegel der unteren Türhälfte beiseite und öffnete. Die Ohren des Ponys bewegten sich, und unter größter Anstrengung hob Sugar den Kopf. Seine traurigen Augen fixierten Amy, in einem Anflug von Erinnerung wieherte er leise. Amy ignorierte den Schmutz im Stall und ging auf Sugar zu. Vorsichtig streckte sie ihre Arme nach ihm aus, um seinen Kopf und seinen Nacken zu kraulen. Ganz leicht stellte er die Ohren auf, so, als würde er sie erkennen. „Amy?“ Lous Stimme drang aus dem Garten herüber.

Sie lief zur Stalltür. „Hier bin ich!“

Lou kam vorsichtig den überwucherten Weg entlang. „Soll ich den Anhänger wenden, bevor du Sugar einlädst, oder soll ich …“ Die Worte blieben ihr im Hals stecken, als sie das Pony sah. Sie starrte auf das magere, kleine Pferd und holte tief Luft.

„Oh nein!“ Dann kam sie einen Schritt näher, und einen Moment lang starrten sie sich schweigend an. „Das ist ja schrecklich!“ Lou rang mit ihrer Fassung, und Tränen traten ihr in die Augen.

In diesem Moment erscholl ein Ruf aus dem Garten. „Amy – bist du hier?“ Die Schwestern drehten sich um.

„Scott!“, rief Amy, als sie Scott Trewins große, schlanke Gestalt erkannte. Er kam durch den Garten zu ihnen herüber. Als er sie erreicht hatte, hielt er an und musterte Amy mit besorgtem Blick. „Wie geht's dir denn?“

„Mir geht's gut“, antwortete sie brüsk. Sie hatte keine Lust, in diesem Augenblick über sich zu reden. „Aber um Sugar müssen wir uns Sorgen machen!“ Sie trat einen Schritt zur Seite, damit Scott einen Blick in den Stall werfen konnte. Dann wurde ihr plötzlich bewusst, dass Lou noch immer neben ihr stand. Hastig stellte sie sie vor. „Oh, das ist Lou – meine Schwester.“

Scott und Lou reichten sich die Hand. „Wir kennen uns schon“, sagte Scott.

Amy erinnerte sich plötzlich daran, dass sich Scott noch immer um den Hengst kümmerte, den sie gemeinsam mit ihrer Mutter an dem Unglückstag aus Clairdale Ridge befreit hatte. Klar, dass Lou und Scott sich bereits begegnet waren. Bestimmt war er auch auf Moms Beerdigung gewesen. Sie schob den Gedanken weg. Das war etwas, woran sie im Augenblick nicht erinnert werden wollte.

Scott lief in den Stall und blickte sich um. „Okay. Lass uns versuchen, ob wir ihn hier herausbekommen. Amy, stell dich darauf ein, Sugar von der Seite zu stützen und ermuntere ihn dazu, sich zu bewegen. Er ist sehr schwach.“

Amy und Scott standen jeder zu einer Seite des Ponys und lockten es vorwärts. Ganz langsam, Schritt für Schritt, verließ es seinen Stall. Lou schaute ihnen eine Weile zu, dann verschwand sie auf den Gartenweg. Amy nahm kaum wahr, dass ihre Schwester den Stall verlassen hatte, sie war viel zu sehr damit beschäftigt, sich auf Sugar zu konzentrieren.

„In Ordnung“, sagte Scott, nachdem sie Sugar auf das Gras hinausgeführt hatten. „Ich checke ihn schnell durch.“ Behutsam ließ er seine Hand über den Körper des Ponys gleiten, dann maß er den Puls und horchte die Herztöne ab.

Amy massierte Sugars winzige Ohren, um ihn zu beruhigen. Die ganze Zeit über stand er still und blickte starr geradeaus. Amy wunderte sich, dass das halb verhungerte Tier überhaupt kein Interesse an dem üppigen grünen Gras zeigte, das es umgab.

Scott warf einen erneuten Blick in den Stall. „Er hatte zum

Glück etwas Wasser", sagte er und zeigte auf ein Abflussrohr aus der Regenrinne, das von der einen Seite des Stalldaches hereinführte und in einem Bottich endete. „Ohne das …" Er schüttelte den Kopf. Amy verstand ihn auf Anhieb. Kein Pferd könnte in dieser Sommerhitze mehr als ein paar Tage überleben. „Ich denke, es wäre das Beste für ihn, wenn er nach Heartland kommt und ihr dort seht, was ihr für ihn tun könnt. Im Moment scheint er nicht zu leiden. Wenn wir es schaffen, ihn zum Fressen zu bringen, dann stehen seine Chancen gut."

„Ich schaffe es", sagte Amy zuversichtlich. Sie streichelte Sugars Kopf. Sie würde ihn gesund pflegen.

„Gut", sagte Scott und lächelte. „Also, bringen wir ihn in den Transporter."

Lou wartete schon auf sie. Sie hatte die Rampe heruntergelassen und beobachtete Scott und Amy dabei, wie sie versuchten, Sugar zu verladen.

Das Pony tat ein paar zögernde Schritte und lief erst dann in den Hänger, als Amy es vorsichtig am Halfter zog und Scott von hinten ermutigend auf es einredete.

„Kann ich irgendetwas für Sugar tun?", fragte Lou den Arzt besorgt, als das Pony mit einem letzten Schritt ganz im Hänger verschwunden war.

„Außer dass er unterernährt ist, scheint ihm nichts zu fehlen", antwortete Scott und kam die Rampe hinunter. Sein Ton war zurückhaltend. „Überlass das ruhig Amy. Sie weiß, was zu tun ist." Amy runzelte die Stirn. Sie wusste Scotts Würdigung zu schätzen, aber dass er so reserviert blieb, war untypisch für ihn. „Ruf mich an, falls du dir um ihn Sorgen machst, ja?", sagte er und er klang wieder wie immer. „Ansonsten schaue ich morgen früh einfach bei euch vorbei."

Amy nickte. „In Ordnung. Dann also bis morgen."

„Bis morgen." Scott nickte Lou kurz zu und lief dann zu seinem Wagen.

Als sie nach Heartland zurückkamen, hatte Ty schon eine Box im hinteren Stall dick mit Stroh eingestreut. Geduldig wie immer half er Amy, Sugar die Rampe hinunterzuführen und in den Stall zu bringen. Das kleine Shetland-Pony lief in die Box und legte sich sofort hin. Es stützte den Kopf aufs Stroh und hielt die Augen halb geschlossen.

„Er sieht aus, als müsste er ein bisschen aufgepäppelt werden", sagte Ty und musterte Sugars hervorstehende Rippen. Seine beiläufigen Worte konnten nicht über seinen besorgten Blick hinwegtäuschen.

Amy nickte. „Ich werde ihm ein Kleie-Mash kochen. Ist noch Rübenbrei da?"

Ty nickte. „Ja, in der Futterkammer. Ich werde ihm etwas Heu holen."

Amy lächelte ihn an. „Das wär schön, Ty." Sie war ihm sehr dankbar, weil er kein Aufhebens darum machte, dass sie es endlich geschafft hatte, das Haus zu verlassen und auf den Hof zu gehen. Er schien zu akzeptieren, wie sie sich verhalten hatte, und konzentrierte sich jetzt ganz einfach darauf, Sugar zu helfen.

Sie lief zur Futterkammer und füllte einen Eimer mit Kleie, dann stellte sie einen Wasserkessel auf den Ofen. Sie wartete, bis das Wasser kochte, goss die Kleie damit auf, schnitt ein paar Karotten dazu, und mixte einen Löffel Rübenbrei und eine Hand voll Gerste ins Mash. Sie wusste, dass es jetzt äußerst wichtig war, ein Pferd in Sugars Zustand nicht zu überfüttern. Da er so lange nichts gefressen hatte, würde sein Magen mit einer großen Futtermenge nicht zurechtkommen. Sie musste es langsam angehen und die Rationen vorsichtig steigern.

Sie trat an das kleine Schränkchen in der einen Ecke des Raumes. Darin befanden sich einige Bücher über Heilpflanzen, auch getrocknete Kräuter, Blütenaromen, Salben und Öle für Aromatherapien. Alles wirkte auf Amy so vertraut. Marion hatte ihr sehr sorgfältig erklärt, was sie über alternative Heilmittel wusste.

Amy achtete nicht auf den Kloß, der sich in ihrem Hals festsetzte, als sie das Notizbuch ihrer Mutter zu Rate zog. Nachdem sie darin gelesen hatte, fügte sie ein paar Fenchelsamen in den Futterbrei, um den Appetit des Ponys anzuregen, außerdem etwas Knoblauchpulver, um seine Verdauung zu fördern, und ein paar klein geschnittene Hagebuttenschalen, die reich an Vitaminen waren.

Endlich war die Futtermischung fertig. Amy brachte den Eimer zu Sugars Box und platzierte ihn vor seiner Nase. „Für dich, alter Junge“, sagte sie und kniete sich neben ihn, um ihm den Hals zu kraulen. Er schnupperte nur kurz an dem Eimer und drehte den Kopf gleich wieder weg.

„Komm schon, Sugar!“ Amy wunderte sich, dass er einer Aufmunterung bedurfte. Es kam nur selten vor, dass ein Pferd Mash verweigerte. Sie nahm etwas von dem Futter und hielt es

Sugar hin. Seine Lippen berührten ihre Hände, und zaghaft knabberte er an einem Karottenstückchen. Amy nahm noch etwas mehr Futter aus dem Eimer, und Sugar schnupperte daran, aber beim dritten Mal wandte er den Kopf wieder ab.

Amy setzte sich zurück. Sie war verwirrt. Vielleicht steckte ihm zu allem Unglück auch noch der Umzug in den Knochen. Sie ließ den Eimer neben ihm stehen und holte sich eine Putzkiste. Dann setzte sie sich neben ihn ins Stroh und begann, sein Fell ganz vorsichtig zu bürsten und die Knoten aus Mähne und Schweif zu lösen.

Gegen Abend sah Sugar schon sehr viel gepflegter aus, aber er hatte noch immer nicht mehr als eine Hand voll Futter zu sich genommen. Amy war ernsthaft besorgt.

„Wie sieht es aus, hat er etwas gefressen?", fragte Ty, als er seinen Kopf durch die Boxentür streckte, um sich zu verabschieden. Amy schüttelte den Kopf.

„Vielleicht braucht er einfach nur mal wieder eine ruhige, sorgenfreie Nacht", meinte Ty.

„Vielleicht." Amy stand auf und betrachtete das kleine Pony. Sugar lag mit geschlossenen Augen im Stroh.

„Wir werden morgen weitersehen", meinte Ty und wandte sich zum Gehen, hielt jedoch noch einmal inne und fügte mit einem Lächeln hinzu: „Weißt du, es ist schön, dass du wieder da bist, Amy!"

6

Am nächsten Morgen erwachte Amy früher als gewöhnlich. Sobald sie die Augen aufgeschlagen hatte, musste sie an Sugar denken. Wie ging es ihm wohl heute? Sie warf die Bettdecke zurück, zog sich eilig an, lief die Treppen hinunter und trat hinaus auf den Hof. Die Pferde stellten die Ohren auf und wieherten zur Begrüßung, als sie an ihnen vorbeilief.

Sugar lag noch immer in seinem Stall, die Beine unter den Leib gezogen, und er sah noch viel schmächtiger aus als am Tag zuvor. Amy entriegelte die Boxentür. Als sie sah, dass er weder Mash noch Heu angerührt hatte, wurde sie mutlos.

Sie kniete sich neben ihn. Für einen kurzen Moment schien es, als wolle er sich schwerfällig erheben, sein Blick wurde klarer, doch im nächsten Augenblick sank sein Kopf zurück ins Stroh. Amy streichelte ihm zärtlich über die Mähne und strich ihm den Schopf aus den Augen. Mit einem tiefen Seufzer lehnte Sugar sein Maul auf ihr Knie. Vorsichtig massierten ihre Finger seine Ohren, winzige, federleichte Kreise, zur Spitze hinauf und zum Ansatz hin zurück. Amy war so konzentriert, dass sie die Schritte nicht hörte, die sich im Stallgang näherten.

„Hallo!“

Sie sprang auf. In der Stalltür stand Lou und blickte sie an.

Amys graue Augen weiteten sich vor Erstaunen. Lou war noch nie gekommen, um nach den Pferden zu sehen!

Ihre Schwester seufzte. „Ich konnte nicht schlafen", sagte sie. „Und da hab ich dich gesehen, als du in den Stall gingst." Sie betrachtete Sugar. „Wie geht es ihm?"

„Er hat noch immer nichts gefressen", antwortete Amy und versuchte, sich ihre Überraschung nicht anmerken zu lassen.

Lou runzelte die Stirn. „Aber warum nicht? Er muss doch am Verhungern sein?"

Lous Reaktion war logisch aus ihrer Sicht. Amy versuchte, die Lage zu erklären, so gut sie konnte. „Manchmal, wenn sie unter Schock stehen, dann fressen Pferde nichts. Und Sugar ist traumatisiert. Er kann nicht verstehen, warum er so lange Zeit eingesperrt war und warum man ihn hierher gebracht hat. Mrs Bell war seine einzige Bezugsperson. Sie hat ihn wie einen Schoßhund behandelt, sich mit ihm unterhalten und ihn sogar bis in die Küche gelassen. Und jetzt ist Mrs Bell fort und ich glaube, alles andere interessiert ihn nicht."

„Das arme kleine Ding hat kein Zuhause mehr", sagte Lou sanft. Einen Moment lang betrachtete sie Sugar, dann warf sie Amy einen respektvollen Blick zu. „Du weißt sehr viel über das Verhalten der Pferde, nicht wahr, Amy?"

„Mom hat es mir beigebracht", sagte sie. Sie schluckte. Einen Moment lang war sie wieder ganz in ihre eigenen Gedanken versunken.

„Sein Zustand wird sich bessern, oder?", durchbrach Lou das Schweigen.

Amy blickte auf das kleine Shetland-Pony. Nur zu gerne wollte sie selbst daran glauben, aber sie konnte die Gefahr, in der Sugar schwebte, nicht verleugnen.

Lou bemerkte Amys Zögern. „Warum nur verursachen Pferde immer solch gewaltigen Kummer?“, fragte sie bitter.

„Nicht immer“, entgegnete Amy und blickte sie an. „Meistens geben sie den Menschen, die sie lieben, eine Menge Liebe zurück.“

„Mag sein. Aber sie nehmen einem noch viel mehr“, widersprach Lou eisig und lief davon.

Lou wird es niemals verstehen, dachte Amy. Dann schüttelte sie ihren Kopf und machte sich erneut daran, Sugars Ohren zu massieren.

Um sechs Uhr verließ Amy das Pony und begann, die Morgenrationen zusammenzustellen. Auf Sugars Mash gab sie eine Hand voll getrocknete Pfefferminzblätter, in der Hoffnung, dass sie seinen Appetit anregen würden. Aber als sie ihm den Futtereimer in die Box stellte, wandte er seinen Kopf ab. Amy seufzte und fütterte die anderen Pferde. Sie würde es mit etwas Neuem probieren müssen.

Nachdem sie die Wassereimer gefüllt und Sundance – der bei ihrem Anblick vor Freude laut wieherte – etwas Aufmerksamkeit gewidmet hatte, lief sie ins Haus, um selbst zu frühstücken. Lou war gerade am Telefon. Der Großvater saß am Tisch und trank Kaffee. Amy kickte die Turnschuhe von den Füßen und warf sie in die Ecke, während sie sogleich von Sugar zu erzählen begann.

Lou hielt ihre Hand über die Sprechmuschel. „Kannst du nicht etwas leiser sein!“, zischte sie. „Ich versuche gerade, mich zu unterhalten!“

„Es ist Carl“, gab der Großvater Amy zu verstehen.

„Oh“, sagte sie völlig unbeeindruckt. Sie goss sich etwas Orangensaft in ein Glas und setzte sich an den Tisch.

„Ja, ich weiß“, sagte Lou. „Ich vermisse dich auch.“

Amy zog eine Grimasse in Großvaters Richtung. Er runzelte die Stirn, aber sie konnte den Spott in seinen Augen deutlich erkennen. Vermutlich mochte er Carl genauso wenig wie sie.

„Ich weiß. Aber es ist alles so schwierig“, sagte Lou. Dann gab es eine Pause. „Ja, bald. Versprochen.“ Sie sah über die Schulter und als sie Amys Blick bemerkte, drehte sie ihr den Rücken zu. „Im Augenblick kann ich gerade nicht reden. Aber ich verspreche dir, dass es nicht für lange sein wird.“ Sie hielt inne und sagte zärtlich: „Ja, ich auch. Tschüss.“ Lou legte den Hörer auf und dabei fiel ihr Blick auf Amys Turnschuhe. „Amy, musst du denn immer alles herumliegen lassen?“

„Ich gehe gleich wieder“, protestierte Amy.

„Was sagt Carl denn so?“, erkundigte sich der Großvater, während Lou die Schuhe forträumte.

„Ihm geht's gut, danke.“ Sie lächelte. „Er will wissen, wann ich wieder zurückkomme.“

„Zurück?“, echote Amy, und der Orangensaft, den sie in der Hand hielt, schwappte über.

„Aber ja doch.“ Lou runzelte die Stirn. „Du hast doch nicht etwa geglaubt, dass ich hier bleiben würde? Ich lebe in Manhattan. Dort habe ich Carl, einen Job und mein Apartment.“

Amy wusste nicht, was sie darauf erwidern sollte. Sie hatte noch nicht ernsthaft darüber nachgedacht: Sie hatte es einfach für selbstverständlich gehalten, dass ihre Schwester bei ihnen bleiben würde.

Lou bemerkte Amys Verblüffung und versuchte, sie zu beruhigen: „Mach dir keine Sorgen. Ich werde euch nicht völlig im Stich lassen. Ich werde mich auch weiterhin um den ganzen Papierkram kümmern – das kann ich abends erledigen. Und ich stelle euch einen Arbeitsplan auf." Sie verschränkte die Arme vor der Brust. „Großvater und du, ihr müsst in Zukunft nur ein bisschen praktischer handeln."

„Praktischer?", wiederholte Amy und warf einen Blick in Großvaters Richtung. Sie hatte das deutliche Gefühl, dass ihr Lous Pläne nicht gefallen würden.

„Ja, praktischer", sagte Lou bestimmt, sammelte die Frühstücksteller ein und stellte sie auf der Spüle ab. „Wir müssen hier eine ganze Menge ändern." Sie warf einen Blick durch das Fenster. „Da kommt jemand. Ich glaube, es ist Matt."

Sofort verdrängte Amy Lous praktische Pläne aus ihrem Kopf und rannte zum Fenster. Lou hatte Recht. Es war wirklich Matt! Das Frühstück war vergessen. Amy zog ihre Schuhe wieder an und lief durch die Hintertür hinaus.

Als der Junge sie sah, winkte er ihr zu. „Hallo, du Fremde!", rief er.

„Matt!", rief Amy zurück. Seit der „Geburtstagsparty" hatte sie keinen ihrer Freunde mehr gesehen. „Was führt dich denn hierher?"

Matt kam heran. „Ich wollte dich besuchen. Ich dachte, du könntest vielleicht ein bisschen Gesellschaft vertragen." Sein Stimme wurde leiser, dann betrachtete er sie sorgenvoll. „Wie geht es dir?"

„Ganz okay", sagte Amy schnell. Einen Moment lang glaubte

sie, dass Matt sie umarmen wollte. Schnell fing sie an, von Sugar zu berichten.

„Ich weiß. Scott hat mir von ihm erzählt“, sagte Matt. „Kann ich ihn sehen?“

„Sicher. Er ist im hinteren Stall untergebracht“, erwiderte Amy.

Matt folgte ihr zu dem rückwärtigen Stallgebäude. Als er sah, in welch jämmerlichem Zustand sich das Pony befand, pfiff er leise durch die Zähne. „Er sieht wirklich schlecht aus!“

„Ich hab schon alles Mögliche versucht, um ihn zum Fressen zu bewegen, aber nichts hat geholfen“, erklärte ihm Amy. „Ich glaube, es ist an der Zeit, dass ich noch einmal einen Blick in Moms Bücher werfe.“

Während sie einen ganzen Stapel von ihnen aus dem Regal in der Sattelkammer nahm, erklärte Amy: „Ich glaube, ich werde es mit ein bisschen Wermutkraut probieren. Es soll Appetit anregend wirken, und wir haben es in unserem Kräutergarten.“

„Wenn du willst, geh los und hol was davon. Ich kann ja in der Zwischenzeit hier weiterlesen und herausfinden, ob noch etwas anderes wirken könnte“, sagte Matt und schlug das oberste Buch auf.

„Meinst du wirklich?“, fragte Amy.

„Ja“, sagte Matt und blätterte durch die Seiten. „Ich mag solche Bücher. Ich halte sehr viel von alternativen Heilmethoden.“ Er grinste sie an. „Und überhaupt, ich möchte mich irgendwie nützlich machen.“

Als Amy zurückkam, hatte Matt schon einige Notizen auf

einen Zettel gekritzelt. „Es gibt verschiedene Möglichkeiten, den Appetit anzuregen“, berichtete er ihr. „Aber ein Sud aus Wermutblättern scheint am wirkungsvollsten!“

„Na, dann hoffen wir mal, dass es stimmt“, sagte Amy und füllte den Kessel. Sie rupfte eine Hand voll Blätter klein und gab sie in kochendes Wasser. Dann ließ sie den Sud fünfzehn Minuten lang ziehen und trug ihn anschließend in den Stall.

Sugar hob nicht einmal den Kopf, als sie in die Box traten. Amy kniete sich neben ihn ins Stroh, aber sosehr sie sich auch bemühte, Sugar war nicht zu bewegen, auch nur einen einzigen Tropfen zu trinken.

„Wenn er wenigstens probieren würde“, sagte Amy. „Komm schon, Sugar.“ Aber das kleine Pony blieb regungslos liegen. Es wirkte völlig apathisch.

„Wir könnten ihm den Sud auch mit einer Spritze einflößen“, schlug Matt vor. Aber Amy schüttelte nachdenklich den Kopf. „Wenn er die Nahrungsaufnahme insgesamt verweigert und auch diesen Sud aus Wermutblättern, dann sagt er uns damit, dass es nicht das ist, was er braucht.“

Matt runzelte die Stirn. „Aber wenn es ihm doch hilft, sollten wir es wirklich versuchen.“

Wieder schüttelte Amy den Kopf. „Du musst dem Pferd vertrauen – ihm zuhören.“ Die Worte blieben ihr in der Kehle stecken. Sie stellte sich vor, wie Mom so dastand und genau dasselbe sagte. *Höre dem Pferd zu,* vernahm Amy die sanfte Stimme ihrer Mutter in Gedanken, *es weiß, was es braucht.* Dann sah sie in Matts Gesicht und bemerkte, dass er sie nicht verstand.

„Komm schon“, sagte sie und erhob sich wieder. „Wir müssen nach anderen Möglichkeiten suchen, wie wir ihm helfen können.“

Aber ganz gleich, was sie auch probierten, Sugar wandte seinen Kopf jedes Mal ab. Amy hatte noch nie erlebt, dass ein Pferd so beharrlich jegliche Nahrung verweigerte. Ihre Angst wuchs. Irgendetwas *musste* es doch geben, um Sugar zu helfen.

Um die Mittagszeit schaute Scott vorbei. Mit einem Blick auf den vollen Futtereimer erkannte er, was los war. „Er hat also noch immer nichts gefressen“, sagte er zu Amy und Matt.

Amy schüttelte den Kopf und berichtete, mit welch unterschiedlichen Heilkräutern sie es versucht hatten. „Aber er hat gar nichts von all dem angerührt“, sagte sie. „Was kann ich jetzt noch tun, Scott?“

Scott rieb Sugar sanft den Hals. „Ich schlage vor, dass du es einfach weiter versuchst.“ Er blickte besorgt. „Seine Abwehr ist schon sehr geschwächt. Bald könnten weitere Probleme dazukommen – eine Lungenentzündung vielleicht.“ Er stand auf und klopfte sich das Stroh von der Kleidung. „Komm, gönnen wir ihm einfach ein wenig Ruhe.“

„Möchtet ihr etwas trinken?“, fragte Amy, als sie über den Hof liefen.

Scott nickte. „Danke, gern.“

Sie gingen ins Haus. Amy ließ ihr Sweatshirt auf den Küchenboden fallen. „Etwas Limonade?“, fragte sie und ging zum Kühlschrank.

„Gern“, sagte Matt.

Scott nickte. „Ja bitte.“ Dann warf er einen Blick auf den

Tisch, wo zahlreiche Formulare und Quittungen fein säuberlich aufgestapelt waren. „Da ist jemand aber ganz eifrig bei der Sache."

Amy reichte Scott und Matt je eine Dose Limonade, dann öffnete sie eine für sich. „Setzt euch doch", sagte sie und schob achtlos die Papiere mit dem Arm zur Seite. In diesem Moment betrat Lou die Küche.

„Pass auf, die Papiere!", schrie sie. Doch Amy hatte ihre Dose bereits darauf abgestellt und ein dicker, nasser Ring zeichnete sich ab. „Amy!" Lou war wütend und schnappte sich die Dose. „Diese Papiere sind wichtig!" Dann fiel ihr Blick auf Amys Sweatshirt. „Musst du deine Klamotten denn immer einfach auf den Boden schmeißen!"

„Tut mir Leid!", erwiderte Amy.

Lou seufzte. „Hoffentlich hältst du wenigstens ein bisschen Ordnung, wenn Carl zu Besuch kommt."

„Carl?", wiederholte Amy. „Er kommt hierher?"

„Ja. Wir haben uns heute Morgen darüber unterhalten. Er wird uns in zwei Wochen besuchen.

„Na, toll", murmelte Amy.

Lou beachtete sie nicht weiter und wandte sich an Scott, der noch immer neben dem Kühlschrank stand. „Hallo", sagte sie freundlich. „Wie geht es dir, Scott?"

„Danke, gut", antwortete er reserviert.

„Vielleicht kannst du mir helfen. Kennst du ein gutes Restaurant, in das ich mit Carl zum Essen gehen kann? Also wenn ich in Manhattan wäre, hätte ich damit ja kein Problem." Sie lachte. „Dort gibt es so was an jeder Straßenecke. Aber hier? Ich kann mir überhaupt nicht vorstellen, wie du in dieser abgelegenen Gegend klarkommst." Sie betrachtete Scott. „Kannst du mir irgendetwas empfehlen?"

„Nicht wirklich", gab Scott knapp zurück. „Ich habe kaum Zeit, auswärts zu essen." Amy sah ihn überrascht an. Normalerweise war Scott ziemlich gesprächig.

„Oh, in Ordnung." Lou wirkte ein wenig verwirrt. „Schon gut. Ich werde in einem Restaurantführer nachlesen oder Großvater fragen."

Scott wandte sich Amy zu. „Ich gehe jetzt besser. Ich werde morgen wieder vorbeischauen." Dann blickte er zu Matt. „Und du? Kommst du mit oder bleibst du noch?"

„Ich komme mit", sagte Matt. „Ich habe Dad versprochen, ihm heute Mittag noch ein wenig im Garten zu helfen." Er blickte zu Amy. „Ich schaue bald wieder vorbei, okay?"

„Okay." Sie lächelte.

Scott nickte Lou einen brüsken Abschiedsgruß zu und ging dann mit langen Schritten zu seinem Wagen. Matt folgte ihm. Als Amy im Türrahmen stand und den beiden nachblickte, runzelte sie die Stirn. Was war nur los mit Scott? Seine abweisende Haltung Lou gegenüber war überdeutlich und beinahe schon unhöflich. Das sah ihm überhaupt nicht ähnlich. „Versteh ich nicht", murmelte sie und lief zurück ins Haus. Vielleicht fiel es ihm schwer, mit Leuten umzugehen, die Pferde nicht so liebten und verstanden wie er.

Amy machte sich ein Sandwich und ging dann auf den Hof. Es gab so viel zu tun – die Ställe mussten ausgemistet und gesäubert, die Pferde alle geputzt werden, und das war nur der

Anfang. Die Tiere brauchten dringend Bewegung, mit einigen von ihnen musste auf dem Reitplatz gearbeitet werden. Und alle brauchten Zuwendung: Sundance war so froh darüber, Amy wieder zu sehen, dass er jedes Mal, wenn er sie auf dem Hof bemerkte, freudig zum Zaun galoppiert kam, um sich einen Leckerbissen abzuholen.

Bei Pegasus blieb Amy stehen, um ihn mit der Rinde ihres Sandwiches zu füttern. Und zum ersten Mal dachte sie darüber nach, wie sie, Grandpa und Ty es wohl schaffen würden, die ganze Arbeit, die die vielen Pferde mit sich brachten, zu bewältigen. Zum Glück hatten die Sommerferien gerade begonnen und sie konnte ihre ganze Energie auf Heartland konzentrieren.

Die Pensionspferde – all jene, die man zur Korrektur nach Heartland gebracht hatte – waren nach dem Unfall Marions zu ihren Besitzern zurückgegeben worden. Aber noch immer standen acht Pferde und sieben Ponys in den Ställen, die versorgt werden mussten, und für viele von ihnen galt es, ein neues Zuhause zu finden.

Amy klopfte Pegasus' Hals. Würden sie das alles schaffen? Sie überlegte weiter. Es wäre wohl das Beste, mehr Pferde die ganze Zeit über auf die Weide zu stellen, anstatt sie in Boxen zu halten. Auf diese Weise würde die Stallarbeit weniger werden, und Ty und sie könnten mehr Zeit damit verbringen, mit jenen Pferden zu arbeiten, die ihre besondere Aufmerksamkeit brauchten.

Aber was würde geschehen, wenn im Herbst die Schule wieder anfing? Und im Winter, wenn es zu kalt sein würde, um die Pferde draußen zu lassen? Sie würden noch jemanden beschäftigen müssen, aber sie konnten es sich nicht leisten, einen weiteren Stallburschen anzustellen. Wenn Lou doch wenigstens bleiben würde!

„Wir werden es schon schaffen“, dachte Amy laut. Immerhin hatten sie es in der Vergangenheit ja auch immer wieder geschafft. So manche Durststrecke auf Heartland war schon bewältigt worden, am Ende hatte sich das Blatt immer wieder zum Guten gewendet.

Sie klopfte Pegasus ein letztes Mal den Hals, dann lief sie los, um Ty zu suchen.

Der war gerade dabei, in der Futterkammer die Heunetze zu füllen. Amy erzählte ihm von ihrem Plan, im vor ihnen liegenden Sommer mehr Pferde auf die Weide zu stellen.

„Mm, das ist eine gute Idee“, sagte er, hielt in seiner Arbeit inne und verschränkte die Arme. „Wir müssen unsere Arbeitsbelastung tatsächlich reduzieren. An welche Pferde hast du denn gedacht?“

„Nun ja – Jake, Moochie …“ Sie wurde vom Läuten des Telefons unterbrochen, das aus den offenen Küchenfenstern über den Hof schallte. „Ich geh ran!“, sagte sie. Rasch rannte sie ins Haus hinüber. Lou und der Großvater waren zusammen einkaufen gefahren.

„Heartland?“, keuchte Amy.

„Hallo!“

Die Stimme eines Mannes erklang am anderen Ende der Leitung. „Mein Name ist Nick Halliwell. Ich rufe an, weil mir eines meiner Pferde große Sorgen macht. Vielleicht können Sie mir ja helfen …“

Zehn Minuten später lief Amy zurück zum Stall. Ty war fertig mit seiner Arbeit und kehrte jetzt die Heubüschel auf dem Gang zusammen.

„Irgendjemand Besonderes?", fragte er und stützte sich auf den Besen.

„Hmm … ja." Amy sah auf ihre Hände. „Ein Mann … wegen … wegen einem Pferd."

„Ein Notfall?"

„Nein. Ein Pferd, das sich nicht in den Transporter verladen lässt."

„Oh." Ty kehrte emsig den Boden. „Hast du jemanden anderen vorgeschlagen? Vielleicht Ridgeway Farm? Die sind zwar etwas weiter weg, aber sie sollen ganz in Ordnung sein." Als Amy nichts darauf erwiderte, blickte Ty hoch. „Amy, du hast doch nicht …"

Sie nickte ziemlich betroffen. „Ich habe gesagt, dass er das Pferd bringen kann."

7

Es war nicht schwer, Ty von ihrer Entscheidung zu überzeugen. „So viel Arbeit ist das gar nicht. Wir müssen es nur schaffen, dass das Tier seine Angst vor dem Anhänger verliert. Der Besitzer klang ziemlich verzweifelt – ich konnte ihm die Bitte einfach nicht abschlagen. Und außerdem können wir eine zusätzliche Einnahme gut gebrauchen."

Ty seufzte resigniert. „Wahrscheinlich hast du Recht", sagte er und griff wieder zum Besen, um zu Ende zu fegen. „Und wie alt ist das Pferd?"

„Fünf. Es ist ein Springpferd. Sein Besitzer hat den Artikel in HORSE LIFE gelesen. Ich habe ihm gesagt, dass Mom nicht mehr da ist, aber er wollte trotzdem, dass wir es versuchen." Amys Stimme zitterte. Sie blickte zu Ty.

„Und wann kommt das Pferd?", fragte Ty hastig.

„Morgen!"

„Morgen?"

„Ich werde eine Box zurechtmachen", sagte Amy.

Als Amy die Box mit frischem Stroh einstreute, überlegte sie einen Augenblick, ob sie wirklich richtig damit gehandelt hatte, noch ein zusätzliches Pferd nach Heartland zu holen. „Aber ja doch", dachte sie dann. Sie konnten es sich nicht leisten, ein Tier, für das sein Besitzer Pension bezahlen würde, abzulehnen. Außerdem hatte der Mann so dankbar geklungen, als sie ihm zugesagt hatte. „Er ist ein ganz besonderes Pferd“, hatte er zu ihr gesagt. Amy lächelte. Für jeden Besitzer war das eigene Pferd immer ein ganz besonderes Pferd. Dennoch, die Stimme des Mannes, der Tonfall, hatte ihr gefallen. Dieses Mal war ihre Entscheidung tatsächlich aus dem Bauch heraus getroffen worden, wie Mom so etwas immer genannt hatte. Sie fühlte, dass es richtig gewesen war, Nick Halliwell ihre Zusage zu geben.

Sie wartete bis zum Abendessen damit, Lou und dem Großvater die Neuigkeit mitzuteilen. „Wir bekommen morgen ein neues Pferd“, sagte sie, als sie um den Tisch versammelt saßen.

„Du hast ... ein neues Pferd – ?“ Dem Großvater verschlug es die Sprache.

„Ja. Sein Besitzer hat heute hier angerufen; er sagt, dass es sich weigert, in den Transporter zu gehen und wollte wissen, ob wir ihm vielleicht helfen können.“ Amy betrachtete die Gesichter der beiden. Der Großvater schüttelte ungläubig den Kopf und Lou starrte Amy so fassungslos an, als wären ihr gerade zwei Nasen gewachsen.

„Du hast jemandem gesagt, dass wir ein weiteres Pferd aufnehmen können?“

Amy nickte. „Ich dachte, wir könnten etwas Geld gut gebrauchen, und es ist kein sehr schweres Problem, das behandelt werden muss.“

„Aber Amy – die Zeit, die damit verbunden ist?“, rief Lou mit erhobener Stimme. „Wir haben jetzt schon fünfzehn Pferde, die mehr Aufmerksamkeit und Pflege brauchen, als sie bekommen können. Ty war die letzten Wochen fast pausenlos im Stall und auch Großvater hat keine Minute mehr frei!“

„Wir werden es schon schaffen“, sagte Amy optimistisch. „Schließlich müssen wir ja irgendwann wieder damit anfangen, Pferde in Pflege zu nehmen.“

„Nein, müssen wir nicht!“, rief Lou aus. Amy starrte ihre Schwester an. Lou war aufgesprungen und lief durch die Küche. „Amy! Heartland kann nicht bleiben, wie es war! Ich verstehe nicht, warum du den Tatsachen nicht ins Auge siehst. Wir werden einiges ändern müssen ...“

„Lou!“, unterbrach Jack Bartlett warnend ihren Redefluss.

Lou fuhr herum. „Wir sollten es ihr sagen, Grandpa!“

„Was?“, fragte Amy und blickte fragend von einem zum andern. Ihr Herz begann zu rasen. „Sagt mir doch, was ist los?“ Ihre Stimme wurde schrill. „Was meint ihr?“

Lou warf dem Großvater einen Blick zu. Nach kurzem Überlegen nickte er zögernd seine Zustimmung. „Ich habe dir heute Morgen ja schon gesagt, dass ich dabei bin, einige Pläne für die Farm auszuarbeiten“, sagte sie zu Amy. „Großvater ist meiner Ansicht. Heartland kann so, wie es war, nicht fortbestehen – ohne Mom.“

„Warum nicht?“, bohrte Amy nach.

„Zeit, Amy. Zeit, Geld und fachliches Können. Du, Großvater und Ty, ihr könnt all die Pferde nicht einfach unter euch aufteilen. Damit allein ist es nicht getan, es fehlen Moms Erfahrungen.“

„Wir können!“ Doch sobald sie die Worte ausgesprochen hatte, war ihr klar, dass Lou Recht hatte. Aber jetzt wollte sie nicht kampflos aufgeben. Sie konnte den Gedanken, dass sich auf Heartland noch mehr ändern sollte, nicht ertragen. „Für den Anfang zum Beispiel könntest du ja bei uns bleiben.“

Lou runzelte die Stirn. „Ich lebe in New York, Amy. Und überhaupt: Das Geld, das wir brauchen – es wurde bisher vor allem von Mom erwirtschaftet. Durch ihre Behandlung kranker und verdorbener Tiere. Ohne Mom gibt es diese Einnahmequelle nicht mehr. Keiner wird uns mehr Problempferde bringen."

„Aber doch!", rief Amy aus. „Was ist mit dem Pferd, das morgen kommt?"

„Das ist ein Einzelfall. Sieh doch den Tatsachen ins Auge: Die Leute haben ihre Pferde wegen Mom hierher nach Heartland gebracht!"

„Und was willst du damit sagen?" Amy starrte Lou skeptisch an. „Willst du die Farm schließen?"

„Nun, nicht ganz." Lou schien ihre Worte sehr sorgfältig zu wählen. „Nein. Eher verkleinern. Sobald die Pferde korrigiert sind, die noch bei uns stehen, müssen wir für sie ein neues, geeignetes Zuhause finden – und wir werden keine neuen Tiere aufnehmen. Bis zum Herbst bleiben uns dann noch ungefähr sechs Pferde, für die es keinen anderen Platz geben wird. So verkleinert kann Heartland dann bestehen bleiben."

Amy sprang auf. „Nein!"

„Amy, sei doch vernünftig!", sagte Lou. „Gib zu, dass dies eine praktikable Lösung ist."

„Grandpa, was sagst du dazu?"

Unterstützung heischend sah Amy ihren Großvater an. „In einem Punkt hat Lou Recht, Amy", seufzte er. „Sobald im Herbst die Schule wieder anfängt, wirst du den ganzen Tag über nicht hier sein können. Ty schafft es unmöglich, fünfzehn Pferde allein zu versorgen. Wir könnten die übrigen Weiden verpachten und mit diesem Geld die wenigen Pferde unterhalten, die wir dann noch haben werden."

Amy starrte ihren Großvater an. Sie fühlte sich, als hätte ihr jemand ein Messer in die Brust gebohrt. „Wie könnt ihr nur?", flüsterte sie. Ihre Stimme klang verletzt und bestürzt zugleich. Dann sprang sie auf und begann zu schreien: „Wie könnt ihr mir das antun? Und wie könnt ihr Mom das antun?"

„Amy ...", begann der Großvater leise.

„Und ich dachte, dir bedeutet Heartland genauso viel wie mir!", brüllte sie.

Lou wurde jetzt ebenfalls laut. „Amy, wie sprichst du mit dem Großvater!"

Amy drehte sich ruckartig um. „Ich hasse dich!", schrie sie. „Warum gehst du nicht auf der Stelle zu deinem tollen Job nach New York zurück und bleibst einfach dort! Wir brauchen dich hier nicht mehr!"

Schluchzend rannte sie aus der Küche und knallte die Tür hinter sich zu. Blind vor Tränen lief sie zu Pegasus' Box. Sie schlang ihre Arme um seinen Hals.

Ein paar Minuten später hörte sie zaghafte Schritte vor der Stalltür. „Amy?" Es war der Großvater.

„Geh weg!", schluchzte sie.

Aber Jack Bartlett kam einfach herein und legte seine Hand auf Amys Schulter. Unter der Berührung zuckte sie kurz zusammen, aber als sie seine besorgte Miene sah, ließ sie sich einfach in seine Arme sinken. „Oh, Grandpa, ich ertrage es nicht. Ich ertrage es wirklich nicht!"

Der Großvater umarmte Amy fest und ließ sie einfach weinen. Zärtlich strich er ihr durchs Haar. Neben ihnen schnaubte Pegasus leise.

Mit verquollenen Augen und blass im Gesicht kam Amy am nächsten Morgen die Treppe herunter. In der Küche traf sie auf Lou, die am Tisch saß und mit steifen Bewegungen ihren Kaffee umrührte. Ihre Blicke trafen sich.

„Amy!“, sagte Lou und erhob sich.

Amy nahm keine Notiz von ihr, sie lief durch die Küche und auf den Hof hinaus.

Sie ging direkt zu Sugars Box. Sobald sie sah, dass das kleine Pony noch immer reglos im Stroh lag und der Futtereimer weiterhin unberührt neben ihm stand, schob sie ihre eigenen Sorgen und Probleme beiseite. Sugar sah jämmerlich aus. Sie lief in den Garten, um neue Wermutblätter zu pflücken, dann bot sie dem Pferdchen die frischen Halme an. Es leckte mit den Lippen über ihre Handflächen und blies die Blätter zu Boden. „Aber Sugar! Du sollst sie doch fressen!“, sagte Amy und fühlte Verzweiflung in sich aufsteigen. „Wenn du sie wenigstens versuchen würdest – vielleicht kommt dann dein Appetit zurück.“ Aber Sugar sah sie mit traurigen braunen Augen an.

Amy stutzte, plötzlich hatte sie eine Eingebung. Sugar hatte überhaupt kein *Interesse* daran, seinen Appetit wiederzufinden. Er *wollte* nicht gesund werden. Er vermisste Mrs Bell so sehr, dass er ihr in den Tod folgen wollte. Sie musste einen Weg finden, seine Trauer zu überwinden; nur so konnte er kuriert werden.

Amy achtete nicht auf die Pferde, die gegen die Boxentüren traten und hoffnungsvoll wieherten, als sie an ihnen vorbeilief. Schnurstracks ging sie zu dem kleinen Wandschrank in der Ecke der Futterkammer. Dann schlug sie eines der Bücher ihrer Mutter auf und las in dem Kapitel über Probleme psychischer Art. Empfohlen wurden eine Blüten- und eine Aromatherapie. Sie beschloss, mit einem aromatischen Heilmittel anzufangen, das bei Schockzuständen helfen sollte, und nahm eine dunkelbraune Flasche aus dem Schränkchen. Dann eilte sie zurück zu Sugars Stall. Sie tropfte sich zwei Tropfen auf die Handfläche und bot sie Sugar an. Er schnüffelte, dann leckte er sie lustlos auf.

Amy seufzte vor Erleichterung. Das war zumindest ein Anfang. Sie gab zehn Tropfen in den Wassereimer, dann lief sie hinaus. Nun konnte sie nur noch abwarten, was geschehen würde.

Wenig später kam Ty, und gemeinsam machten sie sich daran, die Boxen zu säubern. Aber Amy war nicht bei der Sache, ständig musste sie an Sugar denken – würde ihm das Aromaöl helfen? Plötzlich ertönte Hufgetrappel auf dem Hof. Amy sah einen Fuchs, der von einem jungen Mann geritten wurde.

„Hallo!“, begrüßte Amy den Reiter neugierig.

„Du bist bestimmt Amy?“, fragte er. Sie nickte. Der Mann saß ab und streckte ihr seine Hand entgegen. „Ich bin Taylor Ellis. Und das ist Star. Mr Halliwell hat mich hierher geschickt.“

Star! Das Pferd, das sie angenommen hatte, um es von seiner Scheu vor Pferdeanhängern zu kurieren! „Ja, richtig“, sagte Amy und betrachtete sich den nass geschwitzten Hals des Tieres. „Wie lange waren Sie denn bis hierher unterwegs?“

„Oh, einige Stunden." Es war offensichtlich, dass Taylor Amys erstaunten Gesichtsausdruck bemerkte. „Aber es hätte doppelt so lange gedauert, ihn dazu zu bewegen, in den Hänger zu gehen. Er steigt in die Luft und kriegt Anfälle, oder er legt sich einfach auf den Boden und ist nicht mehr von der Stelle zu bewegen. Wir hoffen sehr, dass du Erfolg hast!"

Amy betrachtete den Vollblüter. Sein Kopf war fein geformt, seine Augen groß und ruhig. Sie kramte in ihren Taschen und brachte ein Minzbonbon zum Vorschein, das er gerne annahm. „Oh, wir schaffen das schon!", sagte sie und streichelte Star vorsichtig über den Nüstern. Er stupste sie freundlich.

Taylor hob eine Augenbraue, es sah aus, als ob er etwas sagen wollte. In diesem Moment fuhr ein Auto in die Einfahrt. „Da ist mein Taxi für den Rückweg", meinte er. „Nick wird heute Abend hier anrufen." Er gab Star ein Klaps zum Abschied. „Er hat große Pläne mit dem Pferd!"

Amy half dabei, Stars Putzzeug und seine Decken aus dem Taxi zu laden, dann brachte sie das Tier zum Stall, in die Box neben Pegasus. Sie würde ihm ein paar Stunden Zeit lassen, um sich auf Heartland einzugewöhnen, und dann sogleich versuchen, mit ihm zu arbeiten.

Nach dem Lunch bat sie Ty, ihr den Anhänger in den Hof zu fahren. „Ich möchte einfach sehen, wie er genau reagiert", sagte sie und lief los, um Stars Trense zu holen. Sie bemerkte, dass sie aus feinem englischen Leder gefertigt war. Mr Halliwell schien nicht gerade arm zu sein.

Star beschnüffelte ihre Taschen, als suche er nach Minzbonbons, während sie ihm das Zaumzeug anlegte und den Kehlriemen zuschnallte. „Er sieht gut aus“, sagte Ty bewundernd.

Amy führte Star auf den Transporter zu. Aber sobald er ihn auch nur sah, fühlte Amy, wie er sich verspannte. „Lauf weiter“, ermunterte sie ihn. Aber Star stoppte und legte die Ohren an. „Lauf weiter“, wiederholte sie beharrend und schnalzte mit der Zunge.

Star unternahm ein paar zögerliche Schritte, dann warf er seinen Kopf zurück und sprang zur Seite.

„Hey! Ruhig bleiben!“, rief Ty. „Sei vorsichtig, Amy!“

Amy nickte, sie konzentrierte sich darauf, das Pferd im Zaum zu halten. „Ist ja schon gut, beruhige dich, Junge!“ Aber das Tier war auf einmal wie besessen. Es bäumte sich auf und seine Hufe schlugen wild durch die Luft, nur Zentimeter von Amys Kopf entfernt.

„Amy!“ Aus der Küche tönte ein Schrei, den Amy aber kaum wahrnahm. Geschickt wich sie dem um sich schlagenden Pferd aus. Sie nutzte die Sekunde, in der die Hufe des Hengstes den Boden berührten, um ihn so kurz zu fassen, dass er nur noch im Kreis um sie herumgehen konnte, ohne sich noch einmal aufzubäumen.

Amy ließ ihn weiterhin im Kreis laufen und bewegte sich dabei vom Transporter weg. Dann brachte sie ihn zum Stehen. „Okay“, sagte sie und sah ihm in die Augen. „Ich hab’s kapiert. Du magst keine Transporter!“

„Amy!“ Lou kam aus der Tür gerannt. Ihre Augen waren vor Angst geweitet. „Bist du verletzt? Ich habe schon geglaubt, er bringt dich um!“ Ihr Gesicht war aschfahl.

Amy blickte sie erstaunt an. „Er hat sich nur aufgebäumt!" Dann fiel ihr ein, dass sie ja eigentlich gar nicht mehr mit Lou redete. Sie machte ein missmutiges Gesicht. „Und überhaupt, seit wann interessiert dich das?"

Lous Gesichtsausdruck veränderte sich schlagartig. Sie sah aus, als hätte man sie geohrfeigt. Zwei rote Flecken erschienen auf ihren Wangen, dann drehte sie sich abrupt um und lief zurück ins Haus.

Amy bemerkte, dass Ty sie ansah. Aber sie hatte keine Lust, ihm alles zu erklären. Sie wandte ihre Aufmerksamkeit wieder Star zu. „Schon gut, Junge", sagte sie beschwichtigend. „Gehen wir die Sache langsam an." Sie schnalzte mit der Zunge und führte ihn zurück in den Stall. *Das ist es, was alle machen sollten*, dachte sie bei sich. *Immer langsam einen Schritt nach dem anderen.* Plötzlich schoss es ihr heiß durch den Kopf. Wollte Lou das nicht auch? Die Arbeit und den Aufwand auf Heartland schrittweise zurückfahren? Vernünftigerweise?

Länger als nötig bürstete Amy das Fell von Star. Auf einmal fühlte sie sich schuldig. Immer wieder musste sie an Lous Gesichtsausdruck denken und daran, wie sie ins Haus zurückgestürmt war. Als sie Stars Halfter fortbrachte, blickte sie hinüber zur Küche. Durch das Fenster konnte sie Lou sehen. Auf einmal entschlossen, rannte sie zum Haus.

Lou blickte sich kurz um, als sie hörte, dass die Küchentür geöffnet wurde. Ihre Miene wurde finster.

„Lou ..." Amy fühlte sich unbehaglich.

„Was ist?", fragte Lou kurz zurück. Ihr Blick war kalt.

Jetzt purzelten die Worte nur so aus Amy heraus. „Es ... es

tut mir Leid, was ich gesagt habe – da draußen, vorhin." Forschend sah sie Lou an, in der Hoffnung, dass ihr Gesicht sich aufhellen würde, aber – nichts geschah. Lou stand einfach da, und wieder stieg ihr die Röte in die Wangen. „Ich ... ich habe es nicht so gemeint", sagte Amy.

Aber Lou gab nicht nach. „Genau das ist das Problem, Amy – ich glaube nämlich, dass du es tatsächlich so gemeint hast!" Dann drehte sie sich um, verließ die Küche und schlug die Tür hinter sich zu.

Der Knall ließ die Fensterscheiben klirren. Schockiert starrte Amy zu Boden. Lou hatte ihre Entschuldigung nicht angenommen! Sie war so unfair. Amy straffte sich. *Nun, wenn Lou unbedingt die Beleidigte spielen wollte, bitte sehr!*

Den Rest des Tages verbrachte Amy fast ausschließlich bei Sugar im Stall, massierte seine Ohren und bürstete sein Fell, in dem verzweifelten Hoffen, dass er sich endlich besser fühlen würde. Ab und zu schaute auch Ty bei ihr vorbei und setzte sich eine Weile neben sie. Zu ihrer Erleichterung brachte er das Thema „Lou" nicht zur Sprache, sondern unterhielt sich mit ihr über Sugar und was sie noch tun könnten, um dem Shetland-Pony zu helfen.

Am späten Nachmittag fiel Sugar in einen leichten Schlaf. Amy gab ihm einen Kuss auf die Nase und verließ seine Box. Sie würde ihm Ruhe gönnen und die Pause dazu nutzen, ein wenig mit Star zu arbeiten.

Sie legte Star ein Halfter auf, befestigte die Longe und führte ihn zum Roundpen. „Du und ich, wir werden uns jetzt ein wenig anfreunden", sagte sie zu Star und rieb ihm den Kopf. Sie schnallte die Longe wieder aus, trat einen Schritt zurück und gab ihm mit dem Ende der Leine einen sanften Schlag auf die Hinterhand.

„Los geht's!"

Star schnaubte überrascht und sprang zur Seite. Amy schnalzte mit der Zunge und schwang die Longe in seine Richtung. Star begann im Kreis zu traben. Als Amy ihn weiter antrieb, verfiel er in einen leichten Galopp. Sie hielt ihn in Bewegung, indem sie jedes Mal, wenn er langsamer wurde, erneut mit der Zunge schnalzte und die Longe in seine Richtung schwang.

Amy wusste, dass sie Stars Vertrauen gewinnen musste. Deshalb wollte sie ihm zeigen, dass sie ihm zuhörte und ihn verstand. Eine Verbindung herstellen – Join-up war die exakte Bezeichnung dieser Trainingsmethode in der freien Arbeit, der Arbeit ohne Longe. Amy hatte ihrer Mutter oft dabei zugeschaut, aber es war das erste Mal, dass sie es ganz allein probierte. Sie tat einen tiefen Atemzug, dann konzentrierte sie sich auf Star.

Ihr Blick fixierte seine Augen, ihre Schultern befanden sich auf einer Höhe mit seinem Kopf, und sie dirigierte ihn durch den Ring. Nach sechs Runden ließ Amy ihn langsamer werden, und indem sie ihre linke Schulter drehte, gab sie ihm eine Chance, die Richtung zu ändern. Dabei beobachtete sie sein inneres Ohr. Er bewegte es nicht mehr vor und zurück, sondern hielt es auf Amy ausgerichtet. Jetzt wusste sie, dass sie seine ganze Aufmerksamkeit hatte. Schließlich nickte er mit dem Kopf und begann Kaubewegungen zu machen. Amy klatschte mit der Longe und ließ ihn noch eine Weile weiterkantern; dann endlich gab Star ihr das Signal, auf das sie gewartet hatte: Er streckte den Hals und senkte den Kopf, bis er beinahe den Boden berührte. Amy fühlte einen freudigen Schauer über ihren Rücken laufen.

Sie senkte die Augen und wickelte die Longe auf, dabei stand sie im rechten Winkel zu dem Pferd. Star wurde langsamer. Aus den Augenwinkeln konnte sie sehen, dass er stehen geblieben war und sie beobachtete. Sie hielt die Luft an – und atmete erleichtert aus, als Star auf sie zulief. Bei ihr angekommen, reckte er ihr die Nüstern entgegen, gab ihr einen freundlichen Stups auf die Schulter und schnaubte leise. Amy rieb ihn zwischen den Augen. Sie fühlte sich wie elektrisiert. Das Join-up hatte funktioniert! Indem er zu ihr in die Mitte gekommen war, hatte Star gezeigt, dass er ihr vertraute.

Um den Erfolg zu testen, lief Amy ein Stück vor ihm her. Star folgte ihr. Erst lief sie rechtsherum einen Kreis, dann linksherum. Star blieb an ihrer Seite. Sie rannte, er fiel in einen Trab. Als sie anhielt, hielt er ebenfalls an. Sie schnallte die Longe wieder ins Halfter. Noch ein paar Mal, dann würde sie erneut versuchen, ihn in den Transporter zu führen.

Als Amy an diesem Abend zur Essenszeit ins Haus lief, trug sie ein paar Bücher unter dem Arm. Sugars Zustand hatte sich rasant verschlimmert. Obwohl er die Kräuter aus Amys Hand weiterhin annahm, zeigte er keine Anzeichen einer Besserung. Sie wusste, dass es eine Weile dauerte, bis die natürlichen Heilmittel ihre Wirkung zeigten, aber in ihrem Kopf hatte sich ein schrecklicher

Gedanke festgesetzt – wie viel Zeit blieb ihr überhaupt noch, um Sugar zu helfen?

Sie setzte sich in der leeren Küche an den Tisch und schlug eines der Bücher auf. Vielleicht stand da ja etwas darin, was schneller und effektiver wirkte, etwas, das sie noch nicht ausprobiert hatte. Sie überflog die Seiten. In diesem Moment kam Lou herein. Als sie Amy sah, blieb sie verunsichert im Türrahmen stehen. Amy nahm keine Notiz von ihr.

„Suchst du … suchst du noch immer nach einer Möglichkeit, Sugar zu helfen?", fragte Lou, als ihr Blick auf die Bücher fiel.

Amy sah auf.

Zögernd fragte Lou: „Wie geht es ihm?"

„Tu doch nicht so, als ob du dich tatsächlich um ihn sorgst!", sagte Amy verbittert und ging auf sie zu. „Du hast uns allen doch deutlich zu verstehen gegeben, was du von Pferden hältst – und von mir!"

„Amy!", rief Lou. Mit einer Hand fuhr sie sich durch die Haare. „Versteh mich doch! Das ist doch lächerlich! Ich versuche nur, vernünftig zu sein." Ihre Stimme begann zu zittern. „Irgendjemand hier muss ja schließlich vernünftig sein!"

„Vernünftig!", brüllte Amy zurück. „Wenn wir immer vernünftig gewesen wären, wie du es nennst, dann hätte Mom mit der Arbeit auf der Heartland Farm niemals beginnen dürfen!" Sie warf Lou einen wütenden Blick zu, dann drehte sie sich um und stolzierte hinaus.

8

„Es steht schlecht um ihn!“ Ty schüttelte ratlos den Kopf und blickte besorgt zu Amy. Sie standen nebeneinander in Sugars Box und betrachteten das Pony.

Mit jedem Atemzug gab Sugar ein pfeifendes Geräusch von sich und dicker Schleim lief aus seinen Nüstern. Anzeichen, die das Schlimmste bedeuten konnten. „Er ist inzwischen viel zu schwach, um zu kämpfen“, sagte Amy verzweifelt. „Ich werde Scott anrufen.“

Sie ging telefonieren. Und obwohl es noch sehr früh am Morgen war, meldete Scott sich sofort. „Ich komme gleich“, sagt er alarmiert. Amy lief zum Stall zurück. „Er ist schon auf dem Weg.“ Dann betrachtete sie Sugar, und als sie merkte, wie schwer ihm das Atmen fiel, füllten sich ihre Augen mit Tränen.

„Ich werde die anderen Pferde füttern“, sagte Ty und drückte ihr kurz den Arm. „Du bleibst bei ihm.“

Amy nickte und kniete sich neben Sugar. Er hustete und legte seinen Kopf lustlos ins Stroh.

Als Scott ankam, vertiefte sich ihre Verzweiflung. Er schüttelte bedenklich den Kopf, als er Sugar abhörte. „Es ist eine Lungenentzündung“, sagte er. „Sein Immunsystem – es ist ernsthaft geschwächt.“ Er rubbelte Sugar mit der Hand über seinen Schopf. „Amy“, seufzte er, „es besteht die Gefahr, dass wir ihn verlieren.“

Amy blickte Scott aus tränennassen Augen an. „Aber wir müssen doch irgendwie helfen können?“

„Ich kann ihm Medikamente geben“, sagte Scott. „Aber die allein werden ihm nicht helfen. Nicht, wenn er seinen Lebensmut verloren hat.“

Sie betrachtete den todkranken Sugar. Es war so schwer, ihn leiden zu sehen. „Ich lasse nicht zu, dass du dich aufgibst, Sugar!“ Entschlossenheit stieg in ihr auf. Egal, was nötig wäre, sie wollte das kleine Pony am Leben erhalten!

Nachdem Scott ihm Antibiotika und Schmerzmittel injiziert und eine Speichelprobe genommen hatte, um sie im Labor zu untersuchen, verließ er mit Amy gemeinsam den Stall. „Halte ihn warm und ruhig und versuche weiterhin, ihn zum Fressen zu bewegen. Und ruf mich an, sobald sich sein Zustand ändert. Ansonsten schaue ich morgen wieder vorbei.“ Neugierig betrachtete er Star, als sie am vorderen Stallkomplex vorüberkamen. „Ein neues Pferd?“

„Ja, Star ist gestern gekommen. Er ist nur Gast – hat Angst vor Pferdetransportern“, erklärte Amy.

„Ein schönes Tier“, sagte Scott. Interessiert ging er zu Stars Box. „Irgendwie kommt er mir bekannt vor. Wem gehört er denn?“

„Einem Mann namens Nick Halliwell“, sagte Amy und tätschelte Star.

„Halliwell!“, rief Scott aus. „Meinst du *den* Nick Halliwell?“

Amy zuckte mit den Schultern.

„Amy!“ Scott sah sie an, als hätte sie den Verstand verloren. „Nick Halliwell ist eines der hoffnungsvollsten Nachwuchstalente überhaupt!" Amys Augen wurden immer größer. „Er ist vor ein paar Monaten in die Gegend hier gezogen. Sein Hauptstall ist unten im Süden, in Florida, wo ihn jeder kennt, der etwas mit Pferden zu tun hat. Er wollte etwas Privatsphäre zum Trainieren, deshalb kam er her. Ich war schon ein paar Mal auf seiner Farm. Daher kam mir Star auch so bekannt vor. Der Hengst heißt nicht nur so, er ist auch ein Star – vielleicht sogar ein zukünftiges Olympiapferd, meint Nick." Amy blickte Scott überrascht an. Hier, vor ihr, stand ein berühmtes Pferd eines berühmten Reiters. Nick Halliwell, ein Champion! „Er hat gesagt, dass Star etwas ganz Besonderes sei, aber ich dachte, er würde ihm einfach nur viel bedeuten", sagte sie fassungslos.

Scott schüttelte den Kopf.

„Wow!", sagte Amy und betrachtete Star aus einem völlig neuen Blickwinkel. „Wow!"

Scott grinste. „Und wie kommt ihr voran?"

Amy berichtete, wie Star auf den Transporter reagiert hatte und wie es ihr gelungen war, sein Vertrauen zu gewinnen. „Es hat wirklich prima geklappt. Ich wollte heute noch mal mit ihm arbeiten ...", sagte sie – doch im gleichen Augenblick fiel ihr wieder das Pony ein und ihr Gesicht verdunkelte sich wieder. „Aber wenn es Sugar so schlecht geht, bleibe ich besser bei ihm."

„Sugar braucht Ruhe", sagte Scott. „Mach deine Arbeit ganz normal wie immer." Er warf einen Blick auf die Uhr. „Ich habe noch eine ganze Stunde Zeit bis zu meinem nächsten Termin. Kann ich dir zuschauen, wie du mit Star arbeitest?"

„Einverstanden", stimmte Amy zu. „Ich hol nur schnell die Longe."

Es war eine Erleichterung für Amy, sich ganz auf Star konzentrieren und die Sorgen um Sugar eine Weile verdrängen zu können. Star galoppierte kaum mehr als zweimal durch den Ring, dann senkte er den Kopf und begann seine Kaubewegungen. Amy wandte sich ab und ließ ihn in die Mitte kommen. Er rieb die Stirn an ihrer Schulter und folgte ihr dann durch den Zirkel wie am Vortag.

Sie hielt an und streichelte ihm den Hals. Er hob den Kopf. Sein warmer Atem kitzelte ihren Hals. „Na, was sagst du dazu?“, rief sie stolz, hakte die Longe ein und führte Star ans Gatter.

Scott kletterte über den Zaun. „Ich glaube, du hast die Begabung deiner Mutter“, sagte er warmherzig.

Amy fühlte, wie ihr die Tränen in die Augen stiegen, und sie blickte zu Boden. Scott umarmte sie. „Sie wäre sehr stolz auf dich“, sagte er leise. Amy musste schwer schlucken; ein dicker Kloß saß in ihrer Kehle. Star fühlte ihre Verunsicherung und stupste sie an – dann rieb er seinen Kopf an ihrem Arm. Durch ihre Tränen lächelte Amy ihm zu, sie tätschelte ihn.

„Was wirst du als Nächstes mit ihm tun?“, fragte Scott.

Amy wischte sich die Tränen aus den Augen und betrachtete Star. „Ich denke, ich werde mal sehen, wie er jetzt auf den Hänger reagiert“, sagte sie. „Hoffentlich vertraut er mir auch in der nächsten Runde.“

Amy überprüfte, ob sich in ihrer Tasche ausreichend Leckereien befanden. Es war wichtig, dass sie Star belohnen konnte, wenn er ihr auf den Anhänger oder wenigstens in seine Nähe folgen würde. Es sollte für ihn ein positives Erlebnis werden.

Als sie Star zum Transporter führte, sagte Scott: „Ich habe einen weiteren Patienten für dich – wenn du ihn haben möchtest."

„Wen denn?" Amy runzelte die Stirn.

„Spartan." Scott bemerkte Amys fragenden Gesichtsausdruck.

„Den braunen Hengst von Mallens Farm", sagte er vorsichtig.

Amy rang um ihre Fassung. „*Dieser* ...?"

„Aber wenn du ihn nicht hier haben möchtest", fügte er schnell hinzu, „werden wir für ihn ganz bestimmt auch woanders einen Platz finden."

Amy wusste nicht, was sie darauf erwidern sollte. Der Hengst aus jener Unglücksnacht! Was sollte sie dazu sagen? Würde sie mit ihm fertig werden? Würde sie mit ihrer eigenen Situation zurechtkommen?

„Du musst dich nicht sofort entscheiden", sagte Scott und reagierte damit auf den Aufruhr, den er in Amy angerichtet hatte und der ihr deutlich im Gesicht abzulesen war. „Behalte das Angebot einfach im Kopf – für mich. In Ordnung?"

Amy biss sich auf die Lippen und nickte.

Sie waren an der Rückseite des Wohnhauses angekommen, wo auch der Anhänger stand. Scott ließ die Rampe herunter, öffnete die Seitentür und trat dann einen Schritt zurück, während Amy Star in Kreisen um sich herumführte, wobei sein Kopf ihre Schulter fast berührte. Er sah aus wie ein Fohlen, das seiner Mutter folgte. Als es Amy sicher schien, dass Star zufrieden und entspannt war, begann sie damit, ihn näher an den Anhänger heranzubringen.

Er schnaubte, hielt inne und wich zurück. Er hatte Angst. Amy respektierte das und führte ihn wieder ein Stück weg. Dabei beobachtete sie ihn. Er blieb stehen und verfolgte ihre Bewegungen mit überraschtem Blick. *Du hast auf mich gehört,* schien er zu sagen. *Du hast tatsächlich auf mich gehört!* Amy lief weiter und Star trabte ihr hinterher und fiel in den Schritt, als er auf der Höhe ihrer Schulter angekommen war. Diesmal kam er noch näher an den Hänger heran als zuvor. Nachdem sie ihn ein paar weitere Male im Kreis geführt hatte, startete sie einen neuen Versuch.

Jetzt vertraute ihr Star so weit, dass er ihr um das Auto herum folgte. Sie umkreisten es zweimal in beiden Richtungen, dann lief Amy die Rampe hinauf und tat ein paar Schritte in den Anhänger hinein. Unmittelbar vor der Rampe hielt Star an und stemmte die Vorderhufe in den Boden. Ruckartig warf er den Kopf zurück. *Das geht in Ordnung,* signalisierte Amy ihm und hockte sich nieder. Sie holte eine Karotte aus der Tasche und biss ein Stückchen davon ab. *Er sollte sich ruhig Zeit lassen.* Als Star das Knacken der Karotte hörte, spitzte er die Ohren. Und während Amy bewusst an ihm vorbeischaute, biss sie ein weiteres Stück ab. Star schnaubte, dann senkte er den Kopf, lief die Rampe hinauf und blies Amy seinen Atem ins Gesicht.

„Na, du hast dich also entschlossen, mir Gesellschaft zu leisten." Amy lächelte, zerbrach die Karotte in zwei Teile und gab ihm die Hälfte. Sie bemühte sich, ruhig zu bleiben, aber innerlich hüpfte sie vor Freude! Sie fütterte Star mit dem Rest der Karotte, dann stand sie auf und ging vollends in den Anhänger hinein – und ohne jedes Zögern lief Star ihr nach.

Sie klopfte ihm den Hals, schob ihn sanft rückwärts wieder hinaus und führte ihn sofort ein zweites Mal in das Auto. Dieses Mal zögerte er nicht eine Sekunde.

Amy atmete tief durch. Langsam brachte sie Star vom Transporter weg. Als sie weit genug davon entfernt war, ließ sie ihn anhalten. Scott kam zu ihr herüber. „Gute Arbeit!"

Amy legte ihre Arme um Stars Hals. „Er ist brillant!", sagte sie und ihre Augen strahlten vor Glück.

Scott lächelte. „Er ist nicht der Einzige."

Nachdem Scott die Farm verlassen hatte, brachte Amy den Hengst in seine Box zurück und rannte zu Ty, um ihm die tolle Neuigkeit zu berichten. Er mistete gerade eine der Boxen im hinteren Stallgebäude aus. „Natürlich ist er noch nicht völlig korrigiert, ich werde es mit ihm noch ein paar Mal üben und er muss sich daran gewöhnen, nicht nur mir, sondern auch anderen auf den Anhänger zu folgen – aber das ist doch schon ziemlich gut, oder?", sprudelte es aus Amy aufgeregt heraus.

Ty nickte und grinste ihr zu. „Ich wette, dass sein Besitzer begeistert sein wird!"

„Und weißt du, wer das ist?", sagte Amy mit einem Anflug von Stolz in ihrer Stimme. Sie machte eine kleine Pause. „Nick Halliwell, ein berühmtes Nachwuchstalent unter den Springern!"

Ty war genauso überrascht, wie sie es selbst gewesen war. „Ein Springreiter?"

„Ja!", sagte Amy. „Ich habe gar nicht so weit gedacht – er klang am Telefon ganz normal." Plötzlich vernahm sie ein trockenes, gequältes Husten aus dem Stall. Sofort schlug ihre Aufregung in Besorgnis um. „Das ist Sugar“, sagte sie, lief schnell hinüber zu seiner Box und blickte über die Tür.

Der Zustand des Ponys schien sich nicht verändert zu haben. Sein Atem ging noch immer keuchend, und bei jedem Luftholen lief ihm der Schleim aus den Nüstern.

Ty kam zu ihr in Sugars Box. „Teebaumöl könnte die Atemwege ein wenig befreien“, sagte er. „Das hat Copper letzten Winter gut geholfen. Und wenn wir ihm zusätzlich ein wenig Knoblauchsaft einflößen, würde das seine Infektion vielleicht zusätzlich bekämpfen.“

„Ich werde sehen, was ich tun kann“, sagte Amy.

Sie tröpfelte ein wenig Teebaumöl auf einen Wattebausch und hielt ihn Sugar unter die Nase; sie war sehr vorsichtig und passte auf, dass seine Schnauze nicht damit in Berührung kam, weil Teebaumöl die Haut reizte. Nach ein paar Minuten nahm sie den Wattebausch weg und bot Sugar einen Löffel Knoblauchsaft an, so wie Ty es vorgeschlagen hatte. Aber Sugar drehte seinen Kopf weg. Amy seufzte schwer. Sie blieb den ganzen Vormittag bei Sugar, massierte ihm die Ohren und das Gesicht. Immer wieder versuchte sie, ihn zum Fressen zu ermuntern – aber sie hatte kein Glück.

Um die Mittagszeit kam Ty erneut in den Stall. „Du brauchst eine Pause“, sagte er.

„Mir geht es gut“, antwortete Amy. Sie war entschlossen, Sugar nicht im Stich zu lassen.

Ty runzelte die Stirn. „Dir geht es überhaupt nicht gut“, sagte er. „Du musst etwas essen und ein bisschen frische Luft schnappen. Komm, wir gehen jetzt ins Haus und du nimmst dir was aus dem Kühlschrank!“ Amy blickte ihn überrascht an. Sie war es nicht gewohnt, dass er sich so bestimmt um sie sorgte. Aber Tys Stimme duldete keinen Widerspruch, und seufzend fügte sie sich.

„Wirst du nachher wieder mit Star arbeiten?“, fragte er sie, als sie über Hof liefen, hinüber zur Küche.

„Hmm ... Ich weiß nicht.“ Amys Gedanken kreisten im Augenblick ausschließlich um Sugar.

„Ich denke, dass du es tun solltest“, sagte Ty. „Du solltest ihn in dem Verhalten, das er heute Morgen gezeigt hat, bestätigen.“

Amy wusste, dass Ty Recht hatte. „Ich denke, Star braucht mich auch“, sagte sie.

Er hob die Augenbrauen. „Du *weißt* es.“

Nachdem sie gegessen hatten, führte Amy Star erneut aus seiner Box, um mit ihm die Trainingsstunde vom Vormittag zu wiederholen. Schon bald folgte ihr der Fuchs gelassen auf den Hänger und wieder hinaus.

Ty beobachtete sie. „Das sieht gut aus!“

Amy lächelte. „Möchtest du es auch einmal versuchen?“

Diesmal führte Ty das Pferd, und Amy lief auf der anderen Seite neben ihm her. Und wieder kletterte Star in den Transporter hinein. Amy erklärte die Stunde für beendet, nachdem Star sich auch von Ty wiederholt in den Anhänger hatte führen lassen, ohne dass sie neben dem Pferd herlief. Amy war begeistert. Sie hatten einen großen Erfolg errungen. Schließlich wäre ihre ganze Arbeit umsonst gewesen, wenn Star nur ihr folgen würde. Der nächste Schritt würde sein, die Rampe zu schließen, wenn Star im Anhänger war.

„Ich denke, das reicht für heute“, sagte Amy. „Lass uns an einem Punkt aufhören, an dem alles prima geklappt hat.“ Sie wollte so schnell wie möglich zurück zu Sugar – doch gerade, als sie Star in seine Box gestellt hatte, fuhr ein großer, silberner Wagen in die Einfahrt. „Wer ist das denn?“, fragte Ty.

Amy zuckte mit den Schultern. „Keine Ahnung ...“ Sie brach ab. „Oh doch, ich weiß es!“ Ihr Herz sank, als der Wagen näher kam und sie das Mädchen auf dem Beifahrersitz erkannte. „Das sind Ashley und ihre Mutter.“

„Ashley Grant?“, fragte Ty, der den Namen von Amys Rivalin aus den Reiterwettbewerben kannte. „Von Green Briar?“

Amy nickte. „Was die wohl hier zu suchen haben?“

Der Wagen stoppte. Und Val Grant, eine große, blonde Frau, deren Beine in eng anliegenden, blauen Reithosen steckten, stieg aus. Amy schluckte und lief auf sie zu. „Guten Tag, Mrs Grant.“

Val Grant lächelte. Ihr Lächeln ließ eine ganze Reihe perfekter, strahlend weißer Zähne aufblitzen. „Hi, Amy“, sagte sie. „Wie geht es dir?“

„Danke, gut“, sagte Amy und blickte ihr fragend ins Gesicht.

Auch Ashley stieg aus dem Wagen. Sie lehnte sich an die Tür, das glänzende Haar fiel ihr über ihre Schultern.

„Hallo“, antworte Amy knapp auf ihren Gruß.

„Das mit deiner Mom tut uns Leid“, sagte Mrs Grant besorgt. „Wir dachten, wir schauen einfach mal vorbei und sehen nach, wie es euch geht.“

„Gut. Danke“, antwortete Amy höflich und dachte im gleichen Atemzug, dass diese beiden die Letzten wären, mit denen sie ihre Probleme besprechen würde. Aber Mrs Grant schien auch gar nicht richtig zuzuhören; sie blickte sich um, als würde sie irgendetwas suchen. Dann wandte sie ihre Aufmerksamkeit wieder Amy zu. „Ich habe Gerüchte gehört, dass eines von Nick Halliwells Pferden hier bei euch ist.“ Es sollte beiläufig klingen, aber ihr Blick war messerscharf.

Das also ist der Grund, warum ihr hier seid!, dachte Amy. Als sie zustimmend nickte, machte es ihr großen Spaß zu beobachten, wie sich die Mienen von Ashley und ihrer Mutter verfinsterten. „Ja. Er ist in dem Stall dort drüben.“ Genau in diesem Moment streckte Star seinen Kopf aus der Tür.

„Oh“, sagte Ashley überrascht. Sie lief zu ihm und streichelte ihm den Kopf. Dabei lächelte sie Ty zu, der ein wenig abseits stand und die Szene beobachtete. „Hallo“, sagte sie.

„Und wer arbeitet mit ihm?“, fragte Mrs Grant.

„Ich“, antwortete Amy.

Val Grant sah aus, als könne sie nicht glauben, was sie gerade gehört hatte. „Ich verstehe.“ Sie räusperte sich. „Nun ja, wenn du Hilfe nötig hast, lass es mich einfach wissen.“ Dann rief sie nach ihrer Tochter. „Komm, Ashley, wir wollen Amy nicht länger belästigen!“

Mit einem letzten bezaubernden Lächeln in Tys Richtung lief Ashley zurück zum Auto. Ohne sich zu verabschieden, stieg sie ein. *So viel zur Sorge über unser Befinden*, dachte Amy zynisch.

Val Grant hielt einen Moment inne, bevor sie die Fahrertür öffnete. „Wie steht es um eure Pferde? Kommt ihr klar?“

Amy nickte. „Ja, danke. Alles bestens."

Mrs Grant nickte gedankenverloren und stieg ein. Amy beobachtete, wie sie davonfuhren. Kopfschüttelnd lief sie zu Ty.

„Reizende Leute", kommentierte er und hob eine Augenbraue.

„So kann man es auch nennen!", gab Amy zurück.

Den Rest des Tages saß Amy bei Sugar im Stall. Es war schon spät, als Ty bei ihr vorbeischaute.

„Ich habe jetzt Feierabend", sagte er. „Hat sich sein Zustand verändert?"

Amy schüttelte den Kopf. Sugar atmete noch immer schwer und er hatte Fieber. „Aber ich gebe nicht auf." Sie strich sich mit ihrer Hand durch die Haare. „Es muss doch irgendetwas geben, was wir für ihn tun können."

Ty blickte sie besorgt, aber verständnisvoll an. „Bleib nicht die ganze Nacht bei ihm. Du siehst schon jetzt ziemlich kaputt und müde aus."

„Okay", seufzte Amy. „Bis morgen."

Nachdem er gegangen war, begann Amy wieder mit ihrer Arbeit und massierte Sugars Gesicht mit Neroli-Öl. Während ihre Finger kreisten, konzentrierte sie ihre Gedanken darauf ihm einzureden, dass es ihm bald besser gehen würde. „Ich werde nichts unversucht lassen", sagte sie zu ihm. „Ich bin entschlossen, dir zu helfen, bis du das hier überstanden hast, Sugar!" Aber sein Kopf blieb reglos auf dem Stroh liegen. Es war, als hätte er eine unsichtbare Barriere um sich errichtet und ließe niemanden an sich heran.

Amy war so vertieft in ihre Arbeit hier im Stall, dass sie nicht bemerkte, wie es draußen langsam dunkel wurde. Vor Anstrengung und Konzentration begannen ihre Schläfen zu pochen und erschöpft legte sie ihren Kopf auf Sugars Hals.

„Amy!" Sie blickte auf. Der Großvater stand neben ihr. „Ich denke, du solltest jetzt ins Haus kommen, Kleines. Du hast dein Bestes getan."

Enttäuschung stieg in ihr empor. „Was nützt das Beste, wenn es Sugar nicht hilft?", sagte sie wütend und traurig zugleich.

„Amy, komm schon!" Sie betrachtete das Gesicht ihres Großvaters und gab seufzend nach. Ohne ein weiteres Wort verließ sie den Stall. Auf ihrem Weg zurück ins Haus hielt sie bei der Futterkammer an, trat ein und griff sich einen ganzen Stapel zerlesener Bücher. Vielleicht hatte sie ja etwas übersehen. Es *musste* etwas geben, das sie noch für Sugar tun konnte.

9

„Amy! Telefon!“ Tys Stimme schallte über den Hof.

Amy schreckte hoch. Es war am frühen Nachmittag des folgenden Tages. Amy hatte Sugars Box nur verlassen, um mit Star zu arbeiten. Das Shetland-Pony hustete, und unter der Anstrengung zitterte sein ganzer Körper. Es geht ihm immer schlechter, dachte sie und fühlte sich schrecklich. Sie berührte seine Ohren, sie waren feucht und heiß.

Ty kam zum Stall gerannt. „Nick Halliwell ist am Telefon!“

Amy erhob sich. Ihr Kopf schmerzte und ihre Augen brannten. Sie hatte bis tief in die Nacht hinein gelesen und verzweifelt nach einem Heilmittel für Sugar gesucht, aber nichts Neues gefunden. Sie lief zum Haus.

„Hallo“, sagte sie in den Hörer. „Amy Fleming am Apparat.“

„Hallo Amy“, sagte Nick Halliwell. „Ich wollte mich nach Star erkundigen.“

Amy lehnte sich gegen die Wand. Der Küchentisch war übersät mit Rechnungsbüchern, und überall lagen Papiere, auf denen fein säuberlich Zahlen aufgereiht waren. „Gut.“ Sie zwang sich zur Konzentration. „Sogar sehr gut. Heute Morgen konnten wir zum ersten Mal die Rampe hinter ihm schließen, nachdem er auf den Hänger gegangen war. Morgen werde …“

Nick unterbrach sie. „Du hast ihn auf den Anhänger bekommen?“

„Ja", sagte Amy. „Er läuft inzwischen sogar schon recht fröhlich hinein. Allerdings ist er noch nicht völlig korrigiert – das dauert noch ein bisschen. Aber er ist auf dem besten Wege!"

„Du hast gerade mal zwei Tage mit ihm gearbeitet und behauptest, dass er schon beinahe gern die Rampe betritt?" Nicks Stimme klang ungläubig. „Ohne Probleme?"

„Ja", antwortete Amy geduldig.

„Das muss ich sehen!"

„Nun, wie ich schon gesagt habe, Star ist noch nicht so weit, dass er wieder nach Hause kann", sagte Amy schnell. „Wir müssen ihn noch daran gewöhnen, im Auto zu bleiben, wenn es sich in Bewegung setzt und fährt."

„Aber kann ich vorbeikommen und es mir ansehen?"

„Aber sicher", gab Amy zurück.

„Das sind ja tolle Neuigkeiten. In einer halben Stunde bin ich da!"

„Wie bitte? Jetzt gleich?", fragte sie entsetzt und fügte hastig hinzu: „Im Moment ist es etwas ungünstig. Wissen Sie …"

Aber Nick Halliwell schien niemand zu sein, der ein Nein als Antwort akzeptierte.

„Ich bleibe nicht lange", unterbrach er sie. „Ich will nur schnell nach ihm sehen. Okay? In einer halben Stunde bin ich da. Bis dann."

Amy legte den Hörer auf die Gabel. Das hatte ihr gerade gefehlt. Star war heute noch nicht einmal geputzt worden! In diesem Moment betrat Lou die Küche, in der Hand einen Taschenrechner.

„Hallo", sagte sie.

Amy warf ihr als Antwort einen eisigen Blick zu.

„Ich habe gute Neuigkeiten", sagte Lou mit einem Lächeln. „Gerade eben hat Val Grant angerufen. Sie bietet uns an, ein paar Pferde bei sich aufzunehmen, bis wir die Sache hier geregelt haben. Sie nimmt Pegasus, Sundance und Jasmine."

Amy befand sich unversehens in einem Wechselbad der Gefühle. Eben noch war sie in Hochstimmung – jetzt schnaubte sie vor Wut.

„Was ist denn los?", fragte Lou und runzelte die Stirn.

„Sie bekommt die Pferde nicht!", schrie Amy.

„Warum denn nicht?" Lou blickte ihre Schwester verwirrt an.

„Weil sie ihre Pferde schlecht behandelt! Nein, Lou, auf gar keinen Fall! *Unter keinen Umständen!*"

„Oh Amy, so schlimm kann sie gar nicht sein", sagte Lou und zog ihre Augenbraue nach oben. „Es ist doch sinnvoll, die Sache so anzugehen – und vielleicht will sie die Pferde dann ja auch für immer behalten – vielleicht sogar kaufen. Das wäre uns eine echte Hilfe!"

„Niemals!" Amy tobte vor Wut. „Wie kannst du auch nur daran denken, Pegasus, Daddys Pferd, wegzugeben?"

„Aber ..."

Amy rannte aus der Küche und knallte die Tür so laut hinter sich zu, wie sie nur konnte.

Ty wartete in Sugars Box schon auf sie. „Hey! Was ist denn los?", rief er ihr entgegen, als er sie so über den Hof stürmen sah.

Amy konnte sich nicht länger beherrschen. Sie war viel zu müde und viel zu viele widerstreitende Gefühle hatten sich in ihr angestaut. Sie vergrub den Kopf in ihren Händen und brach in Tränen aus. Ty trat auf sie zu und nahm sie in die Arme. „He, komm schon“, beschwichtigte er sie. „Erzähl mir, was passiert ist. Warum bist du so wütend?“

Schluchzend teilte ihm Amy Lous neueste Pläne mit. „Ich hasse sie, Ty! Ich hasse sie wirklich! Sie macht alles kaputt!“

Ty streichelte ihr übers Haar. „Komm schon, reg dich nicht so auf. Es wird schon alles wieder werden!“

„Wie denn nur?“, schluchzte Amy. „Grandpa, du und ich, wir schaffen das nicht allein! Und Lou will unbedingt nach New York zurück, deshalb versucht sie den Bestand auf der Farm zu verringern. Was sollen wir nur machen?“

„Wir werden schon eine Lösung finden“, sagte Ty, der ihr noch immer übers Haar strich. „Du wirst schon sehen.“ Er hielt sie so lange fest, bis ihr Schluchzen leiser wurde. Schließlich schniefte Amy nur noch. „Ich habe dir dein T-Shirt nass geweint“, sagte sie, trat einen Schritt zurück und wirkte ein wenig verlegen. „Halb so schlimm“, sagte Ty gelassen. Er betrachtete Amy mit einem besorgten Lächeln. „Weshalb hat Nick Halliwell denn eigentlich angerufen?“

Amy schluckte, als sie an den Anruf erinnert wurde. „Er will vorbeikommen und nach Star sehen. Jetzt! Kannst du ihn für mich putzen, Ty?“

„Mm – eigentlich …“ Ty trat von einem Fuß auf den anderen. Jetzt war er derjenige, der verlegen aussah. „Ich wollte gerade los …“ Jetzt erst fiel Amy auf, dass Ty schon umgezogen war. „Eigentlich habe ich heute einen freien Nachmittag“, sagte er, als wolle er Amy an etwas erinnern. „Ich weiß, ich habe mir in der letzten Zeit nicht mehr frei genommen, aber ich muss dringend einkaufen gehen und zu Hause ein paar Sachen erledigen."

Sofort hatte Amy ein schlechtes Gewissen. Wie konnte sie nur vergessen, dass Ty normalerweise einmal in der Woche nachmittags frei hatte! Die ganze Zeit über hatte er wirklich hart gearbeitet.

„Aber ich bleibe natürlich", bot er ihr an.

„Nein, selbstverständlich nicht", sagte Amy sofort und legte sich die Hand an die Schläfe, die schon wieder zu pochen begann. „Du hast genug getan hier. Du gehst jetzt heim."

„Ich habe alles erledigt. Das Futter für den Abend ist vorbereitet, und die Boxen sind gesäubert." Besorgt machte er einen Schritt auf Amy zu. „Bist du sicher, dass es dir wieder besser geht?"

„Ganz sicher." Sie lächelte, dann sagte sie: „Tausend Dank für alles, Ty. Du bist ein echter Freund."

Es entstand eine Pause. Ty sah ihr in die Augen, und dann streckte er seine Hand aus und streichelte ihre Wange. Die zärtliche Berührung seiner warmen Handfläche ließ einen warmen Schauer über ihrem Körper laufen. Sie verharrte reglos.

Ein paar Sekunden später war alles vorbei und Ty trat zurück.

„Bis morgen", murmelte er, drehte sich um und lief davon.

Amy starrte ihm nach.

„Kleines!"

Benommen nahm sie wahr, dass der Großvater sie rief. „Soraya ist am Telefon!"

Ihre Gedanken wirbelten noch immer durcheinander, als sie auf das Haus zulief.

„Das ist ja kaum zu glauben!“ Nick Halliwell staunte nicht schlecht, als Amy sein Pferd zum dritten Mal aus dem Anhänger führte. Sie blickte ihn stolz an. Nick hatte blondes Haar, braun gebrannte Haut, tiefblaue Augen. Als sie ihn aus dem Auto steigen sah, hatte sie plötzlich so etwas wie einen Schwarm Schmetterlinge im Bauch gespürt. Aber jetzt, wo sie sich auf die Arbeit mit Star konzentrierte, war sie wieder ruhiger.

„Nun, wie ich schon am Telefon gesagt habe – wir müssen noch etwas mit ihm üben. Aber das hier ist ein guter Start“, sagte sie und führte Star zu ihm hinüber. Das Pferd beschleunigte den Schritt, als es auf seinen Besitzer zulief, und leckte seine Handflächen ab.

„Ein guter Start? Das ist mehr, als ich mir je erhofft hatte!“ Nick klopfte dem Fuchs kräftig den Hals. „Du hast ein richtiges Wunder vollbracht!“, sagte er zu Amy. Dann musterte er sie von oben bis unten. „Wie alt bist du?“

„Fünfzehn“, beantwortete sie seine Frage.

Er schüttelte den Kopf. „Unglaublich. Du hast mehr für ihn getan als alle anderen vor dir, und wie schon gesagt, er ist wirklich ein ganz besonderes Pferd.“ Er nickte ihr zu. „Wenn ich weitererzähle, was du geleistet hast, werdet ihr euch vor Anfragen kaum noch retten können.“ Jetzt lächelte er. „Ihr werdet einen neuen Stall bauen müssen.“

Amys Kehle war wie zugeschnürt. Alles war so ungerecht! Einen neuen Stall bauen! Ganz bestimmt nicht, wenn es nach

Lou ginge. Ein plötzlicher Schmerz ergriff Amy, als sie ihren Blick über die Ställe und Koppeln schweifen ließ. Wenn Lou ihre Pläne durchsetzte, dann würde sich hier alles verändern. Auf den Weiden würden keine Pferde mehr grasen. Heartland würde es für die Tiere, die Hilfe brauchten, nicht mehr geben, für solche wie Sugar und Star und Copper.

Nick schien Amys bedrückte Stimmung nicht zu bemerken. Er klopfte ihr auf die Schulter. „Nun, ich möchte dich nicht länger aufhalten. Danke, dass ich einen Blick auf Star werfen durfte. Wann, glaubst du, werde ich ihn wieder nach Hause holen können?“ Amy riss sich zusammen.

„Ungefähr in zehn Tagen“, sagte sie. „Ich werde anrufen!“

„In Ordnung. Und mach weiter so!“ Zum Abschied tätschelte er Star noch einmal und ging zu seinem Wagen.

Amy sah ihm nach, als er davonfuhr. „Oh, Star“, flüsterte sie, und sie vergrub ihr Gesicht in der Mähne des Pferdes. Müdigkeit überfiel sie. „Warum ist das Leben so schrecklich kompliziert?“ Sie hörte, wie die Hintertür des Hauses geöffnet wurde, und drehte sich um.

Lou trat heraus. Sie zögerte einen Moment, dann lief sie auf Amy zu. „Ich habe vom Küchenfenster alles gesehen“, sagte sie und blieb in gehöriger Entfernung von Star stehen. Ihre Miene war betreten. „Ich wollte dir sagen … gut gemacht. Du hast … du hast gute Arbeit geleistet.“

Das war für Amy der Tropfen, der das Fass zum Überlaufen brachte. „Danke, Lou!“ Zorn überkam sie. „Aber tu doch nicht so, als ob dich das wirklich interessiert!“ Sie weinte. Wut, Elend und Erschöpfung übermannten sie. „Wenn es nach deinem

Willen geht, wird hier auf Heartland sowieso keinem Pferd mehr geholfen!“

Lou tat einen Schritt auf sie zu: „Amy …“

„Rühr mich nicht an!“, zischte Amy. „Wenn du mich auch nur ein bisschen verstehen würdest, dann …“

„Was dann?“

„… dann würdest du hier bleiben und uns helfen, Heartland zu bewirtschaften, anstatt zu versuchen, den Hof dichtzumachen. Aber du kümmerst dich ja nie um die Dinge, die wirklich wichtig sind!“ Amy zitterte am ganzen Körper. „Du interessierst dich überhaupt nicht für Großvater, für mich oder die Pferde! Und was Mom angeht – hast du überhaupt schon bemerkt, dass sie tot ist?“

Blind vor Wut und ohne nachzudenken griff sie in Stars Mähne und im nächsten Moment saß sie auf seinem Rücken.

„Amy!“ Lous Stimme klang alarmiert. „Amy! Halt an! Was machst du da?“

„Ich kann dich nicht mehr sehen!“

Mit einem Schluchzer grub Amy die Fersen in Stars Seiten. Er machte einen Satz nach vorn. Ungesattelt, das Pferd nur am Führstrick dirigierend, galoppierte sie mit Star über die Felder und den Weg entlang, der zum Wald führte. Die Bäume flogen vorüber, ihr Kopf war leer bis auf den verzweifelten Gedanken zu fliehen, einfach nur vor allem zu fliehen. Sie legte etliche Meilen zurück. Erst dann bemerkte sie Stars heftigen Atem und den Schweiß, der ihm an Hals und Flanken herablief.

Amy parierte ihn zum Schritt und hielt schließlich an. Auf einmal wurde ihr bewusst, was sie da eben getan hatte. Star gehörte ihr nicht! Sie hätte ihn nicht reiten dürfen. Mit klopfendem Herzen glitt sie von seinem Rücken. Sein Atem ging immer noch heftig, seine Nüstern waren weit aufgerissen. Amy hockte sich nieder und untersuchte seine Beine. Ein Schauer der Erleichterung durchflutete sie, als sie keine Verletzung entdeckte. Sie wagte überhaupt nicht daran zu denken, wie wertvoll Star war. Wenn ihm auch nur das Geringste passiert wäre …

Sie warf ihre Arme um den heißen, dampfenden Hals des Pferdes. „Oh Star, es tut mir schrecklich Leid!" Er stupste sie an und schnaubte. Sie rieb ihm den Kopf, dann blickte sie sich um. Wo waren sie überhaupt? Sie hatten den befestigten Weg schon vor einiger Zeit verlassen. Über ihr rauschten die Baumkronen. Vereinzelte Regentropfen fielen durch die Blätter. Sie zitterte.

Sie sprang wieder auf, schnalzte mit der Zunge und wendete Star, um den gleichen Weg durch die Bäume zurückzufinden, den sie gekommen waren. Aber nach ein paar Minuten musste Amy einsehen, es dies unmöglich war. Der Weg wies zu viele Abzweigungen auf. Sie bewegten sich im Kreis. Mehrfach passierten sie Stellen, an denen sie schon einmal vorbeigekommen waren. In Amy stieg Panik auf.

Als sie erneut an einer Gabelung angekommen war, blickte sie von links nach rechts und ließ verzweifelt den Führstrick auf Stars Hals sinken. Wohin nur? Mit gespitzten Ohren bog das Pferd jetzt in den nächsten linken Pfad ein. Amy wollte es anhalten, doch dann gab sie nach. War es möglich, dass Star zurückfinden würde? So ruhig wie möglich und ohne ihn länger mit dem Seil zu dirigieren, überließ sie es ihm, sich einen Weg zwischen den Bäumen hindurch zu suchen.

Sie wollte gerade alle Hoffnung aufgeben, als das Pferd plötzlich aus dem Wald heraustrat. Tatsächlich! Amy war so erleichtert, dass sie sich nach vorn fallen ließ, die Arme um Stars Hals schlang und in Tränen ausbrach.

Der Nachmittag war bereits in den Abend übergegangen und vom Himmel fiel dichter Regen auf sie beide nieder. Amys T-Shirt und Jeans waren bald durchnässt, aber das kümmerte sie nicht. In ruhigem Trab bewegten sie sich vorwärts, bald waren sie so gut wie zu Hause.

Als sie auf das Tor zuritt, sah sie, dass Lou über den Hof gerannt kam. Amys Mut sank. Jetzt würde sie bestimmt eine mächtige Standpauke zu hören bekommen. „Tut mir Leid", brach es aus ihr hervor, als sie von Star absprang und den Führstrick mit klammen Fingern festhielt. „Es tut mir wirklich Leid, Lou." Sie blickte zu Lou und rechnete damit, dass diese jeden Moment loszetern würde. Aber es war etwas anderes.

„Amy!", keuchte sie. „Sugar! … Ich glaube, er stirbt!"

10

Hastig brachte sie Star zurück in seine Box, dann rannte sie mit klopfendem Herzen zum hinteren Stallgebäude. Sie blickte über die halb geöffntete Tür. Das kleine Pony lag flach im Stroh, seine Augen waren geschlossen. Lou hatte ihm eine Decke übergelegt. „Kleiner Sugar!“, schluchzte Amy. Sie öffnete die Tür, kniete sich neben ihn und streichelte zärtlich seinen Hals. „Du darfst nicht sterben. Bitte nicht. Sieh zu, dass es dir bald wieder besser geht.“

„Ich habe Scott schon angerufen“, sagte Lou. Sie stand verunsichert in der Boxentür. „Er ist auf dem Weg hierher.“

Amy nickte resigniert.

„Was ist mit Star?“, fragte Lou.

„Star?“ Plötzlich erinnerte sich Amy, dass Star feucht und kalt in seiner Box herumstand. „Ich muss ihn dringend abtrocknen.“ Sie war schon fast auf den Beinen, dann hockte sie sich wieder hin, um Sugar noch einmal über den Hals zu streicheln. Sie wollte ihn nicht allein lassen.

„Ich werde mich um Star kümmern“, sagte Lou auf einmal. „Bleib du hier.“

Überrascht drehte sich Amy um. Aber Lou lief schon über den Hof. In diesem Moment hustete Sugar, dass es ihn schüttelte. Amy sah sofort wieder zu ihm. Während sie ihn streichelte, begann sie in ihren feuchten Sachen zu zittern.

Eine Weile später hörte sie Motorgeräusche und eine Autotür wurde zugeschlagen. Sie blickte sich kurz um, als Scott eintrat.

„Hallo, Amy“, sagte er mit belegter Stimme, dann kniete er sich neben sie. Scott schwieg, nachdem er Sugar kurz untersucht hatte. Amy merkte, wie ihre Augen sich mit Tränen füllten.

Lou kam, in ihren Händen hielt sie einen Becher mit heißem Kaffee, eine Fleeceweste und eine Decke. „Hier“, sagte sie zu Amy. „Du bist ja völlig durchnässt.“ Amys Finger waren so klamm, dass sie es kaum schaffte, die Weste überzuziehen. Dann nahm sie einen Schluck von dem heißen Kaffee.

„Ich habe Sugar etwas frisches Stroh gegeben und versucht, ihn warm zu halten“, sagte Lou.

„Das war das einzig Richtige“, antwortete Scott, und zum ersten Mal blickte er Amys Schwester direkt ins Gesicht.

„Kannst du irgendetwas für ihn tun?“, fragte Lou.

Scott streichelte das Pony. „Nun ja – ich könnte ihm noch stärkere Injektionen gegen die Entzündung und die Schmerzen geben. Aber mehr auch nicht.“ Er stand auf und seufzte. „Sein Zustand ist wirklich ausgesprochen schlecht“, sagte er und rieb sich mit der Hand über die Augen. „Vielleicht wäre es das Beste, wenn wir ihn einschläfern.“

„Was?“ Mehr brachte Amy nicht hervor. Sie zitterte erneut.

„Wir können ihn nicht noch länger leiden lassen“, sagte Scott. „Er hat genug durchgemacht.“

„Du hast aber gesagt, dass du ihm noch Schmerzmittel geben kannst. Vielleicht bessert sich sein Zustand morgen!“, sagte Amy unter Tränen, und sie blickte auf das kleine Shetland-Pony, das ausgestreckt im Stroh lag.

Scott kniete sich neben sie. „Noch mehr Medikamente sind keine Lösung“, sagte er. „Amy, er möchte nicht, dass es ihm besser geht. Das ist das ganze Problem. Er kämpft nicht ums Überleben. Wenn er kämpfen würde, dann gäbe es Hoffnung. Aber er hat sich aufgegeben!“

„Nur noch eine einzige Nacht!“, bettelte Amy. „Gib uns nur noch eine Nacht!“

Scott blickte ihr in die Augen. „Okay“, sagte er. „Noch eine Nacht!“ Er stand auf, um eine Spritze für Sugar vorzubereiten. Als er sich ein paar Minuten später verabschiedete, sprach er mit Lou: „Ich werde morgen früh zuallererst hierher kommen. Ruf mich an, wenn es noch schlimmer wird!“

Sie nickte. „Mache ich. Danke, dass du so schnell gekommen bist, Scott. Das bedeutet uns sehr viel – uns beiden.“

„Gern.“ Wieder blickte Scott sie an, und seine Stimme klang sehr warm. „Also dann bis morgen.“

Es war Nacht. Amy saß noch immer in Sugars Box und streichelte das Pony zärtlich. Wenn Sugar ihnen doch nur sagen würde, was er brauchte! In diesem Augenblick fühlte sie sich, als hätte sie komplett versagt. Inzwischen war es Nacht geworden und Sugars Atem hörte sich noch um einiges flacher an. „Sugar!“, flüsterte sie, und die Tränen liefen ihr übers Gesicht. „Sag es mir doch. Was ist es, was du brauchst?“

Die Stalltür wurde geöffnet. Lou kam leise herein. Großvater und sie waren in regelmäßigen Abständen vorbeigekommen, um sich nach Sugar zu erkundigen. „Amy, es ist schon spät“, sagte sie sanft. „Du solltest schlafen gehen.“

Amy schüttelte den Kopf. „Ich muss bei Sugar bleiben."

Lou kniete sich neben ihn. „Lass mich doch bei ihm bleiben."

Amy blickte ihre Schwester überrascht an. Lou wirkte ruhig und entschlossen. „Du musst dich ausruhen. Geh ins Haus. Du kannst ja später wiederkommen", sagte sie beharrlich. Amy war viel zu erschöpft, um sich auf weitere Diskussionen einlassen zu können, und gab nach. Benommen lief sie ins Haus. Großvater wartete in der Küche auf sie.

„Wie geht es ihm?"

Amy schüttelte nur den Kopf. Der Großvater kam auf sie zu und umarmte sie. Amy liefen Tränen über ihre Wangen und sie vergrub ihr Gesicht an seiner Brust.

Mit einem Ruck fuhr Amy hoch – wie spät mochte es sein? Sie blickte zum Wecker auf ihrem Nachttisch; sie hatte einige Stunden geschlafen. Was, wenn Lou den Stall verlassen und Sugar im Sterben allein gelassen hatte? Sie würde es sich niemals verzeihen, wenn sie in einer solchen Stunde geschlafen hätte!

Amy kroch aus ihrem Bett und lief zum Fenster. Erleichtert stellte sie fest, dass im hinteren Stallgebäude Licht brannte. Lou war also noch dort.

Sie rannte nach unten und warf einen Blick in die Küche. Das Radio lief, der Großvater war im Sessel eingeschlafen. Leise ging sie nach draußen. Kühle Nachtluft wehte ihr ins Gesicht. Als sie das Stallgebäude erreicht hatte, verlangsamte sie ihre Schritte. So leise sie konnte, näherte sie sich Sugars Box.

Die Stimme ihrer Schwester drang nach draußen, aber Amy

konnte nicht verstehen, was Lou sagte. Zögernd blickte sie hinein. Lou saß neben Sugar und sprach mit ihm. Amy wollte gerade die untere Tür aufstoßen, als sie bemerkte, dass Lous Gesicht von Tränen überströmt war.

Amy hielt inne. Sie konnte sich nicht daran erinnern, Lou jemals weinen gesehen zu haben. Unsicher machte sie einen Schritt zurück. Sie wusste nicht, wie sie sich verhalten sollte.

„Oh Sugar, was soll ich nur machen?", hörte sie Lou sagen, und ihre Stimme klang verzweifelt. Sie schluchzte. „Ich glaube, ich ertrage das alles nicht mehr länger. Ich habe versucht, tapfer zu sein. Ich habe versucht, damit klarzukommen. Aber ich vermisse Mom so sehr!"

Von Neuem fing Lou an zu weinen. Amy stand wie angewurzelt.

Sie hörte, wie Lou unter Tränen weitersprach. „Mom hat immer gemeint, dass ich die Tapfere bin, Sugar, aber ich komme einfach nicht mehr mit all dem zurecht." Sie wischte sich über die Augen. „Ich habe Daddy verloren und ich habe Mom verloren. Amy glaubt, dass mich das alles wenig mitnimmt, aber sie versteht mich nicht. Ich versuche doch nur, stark zu sein. Doch es ist so schwer, und jetzt verliere ich auch noch meine kleine Schwester."

Amy spähte über die Tür. Lou kraulte Sugars Kopf, der auf ihren Knien lag. Mit bebender Stimme begann sie, dem Pony ein Lied vorzusingen.

Nach ein paar Sekunden hielt sie inne. „Du könntest hier so glücklich sein", sagte sie zärtlich. „Wir kümmern uns um dich, versprochen." Sie gab ihm einen Kuss. „Ich weiß ja, dass du deine Mrs Bell verloren hast, Sugar. Und das tut weh. Amy und ich, wir verstehen dich so sehr." Wieder begann sie zu singen.

Durch ihren eigenen Tränenschleier hindurch bemerkte Amy, dass Sugar aufsah und sein Blick sich belebte. Sie beobachtete ihn. Irgendwie schien das Singen bis zu ihm durchzudringen. *Natürlich! Das war es!* Mrs Bell hatte bei ihrer Arbeit immer gesungen – und offensichtlich erinnerte der Gesang Sugar daran, dass er ein Zuhause hatte, und er fühlte sich getröstet. In diesem Moment hob das Shetland-Pony ganz schwach seinen Kopf.

Lou tat einen tiefen Atemzug. „Sugar!", flüsterte sie. Das kleine Pony bedachte sie mit einem langen Blick. Dann, ganz langsam und unter größter Anstrengung, versuchte es, Lous Arm mit den Lippen zu liebkosen. „Hallo, Bursche", flüsterte Lou. Sie berührte Sugars Kopf und er schnaubte leise. „Hat dir das Lied gefallen?"

Lou griff nach den Kräutern, die Amy im Stall zurückgelassen hatte, und bot sie ihm an. Zu Amys Verblüffung begann er, sie zu fressen. Lou nahm eine weitere Hand voll, sang leise wieder etwas und griff, nachdem er die Kräuter gefressen hatte, zum Futtereimer. Ganz langsam, einen Happen nach dem anderen, fütterte sie ihn mit dem ganzen Inhalt: die Kleie, die Gerste, Karotten und Äpfel. Schließlich drehte Sugar seinen Kopf zur Seite.

Lou ließ den Eimer sinken. „Schlaf jetzt", sagte sie leise. „Ruh dich ein wenig aus, mein Pony. Morgen machen wir beide weiter!"

Sugar vergrub sein Maul im Stroh und schloss die Augen. Amy schlüpfte in die Box.

Lou schrak zusammen. „Amy!“ Sie ging sofort in Abwehrhaltung. „Wie lange bist du schon hier?“, fragte sie stockend.

Amy zögerte und überlegte einen Moment, ob sie Lou anlügen sollte. Aber sie hatte zu viel gehört. Jetzt wusste sie, dass Lou ihre Mutter ebenso vermisste wie sie selbst. Sie schlang ihre Arme um Lous Hals und weinte. „Es tut mir Leid, dass ich so viele schreckliche Dinge gesagt habe. Es tut mir Leid, dass ich dachte, du würdest dich nicht für uns interessieren. Ich habe einfach nichts begriffen.“

Lou drückte sie an sich. „Schon gut“, beschwichtigte sie. „Amy, schon gut.“

Amy löste sich aus Lous Armen. „Nein, gar nichts ist gut. Ich hätte es merken müssen. Und außerdem hast du Sugar geholfen!“, sagte sie und warf einen Blick auf das Pony, das schließlich eingeschlafen war. „Ich habe euch beide beobachtet. Du hast ihn zum Fressen gebracht.

Lous Augen strahlten. „Irgendwie schien er auf einmal munterer zu werden. Aber eigentlich habe ich gar nichts gemacht, nicht wirklich!“

„Doch!“, beharrte Amy. „Verstehst du nicht? Du hast begriffen, was in ihm vorgeht. Und du hast etwas für ihn gesungen, wie Mrs Bell es immer getan hat. Damit konnte er sich daran erinnern, dass er einmal ein glückliches Zuhause hatte. Du hast ihm einen Grund gegeben um sein Leben zu kämpfen.“ Einen Moment lang betrachteten Amy und Lou schweigend das kleine Pony. „Und ich dachte, du kannst Pferde nicht ausstehen!“

„Ich habe sie nie gehasst!“, sagte Lou rasch. „Ich habe sie nur immer für all den Kummer verantwortlich gemacht, den sie mir bereitet haben. Aber wenn ich jetzt mit ihnen zusammen bin, kommen auch all die schönen Erinnerungen wieder. Ich lerne allmählich, dass man vor seiner Vergangenheit nicht davonlaufen kann." Sie lächelte, als Sugar im Stroh anfing leise zu schnarchen. Sie legte ihm eine Hand auf den Kopf. „Ich werde ihn vermissen, wenn ich wieder in New York bin", sagte sie und wandte sich an Amy. „Ebenso wie dich."

„Dann geh doch einfach nicht zurück!", sagte Amy impulsiv. „Bleib hier und hilf uns, die Farm zu erhalten. Du könntest Ty und mir bei der Arbeit zur Hand gehen. Ich würde dir all das beibringen, was ich von Mom gelernt habe. Du könntest dich selbst um Sugar kümmern. Gemeinsam schaffen wir es!"

„Oh Amy, ich kann nicht hier bleiben!" Lou schüttelte den Kopf. „Ich wohne in New York!"

„Aber Heartland ist dein Zuhause", rief Amy aus, „bei Grandpa und mir! Wir wären wieder eine richtige Familie!" Sie fühlte, dass dies die Wahrheit war. „Wir könnten hier alle zusammen leben!"

Lou schwankte. „Aber das ist nicht mein Leben. Was wird aus meinem Job? Woher nehmen wir das Geld? Niemand wird uns Pferde bringen, jetzt, wo Mom nicht mehr da ist!"

„Aber doch!" Amy berichtete ihr von Nick Halliwell und von dem, was er heute Nachmittag zu ihr gesagt hatte. „Er wird es allen erzählen, die er kennt!" Aufgeregt griff sie nach Lous Händen. „Wir können es schaffen, Lou! Wirklich!"

Lou schwieg einen Moment. „Wir werden niemals miteinander klarkommen. Wir sind viel zu verschieden. Wir werden immer gegeneinander kämpfen."

„Wir werden uns streiten und wieder vertragen“, sagte Amy. „Ich werde praktischer denken lernen. Und ich werde vernünftig sein!“

Lou musste lachen. „Das schaffst du nie, nicht einmal, wenn du es wirklich willst!“

„Na ja – vielleicht hast du Recht“, gab Amy grinsend zu. „Aber ich kann es ja wenigstens versuchen.“ Sie sah Lou an. „Bitte, sag doch, dass du bleibst! Bitte!“

Hinter ihnen raschelte es im Stroh. Sie drehten sich beide um. Sugar war von ihren Worten erwacht, er hatte den Kopf gehoben und sah sie an. In seine Augen war der Glanz zurückgekehrt. Amy wusste, dass er über den Berg war – Sugar wollte wieder leben.

Lou blickte von ihm zu Amy. Dann atmete sie tief durch. „Ich verspreche nichts“, sagte sie. „Aber erst einmal bleibe ich hier!“ Sie drückte Amys Hand.

Amy verschlug es beinahe den Atem. „Oh Lou! Du weißt gar nicht, was das für mich bedeutet! Du bist so lange weg gewesen!“ Sie umarmte ihre Schwester heftig. „Danke! Endlich bist du wieder zu Hause!“

Worterklärungen

Abreiteplatz Platz zum Erwärmen und Lockern des Pferdes vor dem Start oder Training

Araber edles Pferd orientalischer Herkunft (unterschieden werden Vollblut- und Shagya-Araber, sog. Original-Araber)

Araber-Mix Kreuzung aus einem Araberpferd und einem Tier anderer Rasse

durchparieren ein Pferd zum Stehen bringen

Fuchs Pferd mit braun-rotem Deckhaar und gleichfarbiger oder hellerer Mähne (sog. „Braune" haben im Gegensatz dazu stets schwarzes Mähnen- und Schweifhaar)

Hengst männliches Pferd, zumeist Zuchthengst, da man im europäischen und nordamerikanischen Kulturkreis fast alle männlichen Pferde, die nicht zur Zucht verwendet werden kastriert; Hengste sind im Umgang schwierig und erfordern viel Erfahrung

Hunter Jagdpferd, Rassebezeichnung

innen/außen („inneres Ohr") betr. Reitbahn oder Roundpen – „innen" – zur Mitte zeigend, „außen" – nach außen zeigend

Join-up wörtl. „Kontaktaufnahme", Monthy-Roberts-Methode zur Kontaktaufnahme mit dem Pferd in der freien Arbeit ohne Longe (s.u.)

Kanter/kantern ruhiger Trainingsgalopp

Kleie-Mash gekochter Futtermix; hier mit einem überwiegenden Kleieanteil

Longe Leine, an der das Pferd im Kreis („auf einem Zirkel") läuft

Neroli-Öl Blütenöl der Pomeranze

Oxer Hoch-Weit-Sprung

Pensionspferd Pferd, für das „Pension" gezahlt wird

Roundpen eingezäunter Longierzirkel, der die freie Arbeit (ohne Longe) ermöglicht

Shetland Pony/Shetty kleine Ponyrasse

Trense Zaumzeug

Trensengebiss gebräuchliches Mundstück der Zäumung

Trensenring Teil des Mundstücks, in den die Zügel eingeschnallt werden

verdorbenes Pferd durch falsche Behandlung im Umgang schwierig gewordenes Tier

Vollblüter/Vollblut Rassebezeichnung; obwohl es auch Arabische Vollblüter gibt, werden umgangssprachlich meist nur Englische Vollblüter (Galopprennpferde) so bezeichnet

Wallach kastriertes männliches Pferd (90 % aller Hengste)

Widerrist höchster „fixer" Punkt des Pferdes über der Schulter (da Hals und Kopf gesenkt werden können)

Zirkel Kreis

Zirkel wechseln (auf dem Reitplatz) die Richtung wechseln, andersherum reiten (s.a. „die Hand wechseln")

Nach dem Sturm

Mit besonderem Dank an Linda Chapman

1

Amy versuchte zu schreien, als sie sah, dass Marion die Fahrertür des Wagens öffnete. Aber sie brachte keinen Ton hervor. Sie wollte ihre Mutter zurückhalten – doch sie stand wie versteinert. Entsetzt sah sie zu, wie Marion den Schlüssel in die Zündung steckte und den Motor startete.

Dann änderte sich abrupt das Bild: Beide saßen sie im Auto. Der Anhänger hinter ihnen schwankte bedrohlich. Wütend polterte der braune Hengst mit den Hufen gegen die Wände des rollenden Gefängnisses. Amy war verzweifelt und wollte aufwachen – aber der Traum hielt sie gefangen.

Marion umklammerte das Lenkrad mit starren Händen. „Das ist völlig verrückt“, murmelte sie. Sie warf einen Blick auf Amy. „Ich hätte mich nie von dir überreden lassen sollen, den Hengst zu holen!“

„Mom!“ Amy schluchzte verzweifelt auf. „Bitte, hör auf!“ Aber Marion konnte sie nicht hören.

Ein greller Blitz zuckte vom Himmel, und das Geräusch der Hufe, die gegen die Wände des Anhängers trommelten, wurde vom lauten Krachen des Donners übertönt. Amy schrie! Die Bäume rechts und links der Straße schwankten bedrohlich hin und her. Zweige schlugen gegen das Autodach. Auf den nächsten Donnerschlag folgte ein lang gezogenes Knarren, und Amy sah, wie unmittelbar vor ihnen ein Baum auf die Straße stürzte …

„Nein!“, schrie Amy. „Bitte nicht!“

„Amy! Amy! Wach auf!“

Amy merkte, wie jemand sie an den Schultern rüttelte und schlug die Augen auf. Sie lag auf dem harten Holzboden. Ihr Großvater, Jack Bartlett, hatte sich über sie gebeugt. Auf seiner Stirn zeichneten sich tiefe Sorgenfalten ab.

„Grandpa“, sagte Amy und setzte sich verwirrt auf.

Sie atmete den schwachen, vertrauten Geruch eines Parfüms ein. Von den Wänden schauten Pferdefotos auf sie herab. Ein Mantel hing über dem Stuhl, genau dort, wo ihre Mutter ihn an jenem Unfalltag abgelegt hatte. Die Haarbürste auf dem Nachttisch war mit einer feinen Staubschicht überzogen; blonde Haare steckten zwischen den Borsten. In den sechs Wochen, die seit Marions Tod in jener stürmischen Nacht vergangen waren, hatte sich in diesem Raum nichts verändert.

Beim Anblick der vielen vertrauten Dinge zog sich Amys Magen krampfhaft zusammen. „Wieso bin ich eigentlich hier?“

Jack Bartlett bemerkte den Schock, der ihr ins Gesicht geschrieben stand. „Schon gut, meine Kleine“, sagte er schnell. „Du hast geschlafwandelt.“

„Es war ein schrecklicher Traum“, stammelte Amy. Mühsam rappelte sie sich hoch. Im Zimmer war es still und stickig. Schweißperlen traten auf ihre Stirn, als sie sich in dem Raum umblickte.

„Komm schon. Es ist alles vorbei“, sagte der Großvater beschwichtigend. „Lass uns zurück in dein Zimmer gehen.“ Er legte ihr seinen Arm um die Schultern.

In diesem Augenblick wurde die Tür aufgerissen. Lou, Amys

ältere Schwester, stand im Rahmen. „Was ist denn hier los?“, fragte sie; ihre Haare waren vom Schlafen völlig zerzaust. „Ich habe Schreie gehört.“

„Alles in Ordnung“, sagte Jack Bartlett schnell. Er führte Amy aus dem Zimmer. „Sie hat schlecht geträumt und ist im Schlaf herumgelaufen.“

„Oh Amy!“, sagte Lou und wollte ihre Schwester unterhaken.

„Mir geht es gut“, sagte Amy ruppig. Sie löste sich aus dem Arm ihres Großvaters und rannte an Lou vorbei. *Raus!* Sie wollte nur noch raus hier. Das war alles viel mehr, als sie ertragen konnte! Ihre Mutter würde niemals mehr zurückkehren, und sie allein war schuld daran.

Amy kroch ins Bett. Ihr Laken und ihre Decke waren kalt. Sie igelte sich ein. Der Großvater stand mit Lou in der Tür, und Amy sah, wie er ihrer Schwester etwas zuflüsterte.

Lou nickte. „Bis morgen früh“, sagte sie leise und ging wieder zurück in ihr Zimmer.

Der Großvater setzte sich zu Amy aufs Bett.

„Mir geht es jetzt besser, Grandpa“, sagte Amy. „Du kannst schlafen gehen.“

„Ich bleibe noch ein Weilchen hier“, erwiderte Jack Bartlett.

Amy war viel zu erschöpft um ihm noch etwas zu entgegnen. Sie legte den Kopf auf ihr Kissen. Als sie die Augen schloss, sah sie die schrecklichen Bilder wieder vor sich. Sie blinzelte.

„Oh, Grandpa“, schluchzte sie.

„Mach dir keine Sorgen. Ich bin bei dir“, sagte der Großvater zärtlich. Er streichelte ihr über das Haar. „Und jetzt schlaf ein!“

Als Amy am anderen Morgen erwachte, war Jack Bartlett von ihrem Bett verschwunden. *Vielleicht hatte sie all die schrecklichen Ereignisse der vergangenen sechs Wochen ja nur geträumt!* Aber als sie sah, wie das schwache Morgenlicht durch das Fenster in ihr Zimmer fiel, traf sie die Wirklichkeit mit kalter, eisiger Wucht – ihre Mutter war tot!

Amy setzte sich auf und schlang die Arme um die Knie. Wenn sie ihre Mutter nicht so sehr darum gebettelt hätte, Spartan, den braunen Hengst, zu retten, dann wäre der Unfall nie passiert! Aber sie hatte keine Ruhe gegeben, und so waren sie beide mit dem Pferdeanhänger losgefahren. Sie wollten Spartan aus dem Stall, wo er ohne Wasser und Futter zurückgelassen worden war, befreien. Und wieder befielen Amy diese schrecklichen Schuldgefühle.

Schließlich stand sie auf, schlüpfte in ihre Jeans und zog die Vorhänge auf. Von ihrem Fenster aus konnte sie das vordere Stallgebäude und die daneben liegenden Weiden überblicken. Sie sah die Pferde, die im Morgengrauen friedlich grasten oder dösten. Amy stieg über einen Berg aus Kleidungsstücken, die wild auf dem Boden verstreut lagen, weiter über einen Stapel Zeitschriften, schlug ihre Tür hinter sich zu und lief die Treppe hinunter. Am besten, sie würde gleich mit der Arbeit auf der Farm beginnen. Sie wollte nicht mehr an ihre Mutter denken – und genauso wenig wollte sie sich den Kopf darüber zerbrechen, was der neue Tag wohl mit sich bringen würde!

Über die Arbeit war es schließlich Nachmittag geworden. Amy streute eine Box im vorderen Stallgebäude mit frischem Stroh ein. Staub wirbelte auf und die Flocken tanzten im Sonnenlicht, das durch die geöffnete obere Türhälfte fiel. Sie musste an Spartan denken. Morgen würde das Pferd aus jener Unglücksnacht genau hier stehen, wo sie sich gerade befand. Einen Moment lang fühlte Amy sich schrecklich. Das Leben war so ungerecht!

„Bist du fertig?“ Ty, der siebzehnjährige Stallbursche, blickte durch die Tür. Er schien ihre Gedanken lesen zu können, denn er hob besorgt die Augenbrauen. „Amy? Ist alles in Ordnung? Geht es dir gut?“, fragte er und kam in die Box.

Amy nickte. Sie hatte keine Lust, über ihre Ängste zu sprechen.

„He!“, sagte Ty leise. Er sah sie an. „Denkst du gerade an Spartan?“

Sie nickte. „Das wird schon wieder!“, sagte er und klopfte ihr freundschaftlich auf die Schulter. „Warte einfach ab!“

Sie hörten, wie am anderen Ende des Hofes die Haustür geöffnet wurde. „Amy! Ty!“, rief Jack Bartlett ihnen zu. „Wir müssen gleich los!“

Amy lief zur Tür. „Ich komme!“

„Ich muss mich noch umziehen“, sagte Ty. „Ich bin in einer Minute bei euch!“ Er verließ den Stall und ging über den Hof.

Amy schloss die Boxentür. Schon morgen würde der Braune hier stehen. Er würde seinen Kopf herausstrecken und darauf warten, dass man ihn fütterte, putzte und sich um ihn kümmerte – genau wie all die anderen Pferde hier auf Heartland. Ein Schauer lief Amy über den Rücken. Wieso machte sie sich eigentlich etwas vor? Sie würde es nie schaffen, sich im Umgang mit Spartan so zu verhalten wie mit all den anderen Pferden auch.

Sie ging auf das weiß gekalkte Wohnhaus zu und öffnete die Hintertür. Der Großvater und Lou saßen am Küchentisch und unterhielten sich leise. Beide waren dunkel gekleidet. Auf dem Tisch lag ein großer Strauß weißer Lilien, zusammengehalten von einer schwarzen Schleife. Der süße, schwere Duft der Blüten erfüllte den Raum.

„Wir müssen gleich los", sagte Jack Bartlett. „Es ist ausgemacht, dass wir uns um halb sechs mit Scott und Matt treffen."

Amy nickte. „Ich beeile mich", sagte sie und lief zur Treppe.

In ihrem Zimmer angekommen, griff Amy nach der Bürste, fuhr sich schnell durch ihr kastanienbraunes Haar und steckte es hoch. Sie warf ihre Jeans und ihr T-Shirt auf den Haufen von Kleidungsstücken, der schon auf dem Boden lag, und zog ein schwarzes, ärmelloses Kleid an. Dann betrachtete sie sich in dem Spiegel über ihrem Schminktisch. Sie war blass, und ihre grauen Augen wirkten groß und müde.

Ihr Blick fiel auf das gerahmte Foto von ihrer Mutter, das neben dem Spiegel stand. Sie nahm es in die Hand. Es war eines ihrer Lieblingsbilder: Marion lehnte lachend am Koppelzaun und streichelte Pegasus. Das Foto war ein paar Wochen vor dem Unfall aufgenommen worden. Amy fühlte einen Stich in ihrer Brust.

„Amy!", hörte sie Lou von unten rufen.

Sie stellte das Foto wieder hin, griff nach einem Blatt Papier, das auf ihrem Schreibtisch lag, faltete es zusammen und steckte es in die Tasche.

Lou wartete am unteren Treppenabsatz. Ihre sonst so beherrschte Miene zeigte einen Anflug von Anspannung. „Fertig?", fragte sie, und Amy wunderte sich wieder einmal über den Tonfall, in dem Lou sprach, kurz und abgehackt – das Ergebnis ihres jahrelangen Aufenthaltes in einem englischen Internat.

Amy umklammerte das Blatt Papier in ihrer Tasche. „Ja. Ich bin so weit."

Sie liefen in die Küche.

Ty wartete schon auf sie. Er hatte seine langen, dunklen Haare nach hinten gekämmt und trug ein sauberes, weißes Hemd und schwarze Hosen. Besorgt blickte er zu Amy. Sie schaffte es, ihm zuzulächeln.

Jack Bartlett öffnete. „Dann gehen wir jetzt."

Schweigend fuhren sie zum Friedhof. Scott Trewin, der einzige Tierarzt am Ort, und sein jüngerer Bruder Matt warteten schon auf dem Parkplatz, als sie ankamen.

„Hallo!", sagte Matt leise, als Amy aus dem Auto stieg.

Matt und Amy besuchten die gleiche Klasse der High School und waren Freunde seit langem. Matt hatte in letzter Zeit ein paar Mal angedeutet, dass er mit Amy gern noch enger befreundet wäre, doch das war nicht der Grund für sein heutiges Erscheinen. Er war aus echter Besorgnis um Amy gekommen. Matt lächelte freundlich. „Wie geht es dir?"

Amy nickte ihm verhalten zu. „Es geht so."

Sie liefen über das weite Friedhofsgelände. Amy dachte an die Zeremonie, die vor ihr lag. Am Morgen war der Grabstein gesetzt worden und Amy wollte heute von ihrer Mutter Abschied nehmen. Die Beerdigung lag weit zurück, sie hatte wenige Tage nach dem Unfall stattgefunden – vor sechs Wochen. Zu der Zeit lag Amy noch bewusstlos im Krankenhaus.

Die kleine Gruppe erreichte einen schattigen Platz auf dem Friedhofsgelände, wo der Grabstein am Morgen aufgestellt worden war. Rechts neben ihm befand sich ein älterer, schon verwitterter Stein mit einer altertümlichen Inschrift. Amy sah, wie der Blick ihres Großvaters daran hängen blieb. Langsam lief er darauf zu, berührte den Stein vorsichtig und schloss seine Augen.

Jack Bartletts Frau, ihre Großmutter, war gestorben, noch bevor sie und Lou zur Welt gekommen waren.

Der Großvater wandte sich um. Er räusperte sich. „Also, vielen Dank, dass ihr alle gekommen seid. Wie ihr wisst, wollen wir heute noch einmal von Marion Abschied nehmen." Er blickte in die Runde. „Mutter, Tochter, Freundin – jeder unter uns ist von seinen eigenen Erinnerungen an sie bewegt. Sie hat mit uns gelacht, sie hat mit uns geweint, sie hat uns zugehört, war für uns da und hat uns geliebt. Mit großer Begeisterung und Leidenschaft war sie auch für alle Tiere da, die auf Heartland leben oder die zu ihr gebracht wurden. Ihr Herz war groß, ihre Liebe kannte keine Grenzen, und ich bin stolz, dass sie meine Tochter war!"

Während der Großvater sprach, starrte Amy auf das Grab vor sich. Sie betrachtete den hellgrauen Stein und die Blumen, die sich auf der Grabstelle türmten. Großvaters Worte schienen nicht bis zu ihr durchzudringen. Immer und immer wieder las sie die Inschrift auf dem Stein: den Namen ihrer Mutter, ihr Geburtsjahr und das Sterbedatum. Der Großvater, Lou und sie hatten sich die Inschrift darunter gemeinsam überlegt. Auf dem Grabstein stand:

IHR GEIST WIRD AUF HEARTLAND WEITERLEBEN.

„Amy!“ Der Großvater unterbrach ihre Gedanken. „Möchtest du jetzt das Lied vorlesen, das du für deine Mom ausgesucht hast?“

Amy trat vor, kniete nieder und legte die Lilien auf das Grab. Dann erhob sie sich und stellte sich neben Lou, die ihr die Hand drückte. Lou liefen Tränen über die Wangen. Amy nahm das Blatt Papier aus ihrer Tasche und faltete es auseinander.

„Mom hat dieses Lied sehr gern gemocht!“, sagte sie leise. „Es heißt: ‚Hätte Gott einen Namen‘ und ist von Joan Osborne.“ Amy blickte auf das zerknitterte Papier und fing an zu lesen:

Hätte Gott einen Namen,
wie lautete er,
und sprächest du ihn aus,
wenn du ihm gegenüberstündest
in seiner ganzen Herrlichkeit?
Was würdest du ihn fragen,
wäre eine Frage nur gewährt?

Amy las die Zeilen vor. Sie bemerkte, dass Lou mit sich kämpfte, und sie sah, wie ihr Großvater sich mit dem Handrücken die Tränen aus den Augen wischte. Amy wartete darauf, dass auch ihr die Tränen kamen, aber nichts geschah. Benommen, doch mit klarer Stimme, las sie weiter:

Hätte Gott ein Gesicht,
wie sähe es aus,
und wolltest du es erkennen,

wenn erkennen hieße:
zu bekennen – glaubst du an
den Himmel, an Jesus, die Heiligen
und an die Propheten?

Was, wenn Gott wär so wie wir,
so gewöhnlich nur wie wir,
ein Passagier in einem Bus,
auf dem Weg nach Haus,
direkt in den Himmel
und ganz allein.

Lou schluchzte auf. Verzweiflung überfiel Amy. Warum konnte sie nicht weinen? Als sie die Worte zu Ende gelesen hatte, trat sie einen Schritt vor. „Auf Wiedersehen, Mom", flüsterte sie und berührte den Grabstein, „Heartland wird weiter bestehen. Ich verspreche es dir."

Der Großvater kam zu ihr und legte ihr seinen Arm um die Schultern. Sie drehte sich um, dann gab er ihr einen Kuss auf die Stirn. Niemand sprach, stilles Schweigen breitete sich aus.

Auf dem Weg zurück zum Parkplatz hing jeder seinen Gedanken nach. Ty erkundigte sich bei Amy: „Wie geht es dir?" Sicher wunderte er sich, dass sie nicht weinte. Normalerweise reagierte sie ziemlich impulsiv und konnte ihre Gefühlsregungen nur schwer bezähmen – und so hatte sie sich auch nicht vorgenommen, ihre Tränen zurückzuhalten. Sie wollte weinen, wirklich – doch irgendetwas hinderte sie daran. Sie lächelte ihn dankbar an. „Danke, dass du mitgekommen bist."

„Ich hätte nicht darauf verzichten wollen." Ty schüttelte den Kopf. Auch in seinen dunklen Augen lag Trauer. „Deine Mom hat mir immer wieder bestätigt, dass ich gut mit Pferden umgehen kann. Ich habe die High School verlassen, weil ich wusste, dass ich von ihr so viel lernen kann – Dinge, die man in keiner Schule lernt." Seine Stimme klang beinahe tonlos – auch er fühlte die Lücke, die Marion hinterlassen hatte. „Ich kann es nicht glauben, dass sie nicht mehr da ist."

Amy berührte seinen Arm. Sanft hielt er ihre Hand fest.

„Amy!" Sie drehte sich um. Scott kam auf sie zu. „Das Lied war sehr schön", sagte er und betrachtete sie. „Ich kann mir vorstellen, warum es deiner Mutter so viel bedeutet hat."

„Ja", sagte Amy. Scott blickte ihr direkt ins Gesicht. Impulsiv wechselte sie das Thema – Scott sollte nicht merken, dass sie nicht geweint hatte. „Wie … wie geht es Spartan?" Ihr Magen krampfte sich zusammen, als sie den Namen aussprach. *Spartan.* Scott hatte ihn so getauft.

„Er ist sehr unruhig", erwiderte Scott. „Körperlich ist er wieder fit, aber er ist noch immer traumatisiert. Außerdem hat er Angst vor Menschen. Der Unfall hat ihn ziemlich mitgenommen." Der Unfall …! Amy zuckte zusammen. Doch Scott blickte sie aufmunternd an. „Du schaffst das schon, Amy", sagte er. „Wenn es überhaupt jemand schafft, dann du!"

Gegen fünfzehn Uhr am nächsten Tag wartete Amy darauf, dass Spartan von Scott gebracht wurde. Lou und der Großvater waren einkaufen gefahren und Ty hatte seinen freien Nachmittag. Matt war gekommen, um ihr Gesellschaft zu leisten.

Er kickte einen Stein über den Hof. „Scott wird bestimmt gleich hier sein“, sagte er und warf einen Blick auf die Uhr. „Er meinte, dass er so kurz vor drei bei euch auftauchen wird.“

„Ja“, antwortete Amy einsilbig. Ihr Herz klopfte heftig bei dem Gedanken, Spartan wieder zu begegnen. Dem Pferd, dessen Rettung zu jenem Unfall geführt hatte, bei dem ihre Mutter umgekommen war. Zwiespältige Gefühle beherrschten sie – und sie war froh, dass Matt jetzt hier neben ihr stand. Allein seine Gegenwart reichte aus, dass sie sich sicherer fühlte.

„Hast du in letzter Zeit mal was von Soraya gehört?“, wollte Matt wissen.

„Ich habe letzte Woche einen Brief von ihr gekriegt“, erzählte Amy. Soraya Martin war Amys beste Freundin. Sie verbrachte einen Teil der Sommerferien in einem Reiter-Camp und Amy vermisste sie sehr. Die Mädchen waren es gewohnt, sich regelmäßig zu treffen und alles miteinander zu bereden, was sie bewegte. Soraya fehlte ihr sehr. „Es scheint ihr zu gefallen!“

„Wann kommt sie wieder?“

„In drei Wochen“, antwortete Amy. „Ich kann es kaum erwarten.“ Sie warf einen Blick auf ihre Uhr. Wo blieb Scott denn nur? Er hätte schon längst da sein müssen.

Sie ging hinüber zu dem großen, grauen Pferd, das am Ende des Stalls stand und streichelte ihm über die Nase. Sie lächelte schwach. Ganz egal, wie es ihr gerade ging – Pegasus schien sie immer zu verstehen. Er hatte ihrem Vater gehört – Tim Fleming. Ein Mann, der einmal einer der besten Springreiter der Welt gewesen war. Aber bei einem Reitunfall vor zwölf Jahren in London war er schwer verletzt worden und konnte seither nicht mehr reiten. Auch Pegasus hatte bei dem Unfall Schaden genommen und eine Weile unter psychischen Störungen gelitten.

Amy küsste Pegasus sanft auf die Nüstern. Ihre Mutter hatte Pegasus geheilt – und sie, Amy, hatte dabei eine ganze Menge über alternative Heilmethoden gelernt. Pegasus' erfolgreiche Behandlung hatte damals den Ausschlag gegeben, die Heartland Farm als eine Art Pferdeklinik ins Leben zu rufen, nachdem Marions Ehe mit Tim Fleming in die Brüche gegangen war.

Matt kam zu Amy gelaufen. „Es ist schon zwanzig nach drei!", sagte er besorgt und blickte wieder auf seine Uhr. „Hoffentlich ist nichts passiert!"

Amy ließ Pegasus los. In der Ferne konnte sie leise Motorgeräusche wahrnehmen. „Das ist ganz bestimmt Scott!", sagte sie – und richtig, ein paar Augenblicke später kam Scott in seinem alten, ramponierten Pick-up tatsächlich auf den Hof gefahren. Der Anhänger schwankte bedrohlich hin und her. Als der Transporter herankam, war das laute Geräusch von Hufen zu vernehmen, die wild gegen die Wände trommelten. Matt und Amy tauschten nervöse Blicke aus.

Der Wagen hielt neben ihnen. Scott stellte den Motor ab und sprang aus dem Auto. „War das eine Fahrt!", sagte er und schüttelte den Kopf. Er sah ziemlich fertig aus. „Irgendwann dachte ich, er hätte den Hänger zerdroschen. Er hat die ganze Zeit über gegen die Wände gefeuert!"

Einen Moment lang war alles ruhig, dann tönte ein schrilles, wütendes Wiehern über den Hof. Amy schrak zusammen, als unmittelbar neben ihr die Hufe an die Metallwand krachten.

„Wow!", sagte Matt. „Der klingt ja völlig durchgedreht!"

„Er muss sich beruhigen!“ Scott blickte zu Amy. „Wir holen ihn jetzt besser raus. Ich gehe zu ihm und halte ihn fest, während ihr die Rampe herunterlasst.“ Er öffnete die Seitentür und schlüpfte vorsichtig zu Spartan hinein. Es folgte eine neue Serie von Hufschlägen, die den Hänger erbeben ließen.

Amys Herz klopfte heftig, als sie die Rampe entriegelte. Gleich würde sie Spartan wiedersehen. Sie erinnerte sich an ihn, wie er in jener Nacht, als ihre Mutter und sie ihn retteten, auf sie gewirkt hatte: bildschön und vertrauensvoll, erstaunlich gutmütig, wenn man bedachte, dass er ein Hengst war und tagelang eingesperrt in einem dunklen Stall. Jetzt war er kein Hengst mehr, sondern ein Wallach. Scott hatte Spartan kastriert, nachdem er sich erholt hatte und feststand, dass er nach Heartland kommen würde, um schließlich an einen neuen Besitzer vermittelt zu werden.

„Los jetzt!“, rief Scott.

Amy und Matt ließen die Rampe herunter und sprangen beiseite, als Spartan mit einem lauten, schrillen Wiehern nach draußen stürmte. „Ruhig! Beruhige dich!“, rief Scott ihm zu.

Mit einem gewaltigen Satz sprang das Pferd die Rampe hinunter. Dann blieb es wie angewurzelt stehen und sah sich um – sein Fell war schweißnass und seine Augen funkelten wütend.

Amy stand wie versteinert. Spartan war kaum wieder zu erkennen. Das Vertrauen, das sie vormals in seinen Augen hatte lesen können, war Angst und Wut gewichen. Hässliche Narben liefen über seinen Rücken und die Hinterhand. Ein Gefühl der Schuld durchfuhr Amy, als sie ihn betrachtete. Sie spürte einen verzweifelten Drang, sich umzudrehen und einfach davonzulaufen – weg, ganz weit weg.

Plötzlich nahm Spartan Amys Witterung auf. Er fuhr herum und sprang mit angelegten Ohren und aufgerissenem Maul frontal auf sie zu. Amy taumelte zurück.

Scott riss Spartan am Halfter und versuchte, das Pferd unter Kontrolle zu halten. „Alles in Ordnung?“, fragte er Amy besorgt.

„Ja, alles in Ordnung!“, gab sie atemlos zurück.

„Bringen wir ihn lieber in den Stall!“, meinte Scott.

„Ich mach die Tür auf!“, sagte Matt, drückte sich vorsichtig an Spartan vorbei und eilte über den Hof.

Scott führte Spartan neben sich her. Das Tier lief unruhig und schüttelte widerwillig den Kopf. Es wollte den Blick nicht von Amy abwenden und versuchte auszubrechen, aber Scotts Stimme und seine Hand auf dem Halfter drängten es vorwärts.

Scott führte Spartan in die Box und verriegelte die Tür. „Tut mir Leid“, sagte er zu Amy. „Ich weiß nicht, was in ihn gefahren ist. Er war zwar schon die ganze Zeit nicht einfach, aber so hat er noch nie jemanden angegriffen!“

„Bestimmt hat ihn die Fahrt im Hänger an den Unfall erinnert!“, überlegte Amy. Sie lief zur Stalltür und blickte hinein. Als Spartan sie bemerkte, versteifte er sich – dann, ohne jegliche Vorwarnung, sprang er mit einem Satz auf die Tür zu und schnappte nach ihr. Er verfehlte ihren Arm nur um Zentimeter.

„Zurück!“, schrie Scott und das Pferd flüchtete sich an die Rückwand.

„Warum hat er das getan?“, fragte Matt.

Amy warf Scott einen hastigen Blick zu. „Er hasst mich, nicht wahr? Er weiß, dass ich schuld an dem Unfall bin!“

„Nein – Hass ist es nicht“, sagte Scott schnell. „Pferde können nicht hassen. Das weißt du genauso gut wie ich. Aber er bringt dich mit dem Unfall in Zusammenhang. Wahrscheinlich attackiert er dich, weil er Angst hat – Angst davor, dass er wieder etwas Ähnliches durchmachen muss, wenn er dich in seine Nähe lässt!"

„Was könnte Amy denn dagegen tun?", fragte Matt, und seine Stimme klang sehr besorgt.

„Sie muss sein Vertrauen wiedergewinnen", antwortete Scott. Er blickte Amy in die Augen. „Das ist ein langsamer, mühevoller Prozess – aber du weißt, wie es funktioniert!"

Ja! dachte Amy. Doch am liebsten hätte sie laut herausgebrüllt: *Aber nicht ohne Mom, und nicht bei diesem Pferd, das sich vor mir fürchtet!*

Scott schien ihre Zweifel zu bemerken. „Du schaffst das, Amy, ganz bestimmt – und vielleicht bist du sogar die Einzige, die es überhaupt schaffen kann. Wenn es dir gelingt, dass Spartan *dir* wieder vertraut, dann wird er *allen* wieder vertrauen."

Amy schluckte. Von nun an würde sie Spartan jeden Tag sehen, ihm in seine wütenden Augen blicken, mit seiner Ablehnung zurechtkommen müssen. Sie wusste nicht, ob sie das schaffen würde.

Scott musterte Amy. „Pass auf. Wenn du es wirklich nicht mit ihm versuchen willst, dann ist das auch in Ordnung", sagte er. „Ich kann ihn anderswo unterbringen."

Obwohl Scott versuchte, es ihr einfach zu machen – Amy wusste, dass es ein ziemlich schwieriges Unterfangen sein würde, jemanden zu finden, der Spartan helfen konnte. Sie schluckte. „Nein, ich mach das schon!", antwortete sie leise.

Scott lächelte. „Klasse!“, sagte er und schlug ihr auf die Schulter. „Ich weiß, dass du es schaffen wirst!“

Amy blickte zu Spartan und wünschte sich sehnlichst, an Scotts Worte glauben zu können.

2

Die drei ließen Spartan allein, damit er sich beruhigte. Scott wollte noch einen Blick auf Sugar werfen.

„Gern“, sagte Amy, „ich komme mit.“ Sugar war ein kleines Shetlandpony, das sie gesund gepflegt hatte.

Sie gingen über den Hof und an den Koppeln vorüber, die unmittelbar an die Farm grenzten. Amy hielt kurz an, um Sundance zu streicheln, ein hübsches Buckskin, das ihr seine Nase über den Zaun entgegenstreckte. „Na du!“, sagte sie. Sundance schnaubte vergnügt und rieb den Kopf vertrauensvoll an ihrer Schulter.

„Er sieht gut aus!“, sagte Scott.

„Ja!“ Amy nickte. Sie fütterte Sundance mit ein paar Pferde-Snacks. Sundance war zu unberechenbar und temperamentvoll, als dass so ohne weiteres ein neuer Besitzer für ihn zu finden war. Daher zählte er seit langem zu den festen Bewohnern von Heartland Farm. Obwohl er sich bei jedem anderen schlecht benahm, liebte er Amy über alles. Wenn sich die Gelegenheit bot, ritt sie sogar kleine Springturniere mit ihm.

„Wie geht es dem anderen Pony, Sugar?“, fragte Matt, während sie auf das hintere Stallgebäude zusteuerten.

„Viel besser!“, sagte Amy. „Er frisst schon wieder ganz ordentlich!“

Nachdem Mrs Bell, seine frühere Besitzerin, gestorben war,

hatte Sugar zwei Wochen lang ohne Futter in seinem Stall gestanden. Als Mrs Bells Tod endlich bemerkt wurde, war das Pony dem Verhungern nahe. Die Polizei bat Heartland Farm um Hilfe, und Scott und Amy hatten ihn hierher gebracht. Doch anfangs war Sugar aus Trauer um Mrs Bell so verstört, dass er nicht fressen wollte. Schließlich war eine Lungenentzündung dazugekommen. Es stand so schlimm um ihn, dass sie schon befürchtet hatten ihn einschläfern zu müssen. Doch dann, vor einer Woche, war es ihnen endlich gelungen, Sugar aus seiner Trauer zu reißen: Das Pony hatte seinen Lebenswillen wieder gefunden und begann, sich zu erholen.

Sugar stand an der Futterkrippe. Als er Amy sah, wieherte er leise zur Begrüßung und lief auf sie zu.

„Er sieht prächtig aus!“, sagte Scott und streichelte dem Pony über die dicke, flachsfarbene Mähne. „Was hast du ihm denn gegeben?“

Amy berichtete detailliert, mit welchen Heilkräutern und Aromaölen sie Sugar behandelte. „Ich habe ihn mit Neroli-Öl massiert und ihm Knoblauch, Bockshornklee und Nesseln unter das Futter gemischt“, sagte sie. „Es hat offensichtlich gewirkt.“

„Er scheint fast schon wieder der Alte zu sein!“, pflichtete Scott ihr bei und prüfte Sugars Puls und seine Atmung. „Er erholt sich schnell.“

„Lou kümmert sich um ihn!“, erzählte Amy.

„Lou?“ Scott sah sie erstaunt an.

Amy nickte. Es war auch für sie eine Überraschung. Seit dem weit zurückliegenden Unfall des Vaters und der anschließenden Trennung der Eltern hatte Lou sich nicht mehr für Pferde interessiert. Selbst als sie nach Marions Tod auf die Heartland Farm gekommen war, vermied sie jeden Kontakt mit den Pferden. Doch dann hatte das kleine Shetlandpony es ihr angetan. Lou kümmerte sich liebevoll um Sugar, und das Pony überlebte.

„Sie verbringt jede freie Minute hier bei ihm", sagte Amy.

„Wie lange will Lou eigentlich noch auf Heartland bleiben?", fragte Scott.

„Sie hat ihrem Arbeitgeber mitgeteilt, dass sie frühestens im Herbst in die Firma zurückkehrt", sagte Amy. Dankbar tätschelte sie Sugar. „Und hätten wir ihn nicht, dann säße Lou wahrscheinlich schon längst wieder an ihrem vollbepackten Schreibtisch in Manhattan!"

„Und was macht ihr, wenn sie euch verlässt?", wollte Scott wissen.

Amy zuckte mit den Schultern. Sie wollte gar nicht darüber nachdenken. Wenn sie wieder zur Schule ginge, musste irgendein Weg gefunden werden, um einen zweiten Stallburschen zu finanzieren. Entweder das – oder aber sie mussten ein paar von den Pferden weggeben. „Vielleicht ändert sie ihre Meinung ja noch", sagte Amy hoffnungsvoll.

„Glaubst du?" Scott war überrascht. „Ich denke, sie lebt gern in New York, viel lieber als hier auf dem Land!"

„Tut sie auch." Amy musste zugeben, dass Scott eigentlich Recht hatte. Lou ging völlig in ihrem Bank-Job auf – und nicht nur dort. New York, das war alles für Lou: ihr Beruf, ihre Wohnung und Carl, ihr Freund. „Aber es scheint ihr inzwischen auch hier ganz gut zu gefallen. Also … ich weiß es wirklich nicht … *vielleicht* bleibt sie ja doch."

In diesem Moment hörten sie die Geräusche eines Autos, das in den Hof fuhr. „Das sind ganz bestimmt Grandpa und Lou", sagte Amy.

Sie traten aus dem Stall. Jack Bartletts Kombi parkte vor dem Haus, und er und Lou stiegen aus.

„Hallo", rief Amy.

„Hallo", antwortete der Großvater. „Spartan ist angekommen, nicht wahr?"

„Ja. Er ist in der Box dort hinten", sagte Amy.

Neugierig liefen der Großvater und Lou zum Stall hinüber, um das Tier zu sehen. Amy warf noch einen Blick auf Matt, der zum Haus hinübergegangen war und, in der Hintertür stehend, eine Limonade trank, dann eilte sie ihnen hinterher. „Geht nicht zu nah heran!", warnte sie.

Der Großvater stoppte. „Warum?" Mit besorgtem Blick musterte er Amy. „Er ist doch nicht etwa gefährlich, oder?"

„Nein, nein! Natürlich nicht!", sagte Amy schnell. „Er ist von der Fahrt hierher nur noch etwas aufgewühlt!"

„Ein schönes Pferd", stellte der Großvater fest, als er Spartan betrachtete. „Auf den ersten Blick würde ich sagen, ein Morgan-Horse."

Scott wandte sich an Amy. „Ich muss jetzt gehen. Ruf mich an, wenn du Rat brauchst – ansonsten schaue ich einfach in ein paar Tagen wieder vorbei." Er lächelte ihr zu. „Und – viel Glück!" Dann sah er zu Matt hinüber: „Möchtest du mitfahren?"

„Ja. Gerne." Matt nickte und stellte sein Glas ab.

Die beiden verabschiedeten sich, dann gingen sie zu Scotts Auto. Der Motor hustete und spuckte, und als er endlich ansprang, kam eine dicke Rußwolke aus dem Auspuff. Endlich rumpelten Pick-up und Anhänger vom Hof.

An diesem Abend saß Amy noch lange auf ihrem Bett und las. Sie befürchtete, der Albtraum von voriger Nacht würde sie erneut heimsuchen und versuchte wach zu bleiben. Sie zwang sich dazu, ihre Augen offen zu halten, und las und las, aber als es Nacht wurde und die Dunkelheit hereinbrach, verschwammen ihr allmählich die Buchstaben vor den Augen. Und schließlich schlief sie ein.

Sie war im Dunkeln. Aber wo? Vier enge hölzerne Wände drückten gegen sie. Das musste ein Stall sein. Regen trommelte auf das Blechdach über ihr, und der Wind heulte. Amy wusste nicht, warum sie in diese Finsternis eingesperrt war, und sie sehnte sich danach, hinauszukommen, dem Druck, den sie spürte, zu entkommen. Nervös lief sie auf die Tür zu. Plötzlich donnerte es laut, dann wieder Totenstille, dann ein unheimliches Knarren; vorsichtig wurde die Tür geöffnet.

„Mom!“ Amy keuchte, als sie ihre Mutter sah. Das Haar klebte an ihrem Kopf, und in der Hand hielt sie ein Halfter.

„Ruhig!“, beschwichtigte Marion. Sie drehte sich um – eine schlanke Gestalt stand plötzlich hinter ihr. „Geh jetzt einen Schritt zurück!“, sagte sie, griff mit einer Hand in ihre Tasche und zog ein kleines Döschen heraus.

Der nächste Blitz tauchte die Silhouetten erneut in grelles Licht, und Amy konnte erkennen, dass sie selbst es war, die hinter ihrer Mutter stand. Schlagartig wurde ihr bewusst, was da gerade geschah – sie sah die Ereignisse jener Unfallnacht mit Spartans Augen und durchlitt seine Ängste!

Ihre Mutter lief auf sie – Spartan – zu und bot ihr die Hand. Wieder krachte Donner, einen Moment lang war alles finster und schwarz. Dann änderte sich die Szenerie. Amy hörte ein metallisches Geräusch, als eine Tür hastig hinter ihr geschlossen wurde – es klang wie das Schlagen eines Gefängnistors. Sie war eingeschlossen! Dann ertönten Motorengeräusche und sie spürte heftiges Schaukeln und Schütteln. Die Fahrt ging los.

Panik überfiel Amy. Sie wusste, was als Nächstes geschehen würde. „Lasst mich raus!“, schrie sie. Sie schlug wild um sich, und der Anhänger wankte bedrohlich hin und her. Aber es gab kein Entkommen. Sie saß in der Falle. Der Regen prasselte weiter unaufhörlich auf das Dach. Zweige knackten, und dann konnte sie es deutlich hören: das laute Krachen eines zerberstenden Baumstamms, der vom Blitz getroffen zu Boden fiel. Bremsen quietschten, ein lauter Knall folgte – und dann war nichts mehr!

Amy schlug die Augen auf und knipste das Licht an. Die Stille in ihrem Zimmer kam ihr unheimlich vor. Sie atmete ein paar Mal tief durch, dann wurde sie langsam ruhiger. Sie griff wieder zu dem Buch, das auf ihrem Nachttisch lag, und öffnete es mit zittrigen Fingern. Draußen war es noch immer dunkel, aber sie wollte auf keinen Fall wieder einschlafen.

Die Zeit schien stillzustehen. Es kam ihr wie eine Ewigkeit vor, bis es draußen dämmerte und es Zeit war, aufzustehen. In der Küche traf Amy auf Lou. Sie nahmen sich beide eine Tasse Kaffee und einen Bissen trockenes Brot, dann liefen sie nach draußen, um die Pferde zu füttern. Der Himmel war strahlend blau und wolkenlos und die frische Morgenluft kühl und klar.

„Was für ein herrlicher Tag!“, sagte Lou als sie zum Stall hinübergingen. „An einem Morgen wie diesem kommt mir Manhattan richtig unwirklich vor. Ich kann mir nicht vorstellen, aufzustehen und zur Arbeit in ein Büro zu gehen!“

Plötzlich aber wurde die Stille abrupt unterbrochen. Spartan streckte seinen Kopf durch die Tür und stieß ein schrilles Wiehern aus, als er Amy erkannte. Er bäumte sich auf.

Lou fragte erschrocken. „Was ist denn los mit ihm?“

„Das Problem bin ich!“, gab Amy zu. „Er hat Angst vor mir – er bringt mich mit dem Unfall in Verbindung!“ Sie fuhr sich mit der Hand über den Kopf. „Ich glaube, es ist am besten, wenn du ihn fütterst. Oder wir warten, bis Ty da ist.“

„Ich mach das schon“, sagte Lou. „Wir müssen nicht erst auf Ty warten.“

Sie waren an der Futterkammer angelangt. „Carl hat gestern Abend angerufen“, freute sich Lou. „Ich bin gespannt, wie es ihm hier gefällt.“ Sie lächelte, während sie den Deckel von der Flasche mit der Vitaminflüssigkeit schraubte. Amy schöpfte inzwischen Hafer in die Futtereimer. „In ein paar Tagen wird er hier sein!“ Amy hatte Lous Freund nur ein einziges Mal getroffen, bei einem Besuch in Manhattan. Er hatte mit keinem Wort nach Heartland gefragt, und Amy wusste nicht, was sie von ihm halten sollte.

„Ich kann ihn mir hier überhaupt nicht vorstellen“, grübelte Lou. „Ich war mit ihm noch nie auf dem Land.“ Sie fing an, die Futtereimer aufzureihen. „Na ja, aber vielleicht hat er ja ein paar Ideen, wie man aus Heartland ein lukratives Unternehmen machen könnte.“

„Ein lukratives Unternehmen?" Amy zog die Stirn kraus.

„Ja", antwortete Lou. „Irgendwie müssen wir es schaffen, mehr Geld aufzutreiben – selbst du wirst mir da Recht geben! Ohne Mom ist es sehr schwierig, die Leute davon zu überzeugen, uns ihre Pferde in Behandlung zu geben. Ich weiß zwar, dass Nick Halliwell versprochen hat, uns neue Kunden zu verschaffen ..."

„Das hat er auch getan!", warf Amy ein.

Nick Halliwell war ein berühmter Springreiter, der erst kürzlich eines seiner besten Pferde nach Heartland gebracht hatte. Amy hatte sich um Star gekümmert und ihm seine Angst vor dem Pferdehänger genommen. Star war das erste Problempferd gewesen, das Amy ohne die Hilfe ihrer Mutter korrigieren konnte. Innerhalb von nur zwei Tagen hatte sie es geschafft, dass das Pferd angstfrei in den Transporter lief. Nick Halliwell war beeindruckt gewesen und hatte versprochen, Heartland in seinem Bekanntenkreis weiterzuempfehlen. Inzwischen waren auch schon zwei neue Pferde – Raisin und Topper – eingetroffen, um hier korrigiert zu werden.

„Aber wir dürfen uns nicht allein auf ihn verlassen", stellte Lou weiter klar. „Wir müssen versuchen, uns auf irgendeine Weise ein eigenes Profil zu verschaffen. Ich hab da ein paar Ideen, die ich heute Nachmittag noch ausarbeiten möchte. Ich weiß, dass Mom sich wirklich bemühte, aber schon sie hat die Farm nicht sehr wirtschaftlich geführt. Wir müssen profitabler werden!" Sie griff nach den Eimern, die in den vorderen Stall gebracht werden mussten. „Das würde zwar einige kleinere Veränderungen mit sich bringen, aber ich denke, wir schaffen das schon."

Amy nahm die restlichen Eimer und lief zum hinteren Stallgebäude. *Einige kleinere Veränderungen.* Sie biss sich auf die Lippen. Sie wollte keine Veränderungen. Sie wollte, dass alles so blieb, wie es war, bevor ihre Mom gestorben war.

Um halb acht kam Ty. Amy und er widmeten sich ihrer allmorgendlichen Routine – sie brachten die Pferde auf die Koppeln, misteten aus und füllten die Wassereimer. Während sie so vor sich hin arbeitete, bemerkte Amy, dass Spartan sie beobachtete. Sie wollte nicht ständig in seine Richtung sehen, aber ihr Blick wanderte ganz automatisch zu seiner Box. Immer wieder sah sie ihm in die Augen. Der Hass, der darin stand, war nicht zu verkennen. Sobald sie auch nur in seine Nähe kam, legte er seine Ohren an und schnappte in die Luft.

Sie sah Ty, der gerade Pegasus' Box verließ, und ging auf ihn zu. „Was hältst du eigentlich von Spartan?", fragte sie und versuchte, so beiläufig wie möglich zu klingen. Dabei streichelte sie Pegasus' Nüstern.

Ty verriegelte die Tür. „Willst du das wirklich wissen?"

Amy nickte.

„Mir gefällt sein Blick nicht", sagte Ty ernst. „Pass auf dich auf, Amy!"

Amy war überrascht, dass sie Spartan jetzt verteidigte. „Er ist nicht wirklich böse", sagte sie schnell. „Du hättest ihn sehen sollen, bevor er in den Unfall verwickelt war – als Mom und ich ihn geholt haben. Er war richtig sanft."

„Nun – das ist er jetzt nicht mehr!" Ty schüttelte den Kopf. „Er hat einen bösen Blick. Ich frage mich, ob er nicht zu viel durchgemacht hat, um überhaupt je geheilt werden zu können."

„Er wird sich wieder beruhigen“, sagte Amy fast automatisch. „Sein Zustand wird sich bessern.“ Aber sie klang nicht sehr sicher und wünschte sich verzweifelt, selbst daran glauben zu können. Was würde es für sie, Amy, bedeuten, wenn Spartan sich nicht fing? – Sie würde es nicht ertragen, wenn er getötet werden musste. Schließlich war es nicht seine Schuld, dass er keinem mehr vertraute. Sie *musste* es schaffen.

3

Amy war viel zu beschäftigt, um in den nächsten Stunden weiter über Spartan nachzudenken. Sie führte Raisin, das jüngere der beiden Springpferde, die bei ihnen in Behandlung waren, am Halfter aus dem Stall und befestigte die Longe.

Raisin war eine hübsche junge Fuchsstute, die in Panik ausbrach und loszurennen versuchte, sobald jemand aufsitzen wollte. Bei allen anderen Gelegenheiten – beim Putzen, Führen und Longieren – war sie folgsam und kooperativ. Amy war überzeugt davon, dass sie das Problem des Tieres bewältigen würde.

Sie führte die Fuchsstute zum Roundpen, das sich neben den Koppeln befand. Lou kam über den Hof gelaufen. „Was hast du heute mit Raisin vor?“, fragte sie interessiert.

„Ich werde ein Join-up machen, um eine Verbindung mit ihr herzustellen“, sagte Amy. Das Join-up war eine Methode, um das Vertrauen des Pferdes zu erlangen. Es war eine der Techniken, die Amy von ihrer Mutter gelernt hatte.

„Kann ich dir dabei zusehen?“, fragte Lou.

„Klar“, sagte Amy.

Als sie am Roundpen angekommen waren, blieb Lou am Zaun stehen. Nachdem sie das Gatter hinter sich geschlossen hatte, tätschelte Amy die Stute und schnallte die Longe aus. Mit dem Longenende versetzte sie dem Pferd einen sanften Schlag auf die Hinterhand. Raisin tat einen überraschten Satz und trabte davon.

Amy stellte sich im rechten Winkel zu Raisin auf eine Höhe, dann trieb sie die Stute erneut mit der Longe an. Raisin schnaubte, riss den Kopf in die Höhe und stob im Galopp davon.

Amy achtete darauf, ihre Schultern immer parallel zu Raisins Körper auszurichten und fixierte mit starrem Blick die Augen des Pferdes. Dabei jagte sie Raisin weiter. Nach mehreren Runden lief Amy nach außen, auf den Hufschlag, und vertrat dem Pferd den Weg, sodass es wendete und in die entgegengesetzte Richtung galoppierte.

„Sieh", sagte sie nach weiteren fünf Runden zu Lou. „Siehst du ihre Ohren?" Raisins inneres Ohr zeigte in Amys Richtung. „Das heißt, dass sie so weit ist."

Sie ermunterte die Stute noch ein paar Mal und wartete geduldig auf das nächste Signal. Und da war es: Raisin wurde langsamer, fing an zu traben und begann, Kaubewegungen zu machen. Auf diese Art zeigte das Pferd, dass es Amy jetzt vertraute. Endlich gab Raisin auch das letzte Zeichen: Sie streckte ihren Kopf und den Nacken nach unten, sodass die Nüstern dicht über dem Boden waren.

Mit einer leichten Bewegung drehte Amy ihre Schultern jetzt seitwärts zum Pferd und senkte ihren Blick. Sie konzentrierte sich völlig auf Raisin und vergaß Lou, die sie noch immer aufmerksam beobachtete. Aus dem Augenwinkel heraus konnte Amy erkennen, dass Raisin schließlich stehen blieb. Die Stute betrachtete Amy, dann lief sie entschlossen in die Mitte des Platzes, hielt auf Schulterhöhe zu ihr an und schnaubte leise. Das war der Moment, auf den Amy gewartet hatte! Die Verbindung war hergestellt.

Amy drehte sich langsam um und rieb dem Pferd über die Stirn. „Braves Mädchen“, murmelte sie und lief ganz langsam los. Für Raisin – wie für Pferde im Allgemeinen – stellten Menschen eine Bedrohung dar, aber Amy gab dem Tier durch ihre Körpersprache zu verstehen, dass sie keine Gefahr bedeutete. Jetzt wollte Amy erreichen, dass Raisin ihr freiwillig folgte. Zu ihrer großen Freude tat das Pferd genau das – Amy lief über den Trainingsplatz und Raisin trabte ihr hinterher, die Nase fast auf ihren Schultern. Amy spürte den warmen Atem des Tieres im Nacken. Schließlich hielt sie an und belohnte die Stute, indem sie ihr noch einmal über den Kopf streichelte.

„Jetzt haben wir eine gemeinsame Basis“, erklärte Amy ihrer Schwester. „Ich kann anfangen, sie daran zu gewöhnen, dass jemand auf ihr sitzt. Von nun an wird es viel leichter sein, mit ihr zu arbeiten!“

Um anzudeuten, was sie damit sagen wollte, strich sie mit ihren Handflächen leicht über Raisins Rücken, dann, in der Mitte, verharrte sie und verlagerte ihr Gewicht auf die Hände. Raisin zuckte nicht einmal zusammen. Amy streichelte sie. „Genug für heute!“, sagte sie.

Lous Augen strahlten, als sie das Gatter öffnete. „Das war unglaublich!“

Amy nickte. Genauso hatte sie ihrer Mom häufig zugeschaut, und sie verstand, was Lou meinte. „Ganz egal, wie oft man das schon gemacht hat – es ist jedes Mal ein überwältigendes Gefühl!“, sagte sie.

„Wirst du es auch mit Spartan versuchen?“, wollte Lou wissen, während sie Raisin über den Hof führten.

Ty, der gerade mit einem Wassereimer an den beiden vorüberlief, hatte Lous Worte gehört und stoppte. „So, wie sich Spartan im Moment benimmt, wäre das völlig verrückt", sagte er und blickte Amy in die Augen. „Er ist völlig unberechenbar!"

„So schlimm ist er nun auch wieder nicht", protestierte Amy. Doch eigentlich wusste sie, dass Ty Recht hatte.

„Es könnte gefährlich werden mit ihm", sagte Ty. Sein Blick war ernst.

„Wird es nicht", sagte Amy trotzig. Die besorgte Miene ihrer Schwester war ihr nicht entgangen. Sie wandte sich zu Ty. „Bleib ruhig! Ich habe überhaupt noch kein Join-up mit ihm vor. Momentan würde er wahrscheinlich versuchen, aus dem Roundpen zu springen.

„Oder Schlimmeres", sagte Ty.

Amy ignorierte ihn. „Ich habe mir überlegt, dass ich erst einmal versuchen werde, ihn an mich zu gewöhnen – in seine Box zu gehen, ihn zu putzen." Sie schluckte. „Heute Nachmittag fange ich an!"

Nach dem Mittagessen ging Amy zu Spartans Box. Auf dem Weg zu ihm wurde ihr bewusst, dass es ihr noch nie zuvor so widerstrebt hatte, mit einem Pferd zu arbeiten. Mit erhobenem Kopf starrte Spartan sie nervös an. Sein langer, schwarzer Schopf fiel ihm quer über das hübsche Gesicht. Amy zögerte. Obwohl auch sie ziemlich nervös war, wusste sie instinktiv, dass es wohl das Beste wäre, direkt auf seine Boxentür zuzugehen. Sie musste sich ihm nähern, damit er erfahren konnte, dass keine Gefährdung von ihr ausging.

Entschlossen lief sie vorwärts.

Im selben Augenblick warf Spartan seinen Kopf zurück und bäumte sich auf. Amy stand wie versteinert. Plötzlich wusste sie nicht mehr, was sie tun sollte. *Vielleicht,* dachte sie, *beruhigt er sich ja, wenn ich einfach hier stehen bleibe, und lässt mich dann näher an sich herankommen.*

Sie wartete, aber Spartan beruhigte sich nicht. Er hielt den Kopf hoch erhoben und trat unruhig von einem Bein aufs andere. Minuten verstrichen. Als es Amy zu lange dauerte, holte sie sich einen Stuhl aus der Sattelkammer und stellte ihn direkt vor Spartans Box. Spartan lief weiter unablässig herum.

Eine Stunde verging. Amy versuchte, den Stuhl ein wenig näher an Spartan heranzurücken, aber Spartan bäumte sich wütend auf. Da beschloss sie, ihm eine Pause zu gönnen – vielleicht würde sie ja morgen etwas mehr Glück haben. Sie brachte den Stuhl zurück in die Sattelkammer und dachte über Spartans Schicksal nach, falls sie kein Glück mit ihm hätte. Er würde eingeschläfert werden. *Vielleicht sollte ich Scott anrufen und ihm sagen, dass ich es nicht schaffe,* überlegte sie.

Sie lief zurück zum Stallgebäude. Spartan sah über die Tür. Sie hielt inne. Der Wind stand günstig, er hatte sie noch nicht wieder gewittert und sah hinüber zu den Koppeln. Seine Ohren waren gespitzt und für den Bruchteil einer Sekunde sah sie in ihm das schöne, intelligente Pferd, das er vor dem schrecklichen Unfall gewesen war.

Amy lief weiter. Spartans Kopf fuhr herum. Er heftete den Blick auf sie, und ihr kam es vor, als durchzucke ihn eine schreckliche Erinnerung – die Erinnerung an die Ereignisse in jener

Nacht. Schnaubend machte Spartan einen Satz zurück in seine Box.

Amy stand wie angewurzelt. Plötzlich wurde ihr bewusst, dass sie Scott niemals würde anrufen und um seine Hilfe bitten können. Ob es ihr gefiel oder nicht – Spartans Schicksal war mit dem ihren verbunden. So sehr er sie auch hasste – sie war die Einzige, die nachfühlen konnte, was er durchlitten hatte. Es stand einzig und allein in ihrer Macht, ihm zu helfen.

Am selben Abend waren Amy und Lou gerade dabei, nach dem Abendessen die Küche aufzuräumen, als das Telefon klingelte. Amy nahm den Hörer ab und gab das Gespräch an Lou weiter. „Für dich, Lou. Es ist Carl."

Hastig griff ihre Schwester zum Hörer. „Carl!"

Amy stellte den Fernseher an und ließ sich in den Sessel fallen. Im Hintergrund hörte sie, dass Lou berichtete, was auf Heartland so vor sich ging. Dann herrschte einen Moment lang Schweigen. „Ja, ich vermisse dich auch", sagte Lou ins Telefon. „Ich kann es kaum erwarten, dich wiederzusehen. Nur noch zwei Tage!"

Amy verdrehte die Augen.

Doch plötzlich klang Lous Tonfall ganz anders. „Ich kann jetzt noch nicht zurückkommen. Du weißt ganz genau, dass ich im Augenblick hier gebraucht werde!" Eine Pause folgte, und als sie wieder sprach, klang ihre Stimme leicht irritiert. „Ich weiß nicht, wann", meinte sie. „Ja, ich weiß, dass ich gesagt habe, gegen Ende des Sommers, aber …" Sie brach mitten im Satz ab. „Sicher will ich bei dir sein, aber im Moment muss ich noch auf

Heartland bleiben." Sie drehte sich um und bemerkte, dass Amy sie beobachtete. „Am besten, wir sprechen darüber, wenn du hier bist!"

Amy wandte sich wieder dem Fernseher zu.

„Wie geht es Carl?", fragte der Großvater, als Lou den Hörer aufgelegt hatte.

„Gut. Er ..."

„He! Schaut euch das an! Ich fasse es nicht!" Abrupt setzte sich Amy in ihrem Sessel auf und unterbrach Lou mitten im Satz. „Da ist ein Werbespot für Green Briar im Fernsehen!"

Green Briar war ein großer Stall für Pensions- und Springpferde in der Nähe von Heartland. Val Grant, die Besitzerin von Green Briar, stand vor ihrem frisch gestrichenen Achtzehn-Boxen-Stallgebäude und strahlte in die Kamera.

Der Großvater und Lou kamen herbei und stellten sich hinter Amys Sessel.

„Sind Sie auf der Suche nach einem perfekten Pony?", fragte die Stimme aus dem Fernseher, während die Kamera langsam umschwenkte und einige schöne Ponys zeigte, die leichtfüßig einen Parcours absolvierten. „Ein Pony, mit dem Sie viele Siegesschleifen gewinnen?"

Amy machte ein finsteres Gesicht. Sie kannte nur zu gut die gewaltsamen Methoden, mit denen Val Grant ihre Pferde dazu brachte, perfekt am Zügel zu gehen und wie Roboter zu springen.

Die Kamera zoomte einen der Reiter näher. „Das ist Ashley!", rief Amy.

Ashley Grant war fünfzehn und ging mit Amy in dieselbe

Klasse der High School. Das Pony, auf dem sie ritt, galoppierte losgelassen auf ein Hindernis zu. Die Reithosen, die Ashley trug, saßen tadellos und brachten ihre schlanken Beine gut zur Geltung. Ihre Haare waren zu einem Pferdeschwanz zusammengebunden, und ihr Gesicht war perfekt geschminkt. Das Pony nahm den Sprung mit Leichtigkeit. Ashley brachte das Tier zum Stehen und lächelte in die Kamera.

„Wenn Sie schon immer von einem solchen Tier geträumt haben", sagte die Stimme, während die Kamera einen erneuten Schwenker tat und Val Grant zeigte, die ein Pony streichelte, das eine blaue Schleife im Zaumzeug trug, „dann kommen sie nach Green Briar – an den Ort, wo Träume Wirklichkeit werden!"

„Ganz schön krass!", sagte Amy, als die Musik ausgeblendet und der nächste Werbespot gezeigt wurde. Empört drehte sie sich nach Lou und dem Großvater um. „Das Ganze zielt auf Leute, die ein perfektes Pony wollen, das wie auf Knopfdruck massenhaft Preise gewinnt!"

Der Großvater nickte zustimmend, aber Lou hielt den Blick nachdenklich auf das Fernsehgerät gerichtet. „Eigentlich ist das gar keine schlechte Idee – Werbung zu machen", sagte sie. „Vielleicht sollten wir das auch mal überlegen. Und wo wir gerade dabei sind …" Sie schaltete den Fernseher aus. „Grandpa, Amy, es ist an der Zeit, dass ich euch in meine Pläne bezüglich Heartland einweihe."

„Ach ja. Deine Pläne für die Farm", sagte der Großvater. „Lass hören."

„Ja", sagte Lou emsig. „Sieh mich doch nicht gleich so an!", bat sie, als sie bemerkte, wie sich Amys Miene verfinsterte.

„Wenn es um geschäftliche Dinge geht, weiß ich, wovon ich rede! Das ist das, was ich wirklich kann!“ Sie griff nach einem Stapel Notizen. „Also“, sagte sie, „es ist sonnenklar, dass wir mehr Geld erwirtschaften müssen! Das Stalldach muss noch vor dem Winter erneuert werden und andere Ausgaben kommen auf uns zu – wir brauchen neue Decken, mehr Heu und Stroh. Ich bin überzeugt, dass es uns gelingen wird, das Potenzial, das in der Heartland Farm steckt, besser auszuschöpfen!“

„Hör auf, so zu reden, als wäre das eine Geschäftsbesprechung“, protestierte Amy.

„Dieser Ort hier ist ein wirtschaftliches Unternehmen, Amy!“ Noch bevor Amy irgendetwas darauf erwidern konnte, fuhr Lou einfach fort. „Nun, mein erster Vorschlag, um das Geld für den Winter aufzutreiben, ist, dass wir in der Scheune eine Tanzparty veranstalten könnten!“

„Eine Tanzparty in der Scheune?“ Der Großvater schüttelte den Kopf.

„Sieh mich nicht so entsetzt an, Grandpa“, rügte Lou. „So eine Veranstaltung ist eine gute Sache, wenn es darum geht, Geld zu erwirtschaften. Wir organisieren eine Band, stellen Essen und Getränke bereit und verlangen dafür Eintritt. Außerdem machen wir eine Tombola. Auf Heartland ist genug Platz für eine solche Veranstaltung!“

„Aber wer würde schon hierher kommen?“, stieß Amy hervor.

„Moms Freunde“, sagte Lou. „Es wäre eine optimale Gelegenheit, sie nach Heartland einzuladen. Ich denke, dass viele bisher nicht gekommen sind, um uns Zeit zu geben …“ Einen Moment lang verlor sie sich in ihren Gedanken. „Auf diese Weise könnten wir das Eis brechen – ihnen zu verstehen geben, dass es keinen Grund gibt sich fern zu halten. Ich denke, es ist eine gute Sache."

„Meinst du wirklich, das funktioniert?" Jack Bartlett fuhr sich nachdenklich mit der Hand durch die Haare. „Das klingt alles so teuer – eine Band, Essen und Getränke, die Preise für die Tombola. Wie sollen wir das alles bezahlen?"

„Da wären zunächst einmal die Eintrittsgelder; außerdem können wir die Leute ja fragen, ob sie uns Preise für die Tombola stiften. Bisher waren alle gewillt, Heartland zu unterstützen, oder etwa nicht?" Der Großvater nickte. „Und so wird es auch dieses Mal sein!", sagte Lou. „Schließlich geht es darum, dass wir so wenig Kosten wie möglich haben, um ordentlich Gewinn zu machen!"

„Und was, wenn niemand kommt?", fragte Amy. Sie konnte sich nur schwer vorstellen, dass ihre Freunde zu einer Party auf Heartland kommen würden, wenn sie dafür Eintritt bezahlen mussten.

„Du wirst sehen, sie kommen!", beharrte Lou. Sie blickte in die Runde. „Also, was meint ihr dazu?"

„Einverstanden, denke ich!", sagte der Großvater zögernd.

„Prima! Dann fange ich also an, die ganze Sache zu organisieren – das Fest wird in zwei Wochen stattfinden! Je eher, desto besser!"

„In zwei Wochen schon?", fragte Amy.

Lou winkte beschwichtigend mit der Hand. „Keine Sorge! Das ist Zeit genug! Ich werde gleich morgen herumtelefonieren! Und Carl wird uns ganz bestimmt helfen, sobald er kommt."

Amy legte die Stirn in Falten. Sie hatte kein gutes Gefühl bei dieser Sache.

Lou ordnete ihre Papiere. Amy bemerkte, dass ihre Schwester dabei völlig in ihrem Element zu sein schien. So begeistert hatte Amy sie seit Ewigkeiten nicht erlebt. „Wir sollten jetzt auch noch darüber sprechen, wie wir auf Heartland rentabler arbeiten können. Unsere größte Einnahmequelle sind all jene Pferde, die nur vorübergehend hier sind, um korrigiert zu werden. Wir müssen uns also nach außen hin viel wirkungsvoller präsentieren, um so viele Kunden wie möglich für diesen Bereich anzulocken." Sie kramte ein Blatt Papier hervor. „Ich schlage daher vor, dass wir ein Faltblatt entwerfen, das wir zum Beispiel in Reitsportläden oder bei Futterhändlern auslegen – eben überall dort, wo die Leute hingehen, die Pferde besitzen. Seht euch mal diesen Entwurf an."

Amy konnte erkennen, dass das Stück Papier, welches Lou in der Hand hielt, in drei Felder aufgeteilt war. Eine Spalte trug die Überschrift HEARTLAND FARM, darunter war Platz für ein paar Fotos. Die nächste Spalte beschrieb die Arbeit, die hier geleistet wurde; außerdem wurden Ausschnitte aus Pferdezeitschriften zitiert, und quer darüber stand: EMPFOHLEN VON NICK HALLIWELL. Im letzten Abschnitt schließlich wurden die Serviceleistungen genannt, die Heartland offerierte, und dahinter hatte Lou fein säuberlich detaillierte Preise aufgelistet. Amy sank der Mut. Lou verstand einfach nicht, worauf es hier auf der Farm ankam. Marion hatte nie Pauschalpreise gemacht! Sie hatte ein ganz flexibles System, ihre Preise zu berechnen. Mom hatte Festpreise grundsätzlich abgelehnt, weil sie davon überzeugt gewesen war, dass jedes Pferd eine eigene Persönlichkeit besaß und deshalb auch individuell behandelt werden musste. Ein paar Zeilen auf dem Entwurf fielen Amy weiterhin ins Auge:

Wir von der Heartland Farm unterbreiten
Ihnen ein einzigartiges Angebot:
Für nur 50 $ beurteilen wir Ihr Pferd und
liefern Ihnen ein detailliertes Gutachten
sowie ein Kostenangebot!

„Nein!“ Amy schüttelte den Kopf. Sie deutete auf die Zeilen. „Das kommt nicht in Frage.“

„Was ist damit nicht in Ordnung?“, fragte Lou.

„Wir fangen überhaupt nicht an, Pferde zu beurteilen und die Leute dafür abzukassieren! Auf gar keinen Fall!“

„Und warum nicht?“, fragte Lou. „Das ist vollkommen normal. Wenn du von jemandem erwartest, dass er für deine Arbeit bezahlt, dann holst du dir erst ein Angebot ein und überlegst anschließend, ob du die Sache weiter verfolgst oder nicht.“

„Wie stellst du dir das vor?“, entrüstete sich Amy. „Man kann überhaupt nicht abschätzen, wie lange es dauern wird, ein Pferd zu behandeln, bevor man damit begonnen hat. Und selbst während der Behandlung kann es jederzeit einen Rückschlag geben, oder irgendetwas kommt dazwischen. Mom hat ihren Aufwand immer erst dann in Rechnung gestellt, wenn sie ihre Arbeit erfolgreich zu Ende gebracht hatte!“

„Aber die Leute erwarten, dass man ihnen einen Anhaltspunkt gibt“, sagte Lou. „Es ist viel professioneller so!“

„Da mache ich nicht mit!“, unterbrach Amy sie. „Das ist blanker Unsinn. Und überhaupt: Ich will hier nichts ändern. Gar nichts. Mom war immer zufrieden, so wie es war.“

„Aber es hätte viel besser laufen können!“, sagte Lou. Enttäuscht schüttelte sie den Kopf. „Amy, versteh mich doch bitte! Ich versuche ja nur, euch zu helfen. Wir müssen nicht alles genau so weiterführen, wie Mom es gemacht hat. Wir können die Sachen ändern und uns das Leben leichter machen!“

„Nein, können wir nicht!“ Amys Stimme klang schrill. Panik erfüllte sie. Sie wollte, dass alles so blieb, wie es gewesen war, als Mom noch gelebt hatte. „Vergiss die Sache einfach, Lou. Vergiss die Idee mit der Broschüre!“ Wütend sprang sie auf.

„Bitte, Amy, beruhige dich!“, fiel der Großvater jetzt ein. „Setz dich wieder hin und lass uns in Ruhe darüber reden!“

„Nein!“, beharrte Amy. Sie stürmte aus dem Zimmer und knallte die Tür hinter sich zu.

Eine Welle von Wut durchflutete sie. Sie stürzte nach oben. Sie wollte einfach nicht zulassen, dass Lou hier alles veränderte! Sie musste es verhindern!

Als sie die Tür zu ihrem Zimmer öffnete, fiel ihr Blick auf die gerahmte Fotografie ihrer Mutter auf dem Nachttisch. Sie nahm das Foto in die Hand. „Oh, Mom!“, flüsterte sie. „Warum nur bist du nicht mehr da?“

4

Am nächsten Morgen herrschte in der Küche gedrückte Stimmung. Amy hatte schlecht geschlafen und war wieder von Albträumen gequält worden. Der Schlafmangel machte ihr zu schaffen. Niedergeschlagen dachte sie an das gestrige Gespräch. Sie zog ein finsteres Gesicht, als Lou sich an den Tisch setzte.

„Kannst du mir die Milch reichen?“, fragte Lou.

Amy knallte die Milchtüte vor ihr heftig auf den Tisch. Dann stand sie auf, um den Wasserkessel von der Herdplatte zu nehmen. Dabei stieß sie Lou am Arm.

„Amy!“, sagte Lou verärgert.

„Oh, hört schon auf, ihr zwei“, beschwichtigte Jack Bartlett mit einem Seufzer. „Wie wär's denn mit einem Kompromiss?“, schlug er vor. „Wir können uns die Sache mit der Broschüre ja noch einmal überlegen. Lou, vielleicht kannst du sie ein wenig überarbeiten und dann mit Amy darüber sprechen.“

„Die Broschüre muss aber nicht überarbeitet werden, Grandpa!“, protestierte Lou. „Sie ist völlig in Ordnung, wie sie ist!“

„Ich habe einen Kompromiss vorgeschlagen!“, beharrte der Großvater.

„Okay.“ Lou holte tief Luft. „Ich werde noch einmal einen Blick darauf werfen.“ Sie sah zu Amy. „Aber die Tanzparty findet statt!“

Der Großvater nickte. „Ja. Die Veranstaltung wird stattfinden, und Amy und ich werden dich bei den Vorbereitungen unterstützen, so gut wir können." Er warf einen warnenden Blick in Amys Richtung, als diese ihren Mund öffnete, um etwas zu entgegnen. „Nicht wahr, Amy?"

„Ich glaube schon", murmelte sie.

„Gut." Der Großvater lächelte. „Und jetzt benehmen wir uns wie zivilisierte Menschen, verstanden?"

Im Laufe des Vormittags kam Scott in seinem klapprigen Chevy auf den Hof gefahren.

Amy lief eilig zu ihm, um ihn zu begrüßen. „Hallo", sagte er zu ihr und stieg aus. „Ich war gerade unterwegs und dachte, dass ich einfach mal bei euch vorbeischaue!"

Lou kam heran und trug eine Ladung frisches Gras in den Armen. Sie hielt an. „Hallo, Scott!"

Scott musste lächeln. „Für Sugar?"

„Ja. Ich habe ihm gestern schon davon gegeben und es schien ihm hervorragend zu schmecken. Kommst du mit?"

Scott gesellte sich zu ihr. Als sie sich über den Hof entfernten, hörte Amy, wie Lou ihm ihre Pläne von der Tanzparty unterbreitete.

„Das klingt richtig gut!" Scott war beeindruckt. „Ich brauche unbedingt eine Eintrittskarte! Du kannst mir gleich eine reservieren! Und ich werde es überall weitererzählen! Schließlich geht es um eine gute Sache!"

„Prima!" Lou strahlte. „Vielen Dank, Scott!"

Amy war überrascht. Sie hatte nicht damit gerechnet, dass Scott sich für so etwas interessieren würde. Vielleicht war sie ja gestern doch ungerecht gewesen und das Ganze war wirklich eine gute Idee? Nachdenklich lief sie zurück in die Sattelkammer.

Ty war gerade damit beschäftigt, eine Trense zu fetten. Er blickte auf, als Amy nach der Putzkiste griff. „Wen willst du denn striegeln?“

„Spartan“, sagte sie.

„Bist du sicher?“, fragte Ty.

„Jetzt oder nie!“, antwortete Amy entschlossen.

Sie ging zu Spartans Box und öffnete ohne zu zögern die Tür. Er sprang ihr entgegen. Aber Amy war schneller. Sie schnappte ihn am Halfter und klickte den Führstrick ein. Spartan brach in Panik aus, als er Amys Hand am Kopf spürte. Er stellte sich auf die Hinterbeine; dann krachten seine Vorderhufe auf den Boden. Aber Amy ließ sich nicht beirren. Sie blieb dicht neben ihm stehen und bewegte ihr freie Hand in Richtung seines Kopfes, als die Vorderhufe zum zweiten Mal niedersausten. Mit rollenden Augen gestattete er ihr schließlich, ihn am Halfter festzuhalten, aber er entspannte sich nicht.

„Ruhig jetzt!“ Amy redete beschwichtigend auf ihn ein und griff in die Putzkiste.

Spartan verkrampfte sich angstvoll. Seine Körperhaltung gab Amy zu verstehen, dass er ihre Gegenwart in seiner Box nicht wollte. Es gefiel ihm nicht, dass sie ihm den Kopf hielt, und er wollte auch nicht, dass sie ihn striegelte. Entschlossen setzte Amy die Bürste auf sein Fell. Er zuckte zusammen, als hätte sie ihn geschlagen.

Amy seufzte. Sie wusste, dass sie weiter versuchen sollte, ihn zu putzen, dass sie energisch, aber freundlich zu ihm sein musste, aber sie wollte das Pferd nicht unnötig in Stress versetzen. Also legte sie die Bürste zurück in die Kiste. Vielleicht war es besser, das Tier einfach zum Grasen auf die Weide zu führen.

Amy ließ Spartan keine Sekunde unbeobachtet, während sie ihn aus dem Stall brachte, hin zu einer Wiese neben dem Haus. Mit nervösen Schritten lief er schnaubend neben ihr. Immerhin war es ein Fortschritt, dass Spartan sich von Amy bis hierher bringen ließ. Sie stoppte, als sie bei dem Rasen angekommen waren, doch Spartan senkte den Kopf keinen Zentimeter. Stattdessen hielt er jeden seiner Muskeln angespannt und fixierte das Mädchen vor ihm.

Ty kam zu ihr gelaufen.

„Ich hatte gehofft, dass er sich beruhigt und etwas grasen würde", sagte Amy. „Aber es sieht gar nicht danach aus."

„Soll ich ihn halten?", bot Ty ihr an.

„In Ordnung", sagte Amy.

Ty nahm den Führstrick.

Sobald Spartan sicher war, dass Amy sich in ausreichender Entfernung befand, senkte er seinen Kopf und begann mit ruckartigen Bewegungen am Gras zu zupfen. Amy wischte sich mit dem Handrücken die Schweißperlen von der Stirn.

Ty blickte zu ihr hinüber. „Lass ihm Zeit!", sagte er ruhig.

Amy nickte. Ty wusste wie immer genau, wie sie sich gerade fühlte, wenn sie mit Pferden umging. Sie waren ein tolles Team. Schweigend stand sie da und betrachtete den grasenden Spartan.

Kurz darauf kam Scott mit Lou über den Hof gelaufen. „Wie geht es ihm?", fragte er und blickte zu dem Braunen.

Amy überlegte, was sie sagen sollte. Konnte sie zugeben, dass sie bei Spartan bisher kaum Erfolg hatte? Was würde Scott von ihr denken? „Er ist okay“, sagte sie schnell.

„Gut!“ Scott lächelte. „Nur weiter so!“

Nachdem er sich umgedreht hatte und auf seinen Chevy zulief, sah sie, dass Ty ihr einen fragenden Blick zuwarf. Zu ihrer Erleichterung aber verlor er kein Wort über ihre Reaktion. Sie sah zu, wie Scott vom Hof fuhr, dann seufzte sie tief. „Am besten, ich bringe das Pferd wieder zurück in seinen Stall!“, sagte sie.

„Sicher“, antwortete Ty.

Amy nahm ihm den Führstrick aus der Hand. Alarmiert sprang Spartan zurück. „Ruhig! Nur ruhig!“ Amy versuchte, das Pferd zu beschwichtigen, aber Spartan warf wild den Kopf in die Höhe. Amy trat näher an ihn heran. „Lauf zu“, sagte sie und schnalzte mit der Zunge.

Widerwillig lief Spartan neben ihr her. Amy spürte förmlich, wie die Angst in jedem Muskel und Nerv seines Körpers pulsierte.

Lou hatte Scott verabschiedet und trat jetzt hinzu, als Ty die Tür zu Spartans Box öffnete. „Wie geht es ihm?“, fragte sie, während sie den Braunen ängstlich musterte.

„Gut“, sagte Amy kurz. Sie führte Spartan in den Stall und machte ihn los.

Das war die Gelegenheit, auf die er gewartet hatte.

Endlich frei, warf er sich mit aller Wucht gegen Amy und drückte sie mit dem ganzen Gewicht seines Körpers gegen die Wand. Sie stürzte. Als Spartan ihr das Hinterteil zukehrte, hörte sie Lous und Tys gemeinsamen Aufschrei. Doch Amy handelte schnell, war sofort wieder auf den Füßen, sprang zu seinem Kopf und griff ins Halfter. Sie zerrte am Leder, zog den Schädel des

Pferdes nach unten und trieb es rückwärts in eine Ecke, bis sie es unter Kontrolle hatte. Einen Moment lang blieb sie regungslos stehen, das Halfter fest umklammert. Ihr Herz pochte.

„Amy! Komm sofort aus der Box!“, schrie Lou.

Amy drehte sich um und sah, dass Lou und Ty sie entsetzt anstarrten.

Sie führte Spartan zur Tür und ließ ihn erst los, als sie sicher war, dass sie unbehelligt nach draußen gelangen konnte. Jetzt erst holte sie befreit tief Luft.

Lou griff ihr mit beiden Händen an die Schultern. „Amy! Er hätte dich ernsthaft verletzen können!“

„Da war nichts!“ Amy entzog sich Lous Griff. Ihre Hände zitterten noch immer. Sie warf einen Blick in Spartans Box. Niemand von ihnen sollte die Schuld bei dem Pferd suchen. „Es war dumm von mir, den Strick so unvorsichtig loszumachen.“

„Er hat versucht, dich umzubringen!“, schrie Lou.

„Hat er nicht!“, protestierte Amy. Wütend auf sich selbst schüttelte sie den Kopf. „Ich hätte vorsichtiger sein müssen!“

„Vorsichtiger!“ Lou war fassungslos. „Das Pferd ist gefährlich! Es gehört eingeschläfert!“

„Wie bitte?“ Amy war entsetzt.

„Es ist gefährlich und bösartig!“, sagte Lou.

Amy war wütend und zornig zugleich. „Woher willst du das wissen?“, fragte sie. „Bist du auf einmal eine Pferdeexpertin?“ Amy sah, wie sich Lous Miene augenblicklich verdüsterte, aber sie war zu wütend, um sich zu beherrschen. „Du weißt überhaupt nicht, wovon du redest, Lou!“, brüllte sie. „Halt dich am besten aus solchen Sachen raus!“

Lou wurde blass. Sie drehte sich auf dem Absatz um und lief davon.

Einen Moment lang war es still. Dann räusperte sich Ty. „Das war ziemlich unfair, Amy!“

Amy fuhr herum. „Sie hätte das nicht sagen dürfen!“

„Sie macht sich Sorgen um dich!“, sagte Ty.

Amy fühlte, wie ihr die Schuld die Röte ins Gesicht trieb. „Sie ist meine Schwester. Ich kann mit ihr reden, wie ich es für richtig halte. Lass mich in Ruhe, Ty!“

„Wenn du meinst!“, sagte Ty schroff und verließ den Stall.

Amy blickte ihm nach. Ihr Zorn verrauchte so schnell, wie er gekommen war. „Na klasse“, murmelte sie und ließ den Führstrick sinken. „Einfach klasse!“

Aus der anderen Ecke des Stalls tönte ein Schnauben zu ihr herüber. Amy sah, dass Pegasus in ihre Richtung blickte. „Oh Pegasus!“, stöhnte sie und lief zu ihm hin. Das Tier schnupperte an ihrem Haar. Amy streichelte ihm über den Nacken und fühlte, wie die Wut langsam von ihr abfiel. Sie seufzte. Sie wusste genau, was jetzt zu tun war.

Sie atmete tief durch, dann ging sie über den Hof. Ty stand am Misthaufen und fegte herumliegendes Stroh zusammen. Er schien die Schritte gehört zu haben, denn er blickte auf. Als er sah, dass sie es war, konzentrierte er sich wieder ganz auf seine Arbeit.

„Tut mir Leid, Ty!“, sagte Amy.

Ty stützte sich auf den Besen und blickte ihr ins Gesicht.

„Ich hätte das alles nicht sagen sollen!“ Amy seufzte. „Ich … ich war einfach schrecklich wütend.“

„Schon gut." Ty zuckte die Schultern.

„Gar nicht", sagte Amy schnell. „Ich hab es nicht so gemeint." Sie rieb sich mit der Hand über die Stirn. „Im Moment ist mir einfach alles zu viel. Außerdem habe ich schlecht geschlafen. Es tut mir Leid, Ty – wirklich!"

Sein Blick wurde freundlicher. „Vergessen wir's!"

Amy seufzte erleichtert auf. Sie wollte nicht, dass Ty wütend auf sie war. „Danke", sagte sie erleichtert.

Er griff wieder zum Besen. „Du wirst dich also auch bei Lou entschuldigen?"

„Nach all dem, was sie über Spartan gesagt hat?", protestierte Amy. „Lou hat doch überhaupt keine Ahnung!"

„Vielleicht weiß sie wirklich nicht viel über Pferde", sagte er. Er blickte Amy in die Augen. „Aber sie macht sich ernsthaft Sorgen um dich, Amy!"

„Niemals!" Amy schüttelte den Kopf. „Ich werde mich *nicht* bei ihr entschuldigen. Auf keinen Fall."

Ty runzelte die Stirn.

5

Stunden vergingen. Je länger sie darüber nachdachte, wie sie Lou behandelt hatte, desto schlechter fühlte Amy sich. Aber sie brachte es nicht fertig, sich bei ihr zu entschuldigen. Bei dem Gedanken, dass Spartan vielleicht wirklich eingeschläfert werden musste, fühlte sie sich schrecklich elend.

Amy vermied es den weiteren Tag über, ins Haus zu gehen. Dann aber konnte sie es nicht mehr länger hinauszögern und lief widerwillig auf die Hintertür zu.

Lou deckte den Tisch für das Abendessen in der Küche.

Als Amy den Raum betrat, trafen sich ihre Blicke. Rasch drehte Amy sich um und streifte ihre Turnschuhe von den Füßen. Sie rechnete damit, dass Lou sie jeden Moment ermahnen würde, die Schuhe ordentlich hinzustellen. Aber Lou sagte kein Wort.

Amy nahm sich eine Dose Limonade aus dem Kühlschrank und betrachtete Lou verstohlen. Ihre Schwester legte mit leisem, schepperndem Geräusch drei Bestecke auf den Tisch. Sie war blass.

Plötzlich konnte Amy die Stimmung nicht länger ertragen. „Lou –“

Lou blickte zu ihr auf.

„Ich hätte das nicht sagen sollen.“ Amy sprach schnell. „Es tut mir Leid. Ich wollte dir nicht wehtun!“

Lou machte ein freundlicheres Gesicht. „Oh Amy“, sagte sie und machte einen Schritt auf sie zu. „Ich hatte solche Angst um dich –“

Lou brach mitten im Satz ab, als Jack Bartlett durch die Tür kam.

„Hallo Kleines“, sagte er zu Amy. Seine Miene verdüsterte sich. „Ich habe gehört, dass Spartan heute Schwierigkeiten gemacht hat!“

Amy warf Lou einen fragenden Blick zu. Lou sah zur Seite – ihre Wangen wurden rot.

„Amy?“ Der Großvater ließ nicht locker.

„Nun, nicht wirklich“, log Amy verzweifelt. Ihre Gedanken rasten. Warum nur hatte Lou dem Großvater davon erzählt? Wenn er Spartan jetzt als gefährlich einschätzte, würde er ihr nicht erlauben, weiter mit ihm zu arbeiten. „Er war einfach nur etwas aufgeregt“, sagte sie schnell. „Aber es war nicht wirklich schlimm!“

„Er hat dich angegriffen, Amy!“, sagte Lou.

„Hat er nicht!“, schrie Amy. „Du übertreibst!“

„Du weißt genau, dass ich das nicht tue!“, schrie Lou zurück.

„Genug!“ Der Großvater schlug mit der Faust auf den Küchentisch.

Amy und Lou starrten sich gegenseitig an.

Jack Bartlett blickte von einer zur anderen. „Wenn Spartan so gefährlich ist, Amy –“

„Ist er nicht!“, unterbrach ihn Amy. „Großvater, er braucht einfach nur Hilfe!“

Einen Moment lang betrachtete er Amy, als wolle er darauf

etwas erwidern. Doch zu Amys großer Erleichterung ließ er das Thema einfach fallen, wandte sich ab und begann, sich dem Eintopf zu widmen, der auf dem Herd vor sich hin brodelte. Amy blickte finster zu Lou. Wütend stapfte sie an ihrer Schwester vorüber und lief in ihr Zimmer. Das Abendessen konnte ihr gestohlen bleiben.

Als Amy am anderen Morgen in die Küche kam, war Lou eifrig damit beschäftigt, aufzulisten, wen sie alles zu der Tanzparty einladen wollte.

„Guten Morgen, Grandpa." Amy gähnte und schüttete eine Schmerztablette aus einem Röhrchen in ihre Hand, das auf der Anrichte lag. Sie war seit vier Uhr heute Morgen wach und ihr Kopf dröhnte.

„Geht es dir nicht gut?", fragte Jack Bartlett und warf einen besorgten Blick in Amys Richtung.

Amy nickte bestätigend.

Lou blickte von ihrem Notizblock auf. „Wir müssen uns entscheiden, was es auf der Party zu essen geben soll", verkündete sie. „Ich finde, wir sollten ein Grillfest veranstalten. Dann müssen wir nur tonnenweise Steaks, ein paar Hähnchen und einige Maiskolben besorgen, und die Sache ist gelaufen. Was meint ihr?"

„Klingt doch gut", sagte der Großvater. Er drehte sich um. „Was hältst du davon, Amy?"

Amy zuckte mit den Schultern. „Mir egal!"

„Bleibt noch zu klären, was es als Nachtisch geben soll." Lou blickte Amy direkt in die Augen. „Aber ich werde dich nicht mit weiteren Fragen belästigen. Dir scheint es ja völlig gleichgültig zu sein, wie wir versuchen, Heartland zu retten!"

„Schluss damit!“, fuhr der Großvater dazwischen. „Diese Sticheleien sind doch völlig sinnlos!“ Er blickte von einer zur anderen. „Also, jetzt hört mir mal zu! Wie denkt ihr darüber, am Sonntag gemeinsam ins Kino zu gehen? Das würde uns allen ein wenig Abwechslung verschaffen, und mir würde es gut tun, euch zwei mal nicht streiten zu hören. Was sagt ihr dazu?“

„Meinetwegen!“ Amy zuckte mit den Schultern.

„Sicher!“, sagte Lou. „Carl wird da sein, er kann also auch mitgehen.“

„Na fein.“ Amy war davon überhaupt nicht begeistert.

Lou warf ihr einen finsteren Blick zu. „Was soll das wieder heißen?“

Amy fing einen warnenden Blick ihres Großvaters auf. „Ach nichts“, seufzte sie. Sie lief zur Tür. „Ich gehe jetzt die Pferde füttern.“

Nachdem sie gemeinsam mit Ty die Stallarbeit erledigt hatte, lief Amy zu Spartan. Sie wollte gerade versuchen, ihn zu putzen, als ein Schatten in die Box fiel. Sie drehte sich um.

Der Großvater stand in der Tür. „Hallo!“, sagte er.

„Hallo!“, antwortete Amy. Ihr zitterten plötzlich die Hände. Sie wollte den Großvater nicht in der Nähe haben – für den Fall, dass Spartan sich wieder unmöglich aufführte.

Zu ihrem Schrecken entriegelte er die Tür und trat in die Box. Spartan wich instinktiv zurück.

„Alles in Ordnung!“, murmelte Amy und strich ihm über den Hals.

Aber Spartan schlug mit dem Vorderhuf nach ihr. Das Weiße

in seinen weit aufgerissenen Augen war zu sehen, als er von Amy zu ihrem Großvater und zurück blickte.

„Warum hat er das getan?“, fragte der Großvater.

„Er mag es nicht, wenn ich ihn berühre!“, sagte Amy ruhig.

Jack Bartlett schüttelte den Kopf, betrachtete sich Spartans angelegte Ohren und rollende Augen. „Ich habe kein gutes Gefühl, Amy!“

„Es wird schon werden“, beharrte Amy. „Er ist einfach nur traumatisiert. Ich werde ihm helfen können.“

Jack Bartlett seufzte. „Amy, Kleines! Es gibt Pferde, denen absolut nicht geholfen werden kann. Selbst deine Mom hat das zugegeben“, sagte er und kam näher. „Auch wenn es schwer fällt – manchmal ist es besser, sich einzugestehen, dass es keine Möglichkeit ...“

„Nein!“, unterbrach Amy ihn und trat einen Schritt auf ihn zu, um ihm zu erklären, was sie dachte. Doch kaum hatte sie Spartan den Rücken zugekehrt, riss er den Kopf empor. Sie sprang beiseite, als sie ihn herumschwingen sah, doch ihr Großvater reagierte nicht so schnell. Spartans Zähne gruben sich in seinen nackten Arm.

Er stieß einen Schmerzensschrei aus. Erschrocken griff Amy nach Spartans Halfter – aber es war zu spät.

„Mein Arm!“ Der Großvater stöhnte. Spartans Zähne hatten einen hässlichen, tiefroten Abdruck auf der Haut hinterlassen.

„Oh Grandpa, es tut mir schrecklich Leid!“, keuchte Amy. Sie musterte Spartan. Ohne das geringste Anzeichen von Reue stand er da, die Ohren noch immer angelegt. Der Großvater lief eilig aus der Box. Amy rannte ihm hinterher. „Das war ein Versehen“, sagte sie. Ihre Augen füllten sich mit Tränen. „Er hat es nicht mit Absicht getan." Hinter ihr krachten Spartans Hufe gegen die Boxenwand. „Bitte, Großvater, er hat es nicht so gemeint!"

Aber Jack Bartlett schwieg. Er hielt sich noch immer den Arm, als er über den Hof in die Küche lief. Amy sah ihm zu, wie er den Erste-Hilfe-Kasten holte und die Bisswunde säuberte. Sie fühlte sich schrecklich und versuchte instinktiv zu helfen. „Ich hole dir Arnikasalbe", sagte sie, „das lindert die Schwellung!"

Amy eilte über den Hof. In einem kleinen Schränkchen in der Futterkammer bewahrten sie all ihre pflanzlichen Heilmittel auf. Mit der Salbe in der Hand kam sie zurück in die Küche.

Der Großvater rieb sich den Arm damit ein. Sein Blick war ernst. Als er den Salbentiegel zuschraubte, blickte er Amy tief in die Augen. Er sprach leise, aber bestimmt. „So geht das nicht weiter, Amy! Eines Tages wird er dich ernsthaft verletzen!"

Amy schluckte. „Wird er nicht, Grandpa! Er wird es schaffen. Er braucht einfach nur noch etwas Zeit!"

„Ich würde dir gerne glauben, wirklich – aber ich kann es nicht!" Der Großvater seufzte tief. „Ich glaube …" Aber noch bevor er seinen Satz beenden konnte, hörten sie, dass ein Auto auf den Hof fuhr.

Amy blickte aus dem Fenster. „Das sind Lou und Carl!"

Amy war erleichtert. Die Ankunft der beiden würde den Großvater eine Weile ablenken.

„Wir sprechen uns noch", sagte Jack Bartlett und lief zur Tür.

Lous Freund war ausgestiegen und betrachtete eingehend die Gegend. Sein dunkles Haar war tadellos frisiert, seine Augen waren hinter einer Sonnenbrille verborgen. Überrascht stellte Amy fest, dass er Jeans trug, dazu einen Ledergürtel mit einer breiten Schnalle, an den Füßen hatte er feste Stiefel. Aus irgendeinem Grund hatte sie damit gerechnet, dass er im Anzug aufkreuzen würde – so, wie er gekleidet war, als sie ihn das letzte Mal gesehen hatte. Sie betrachtete ihn genauer – alles an ihm sah neu und teuer aus, aber er gab sich ganz offensichtlich Mühe, lässig zu wirken.

Lou kam ums Auto gelaufen. „Du erinnerst dich bestimmt an Großvater und Amy, nicht wahr, Carl?" Lou strahlte glücklich.

„Aber sicher." Carl lächelte Amy zu, dann lief er zum Großvater. „Nett, Sie wiederzusehen, Jack!"

„Hatten Sie einen angenehmen Flug?", erkundigte sich Jack Bartlett.

Carl nickte. „Ja, danke." Er blickte sich um. „Das sieht hier ja ganz nett aus."

Jack Bartlett lächelte. „Uns gefällt es auch. Bringen Sie doch Ihre Sachen ins Haus, dann kann Lou Ihnen alles zeigen."

„Ja, gerne." Er holte eine grün-braune Reisetasche aus dem Kofferraum, schulterte sie und folgte dem Großvater und Lou ins Haus.

Amy blieb verwirrt auf dem Hof zurück. Eigentlich machte Carl einen ganz vernünftigen Eindruck. Sie hatte ihn anders in Erinnerung. Nachdenklich lief sie zu Pegasus in die Box und hing ihren Gedanken nach, während sie ihn streichelte.

Nach einer Weile kamen Lou und Carl aus dem Haus zu ihr. „Das ist Pegasus", erklärte Lou, als sie näher kamen. „Er hat Daddy gehört. Er war eines der besten Springpferde der Welt – bevor der Unfall passierte." Carl lief auf das Pferd zu. „Er hat

Angst vor Fremden", warnte Lou ihn. „Du musst vorsichtig sein, wenn du dich ihm näherst!"

Carl lachte selbstsicher. „Ich weiß, wie man mit Pferden umgeht. Als ich klein war, habe ich stundenlang mit dem Pony meines Cousins gespielt. Hallo, alter Knabe!", sagte er, streckte seine Hand aus und wollte Pegasus' Stirn tätscheln. „Wie geht es dir?"

Erschrocken schnaubend machte Pegasus einen Satz nach hinten.

„He!", schrie Carl erschrocken.

Amy runzelte die Stirn. „Du musst etwas freundlicher auf die Pferde hier zugehen. Einige von ihnen haben schlechte Erfahrungen gemacht und sind sehr misstrauisch", versuchte sie höflich zu erklären.

„Ich hab nichts weiter getan, als ihn zu klopfen", verteidigte sich Carl. „Das Pferd hat einen schlechten Charakter, das ist alles."

Wie würdest du reagieren, wenn ein Fremder auf dich zulaufen und dir die Hand auf die Stirn klatschen würde?, hätte Amy am liebsten laut gebrüllt.

Carl wandte sich nun wieder Lou zu. „Also, was kann ich tun? Dieses Pferd hier sieht so aus, als müsste es mal ordentlich gestriegelt werden." Er lief zu Spartans Box hinüber. „Hallo, du Bursche!" Spartan schnappte sofort nach ihm.

„Ich glaube, wir lassen Spartan besser in Ruhe", sagte Lou und zog Carl am Arm hinter sich her. „Aber dort steht ein kleines Pony, das ich dir unbedingt zeigen muss!" Sie deutete hinaus.

„Du meinst sicher Sugar", sagte Carl. „Ich bin schon gespannt auf ihn."

Lou blickte zu Amy. „Wir sind dann also bei Sugar, in Ordnung?“

Amy nickte. Sie sah den beiden nach, als sie über den Hof zum hinteren Stallgebäude liefen und hörte Carl sagen: „Ich fühle mich tatsächlich in meine Kindheit zurückversetzt.“ Nachdenklich runzelte Amy die Stirn. Es war ganz offensichtlich, dass Carl von Pferden überhaupt keine Ahnung hatte – aber warum tat er so als ob?

Am Nachmittag klingelte das Telefon. Matt war am Apparat. „Hallo. Wie geht es dir?“

„Mir geht es gut“, sagte Amy. Und sie setzte hinzu: „Carl ist heute angekommen.“

„Und wie klappt das?“, fragte Matt.

Amy verzog das Gesicht. „Weiß ich noch nicht. Ich bin mir sicher, dass er von Pferden nichts versteht, aber er spielt sich als der große Fachmann auf. Ich glaube, er versucht, Lou zu imponieren.“

„Was ist daran denn falsch?“, fragte Matt verwundert.

„Ich weiß nicht ...“ Amy suchte nach einer Erklärung. „Ich glaube, er bemüht sich ein bisschen zu sehr.“

„Ach so“, sagte Matt, aber er schien Amy nicht wirklich zu begreifen. Er schwieg einen Moment. „Hast du Lust, ins Kino zu gehen?“

Amy seufzte. „Ich hab keine Zeit. Es ist ziemlich viel zu tun, jetzt, wo wir noch alles für die Party vorbereiten müssen. Außerdem hat Carl uns für heute Abend zum Essen eingeladen. Aber komm doch einfach mal bei uns vorbei!“

„Mache ich!“, versprach Matt. „Bis bald!“

Gerade als Amy den Hörer aufgelegt hatte, traten Lou und Carl in die Küche – Hand in Hand. „Hallo!“, sagte Lou mit glänzenden Augen. „Ich dachte mir schon, dass du hier bist. Carl ist einfach super. Kaum angekommen, hat er gleich ein paar tolle Ideen, was wir mit der Heartland Farm machen können!“

„Was für Ideen denn?“, hakte Amy misstrauisch nach.

Carl setzte sich auf einen Stuhl. „Möglichkeiten, wie man aus diesem Ort hier ein profitables Unternehmen machen kann.“ Er legte seinen Arm um Lous Hüften und zog sie näher an sich.

Lou lächelte, beugte sich zu ihm und gab ihm einen Kuss auf die Stirn. „Ich freue mich, dass du hier bist!“, sagte sie zu ihm.

Amy zog ein gelangweiltes Gesicht und lief zur Tür.

„Willst du überhaupt nicht wissen, was für Vorschläge wir haben?“ Lou klang verletzt. „Wir haben darüber nachgedacht, einigen engagierten Leuten eine Patenschaft über die erkrankten Pferde anzubieten: Sie bezahlen einen bestimmten Geldbetrag, und als Gegenleistung erhalten sie regelmäßig ein Schreiben darüber, wie es ihren Schützlingen hier geht, und ein paar Fotos von ihnen.“

Amy schüttelte den Kopf. „Das kann gar nicht funktionieren. Wir können nicht genügend Dauergäste für eine solche Aktion bei uns aufnehmen. Dafür haben wir nicht genug Boxen.“

„Das stimmt“, sagte Lou ernüchtert. Der Glanz wich aus ihren Augen.

„Ich gehe jetzt wieder“, sagte Amy und lief hastig davon, um eine Fortsetzung der Diskussion zu vermeiden.

Während des Essens im Restaurant unterbreiteten Carl und Lou dem Großvater und Amy weitere Ideen für Heartland Farm. Jack Bartlett hörte geduldig zu und nickte, während Amy fühlte, wie sie immer ungeduldiger wurde. Doch sie versuchte, sich nichts anmerken zu lassen. Schließlich war Lou glücklich darüber, dass Carl endlich zu Besuch gekommen war, und Amy wollte ihr den Abend nicht verderben. Sie überlegte sogar, wie sie es anstellen sollte, Carl zu mögen – um Lou einen Gefallen zu tun. Aber als Lou dann erklärte, nach Amys Einwurf am Nachmittag habe Carl vorgeschlagen, die Anzahl der Boxen für hilfsbedürftige Pferde auf fünf zu reduzieren, um die anderen Boxen an gut zahlende Gäste zu vermieten, konnte sich Amy nicht mehr länger beherrschen.

„Wie bitte?" Sie schrie entsetzt auf. Von den Nachbartischen blickten einige der Gäste zu ihnen herüber. Amy sprach leiser. „Was hast du gerade gesagt?"

„Aber es macht Sinn", sagte Lou. „Die Einsteller würden für ihre Pferde Pension bezahlen, und wir würden Gewinn dabei machen."

„Wir werden die Anzahl der Pferde, denen wir helfen, nicht reduzieren!", sagte Amy. „Wir werden überhaupt keine Veränderungen vornehmen!" Sie fühlte, wie es ihr die Kehle zusammenschnürte. „Alles bleibt, wie Mom es hinterlassen hat. Ich will keine Veränderungen!" Ihr Kopf schmerzte. Sie sah, dass der Großvater sie anblickte und anscheinend etwas sagen wollte. „Keine Veränderungen!", wiederholte sie. Plötzlich konnte sie es nicht länger ertragen, am Tisch zu sitzen. Sie stand auf und lief eilig zur Toilette.

Amy betrachtete sich im Spiegel. Sie war blass, und unter ihren grauen Augen lagen tiefe Ringe. Gedanken wirbelten ihr durch den Kopf – Lou und Carl, Spartan, Veränderungen auf der Heartland Farm, Mom …

Sie schloss die Augen und drückte ihre Stirn gegen das kalte Glas des Spiegels, um sich abzukühlen. Sie wünschte, sie wäre irgendwo anders – egal wo, nur weit weg von hier.

Wie jedes Mal, wenn sie sich aufgeregt hatte, kamen auch in dieser Nacht die Albträume zurück. Wieder hörte sie das krachende Geräusch, mit dem der Baum zu Boden fiel, das Prasseln des Regens auf dem Dach des Autos, das Pfeifen des Sturms draußen und den Donner, und wieder sah sie, wie der Baum auf sie zustürzte. Als Amy das Licht anknipste, war es halb vier. Sie wühlte sich aus den Laken, setzte sich aufrecht und wartete darauf, dass das Rasen ihres Herzens nachlassen würde.

Sie holte tief Luft und zog die Bettdecke fester um sich. Dann hob sie eine Zeitschrift vom Boden auf und begann, darin herumzublättern. Sie hatte bestimmt schon eine halbe Stunde gelesen, als die Tür zu ihrem Zimmer vorsichtig geöffnet wurde. Der Großvater stand im Türrahmen und blickte Amy besorgt an.

„Amy?“, fragte er leise. „Es ist vier Uhr in der Früh. Was ist los? Warum hast du dein Licht an?“

„Ich … ich kann nicht schlafen“, sagte sie.

Seine Miene hellte sich etwas auf. Er kam zu ihr und ließ sich auf ihrer Bettkante nieder. „Hast du wieder schlecht geträumt?“

Amy nickte.

Jack Bartlett betrachtete Amy einen Moment lang, dann

strich er ihr übers Haar. „Nachts ist es immer am schlimmsten, nicht wahr?", sagte er leise. „Es gibt Nächte, da liege ich stundenlang wach und mache mir Vorwürfe, weil ich es zugelassen habe, dass du mit deiner Mom bei diesem Unwetter losgezogen bist. Warum nur habe ich euch nicht aufgehalten?"

Amy starrte ihren Großvater an. „Aber es ist nicht deine Schuld, Grandpa!"

„Das weiß ich", sagte er. „Ganz tief da drinnen, da weiß ich, dass nichts und niemand deine Mom hätte abhalten können, an jenem Abend hinauszufahren. Sie hatte ihren Entschluss gefasst. Und umgekehrt: Nichts und niemand hätte sie dazu bewegen können, sich auf den Weg zu machen, wenn sie es nicht selbst gewollt hätte. Aber so ist das mit der Trauer." Seine Augen suchten Amys. „Man denkt immer, dass man etwas hätte unternehmen können. Man sucht immer die Schuld bei sich."

Amy schluckte, als sich der Großvater zu ihr vorbeugte und sie in den Arm nahm. „Es wird mit der Zeit leichter werden, meine Kleine", sagte er. „Ich bin ganz sicher." Er schaukelte sie in seinen Armen sachte hin und her.

Amy schloss fest die Augen. Von den vielen nicht geweinten Tränen war ihr die Kehle wie zugeschnürt. *Hatte der Großvater Recht?* Sie wusste, dass er sich nichts vorzuwerfen hatte, aber was war mit ihr? Sie hatte Mom dazu gedrängt, an jenem Abend Spartan zu retten. Und doch hämmerten seine Worte in ihrem Kopf: *Nichts und niemand hätte sie dazu bewegen können …* Sie wünschte sich verzweifelt, dass sie seinen Worten Glauben schenken könnte – dass sie *ihm* wirklich glauben könnte!

Eigentlich wollte Carl nur eine Nacht auf der Heartland Farm bleiben, aber dann verlängerte er seinen Besuch um den ganzen nächsten Tag. Amy wünschte sich nichts sehnlicher, als dass er endlich verschwinden würde. Sie war überzeugt davon, dass Carl sein Interesse an der Farm nur heuchelte. Und die Vorstellung, dass Lou seine Schauspielerei nicht durchschaute, war ihr unerträglich. Aber Lou schien nicht zu bemerken, was vor sich ging, so begeistert war sie von der Tatsache, endlich jemanden gefunden zu haben, der ihren Plänen für Heartland begeistert zuhörte.

Nachdem Amy abends die Pferde gefüttert hatte, ging sie in die Küche. Lou und Carl hatten sich zum Ausgehen schick gemacht. „Räum deine Schuhe weg", mahnte Lou automatisch.

Stur kickte sie ihre Turnschuhe in eine Ecke. Sie war müde und wollte Lous Gemecker nicht hören. „Wir brauchen Futter, Lou", sagte sie unwirsch.

„Ich habe welches bestellt", antwortete Lou. „Es kommt am Montag."

Amy blickte sie überrascht an. „Aber McCullochs liefert montags nicht aus!"

„Wir bestellen auch nicht mehr bei McCullochs", entgegnete Lou. „Sie sind einfach zu teuer. Carl und ich haben heute Nachmittag alle Preise verglichen. Rathmores liefert uns die gleiche Menge zum halben Preis, also haben wir beschlossen, dort zu bestellen."

Amy starrte Lou ungläubig an. „Du hast *was?*", fragte sie.

„Ich habe beschlossen, dass wir bei Rathmores bestellen!", wiederholte Lou. „Und die liefern montags aus!"

„Eine ausgezeichnete Idee!“, sagte Carl, der nun ebenfalls in die Küche kam und die letzten Worte gehört hatte. „Das ist viel wirtschaftlicher so!“

„Ist es nicht!“ Amy war wütend. „Du wirst die Bestellung stornieren müssen, Lou! Ausgerechnet Rathmores! Das Futter dort ist von ganz mieser Qualität. Wenn wir das den Pferden geben, brauchen wir die doppelte Menge! Das spart überhaupt kein Geld. Und es gefährdet die Gesundheit der Pferde – denen, die unter Verdauungsproblemen leiden, können wir es gar nicht erst geben! Sie bekommen davon Koliken oder reagieren allergisch. Es ist einfach kein gutes Futter!“

„Das habe ich nicht gewusst!“, sagte Lou. Hilfe suchend sah sie Carl an. Doch der schüttelte den Kopf.

„Und warum hast du dann nicht gefragt?“, erwiderte Amy bissig.

„Ich hielt es für eine gute Idee“, sagte Lou kleinlaut. „Und überhaupt hörst du mir sowieso nie richtig zu! Du versuchst nur zu verhindern, dass sich etwas ändert!“

„Und weißt du auch warum?!“, brach es aus Amy heraus. „Es gibt hier wirklich viel zu tun, aber das kriegst du nicht in den Griff, indem du so etwas Simples tust wie anderes Futter zu bestellen.“

Bald darauf hörte Amy, dass die Hintertür geöffnet wurde. Sie war oben in ihrem Zimmer und sah, wie Lou und Carl Hand in Hand zum Auto schlenderten. Beide hatten den Streit von vorhin vergessen, sie lachten. Amy wurde auf einmal bewusst, dass sie ihre Schwester schon seit langem nicht mehr lachen gehört hatte. Konnte es falsch sein, dass sie, Amy, Carl nicht mochte? Es war nicht zu übersehen, dass Lou mit ihm sehr glücklich war.

Amy dachte weiter darüber nach, während sie zusah, wie die beiden ins Auto stiegen. Sie wollte, dass Lou glücklich war, aber sie schaffte es einfach nicht, ihre Ablehnung gegen Carl zu unterdrücken. Sie seufzte. Vielleicht sollte sie sich etwas mehr um eine andere Haltung bemühen. Schließlich wollte sie nur zu gerne, dass Lou auf Heartland blieb – selbst wenn das heißen würde, dass Carl öfter hier wäre.

Es würde nicht einfach werden, aber sie musste es versuchen.

Am nächsten Morgen saßen der Großvater und Amy in der Küche und tranken Kaffee, als Lou allein zum Frühstück erschien. Carl schlief noch.

„Hallo."

Amy begrüßte ihre Schwester freundlich; sie versuchte, den Entschluss, den sie am Abend zuvor gefasst hatte, in die Tat umzusetzen.

Lou lächelte schwach.

„Hattet ihr gestern einen schönen Abend?", fragte Jack Bartlett.

„Ja, danke." Lous Stimme klang gedrückt.

Jack Bartlett musterte sie gründlich. „Lou? Was ist denn los?"

„Nichts", antwortete sie. Sie saß am Tisch und fing an, mit einem Stift herumzuspielen. Immer und immer wieder drehte sie ihn zwischen ihren Fingern hin und her. „Oder doch – vielleicht!" Plötzlich legte sie den Stift hin, holte tief Luft und betrachtete die beiden am Tisch. „Ich muss es euch sagen. Carl hat eine neue Stelle in Chicago und er hat mich gefragt, ob ich mit ihm gehe!“

Amy starrte ihre Schwester überrascht an. „Du gehst nicht, oder? Chicago ist elend weit weg! Noch weiter als New York.“

Lou sagte kein Wort.

„Lou?“, fragte der Großvater.

„Ich habe zu ihm gesagt, dass ich darüber nachdenken werde“, antwortete Lou schließlich. „Aber ich denke … ich denke, ich werde Ja sagen.“

6

Amy folgte Lou auf dem Weg zur Futterkammer. Obwohl sie sich seit Wochen häufig zankten, wollte sie doch, dass Lou auf Heartland blieb. Sie hatten die meiste Zeit ihres Lebens getrennt verbracht, nachdem Lou ihren Wunsch durchgesetzt hatte, auf einem Internat in England bleiben zu dürfen. Amy und ihre Mutter waren allein nach Virginia gezogen, um beim Großvater zu leben.

Amy fühlte, dass sie, trotz allen Streits, gerade begann, ihre Schwester besser kennen zu lernen. Sie wollte sie nicht schon wieder verlieren.

„Du gehst nicht wirklich nach Chicago, oder?“, fragte sie. „Was würdest du dort tun?“

„Ich würde mir einen Job suchen“, sagte Lou und füllte die Futtereimer. „Vielleicht könnte ich sogar in meiner jetzigen Firma bleiben und einfach in die Niederlassung nach Chicago wechseln.“

„Chicago ist so weit weg“, stammelte Amy. „Bitte Lou, geh nicht dahin. Bleib hier bei uns.“

Plötzlich richtete Lou sich auf. In ihren blauen Augen stand blanker Zorn. „Warum?“, fragte sie. „Du hast mir schließlich immer wieder deutlich genug zu verstehen gegeben, dass ich hier keine Hilfe bin!“

Amy fühlte sich hin- und hergerissen. Sie wollte nicht, dass

Heartland sich veränderte, so wie Lou es vorschlug, aber sie wünschte sich sehnlich, dass ihre Schwester blieb. „Doch …“

„Hör auf damit, Amy!“, unterbrach Lou sie verbittert. „Ich weiß genau, was du denkst. Versuch nicht, mir irgendetwas vorzumachen!“

„Aber, Lou …“

„Ich möchte nicht mehr darüber reden!“ Lou erhob ihre Stimme. „Schluss mit der Diskussion!“ Sie knallte den Eimer auf den Boden, dann lief sie aus der Futterkammer ins Freie.

Nach dem Frühstück machten sich Lou und Carl auf den Weg zum Flughafen. „Danke, dass ich kommen durfte“, sagte Carl und schüttelte dem Großvater die Hand. „Es hat mir sehr gut gefallen.“ Er drehte sich um und winkte Amy zu. „Bis demnächst!“

„Tschüss“, sagte Amy einsilbig. Sie wünschte sich, Carl wäre niemals hier gewesen. Wenn es ihn nicht gäbe, würde Lou auch nicht darüber nachdenken, von Heartland wegzugehen.

Lou zog ihn am Arm. „Komm jetzt, sonst verpassen wir noch dein Flugzeug.“ Sie wandte sich zum Großvater. „Ich bin zum Mittagessen wieder da.“

„Vergiss nicht, dass wir heute Nachmittag ins Kino wollen“, erinnerte er sie.

Lou nickte.

„Schade, dass ich nicht hier bleiben kann“, sagte Carl. „Aber die Arbeit ruft.“

Gott sei Dank, dachte Amy.

Nachdem Carl und Lou vom Hof gefahren waren, ging Amy zu Spartans Box. Sie hatte beschlossen, ihn noch einmal grasen zu lassen.

Spartan rollte wütend mit den Augen und tänzelte unruhig, als sie ihn aus dem Stall führte. Er legte die Ohren an, aber Amy nahm davon keine Notiz. Sie war nicht recht bei der Sache. Die Vostellung, dass Lou nach Chicago gehen würde, verfolgte sie, ließ sie nicht los. Gedankenversunken erreichte sie die Wiese und vergaß dabei völlig, dass es Spartan war, den sie führte. Sie lockerte ihren Griff.

Wie von der Tarantel gestochen machte Spartan einen Satz nach hinten, bäumte sich auf und versuchte, Amy zu entkommen. Der Führstrick glitt Amy aus den Händen und verbrannte ihr die Finger. Überrascht taumelte Amy rückwärts. „Spartan!"

Das Pferd warf sich mit der Schulter gegen sie und brachte sie aus dem Gleichgewicht. Amy fiel. Sie schlug mit dem Kopf gegen einen hölzernen Zaunpfosten. Benommen blieb sie liegen.

Spartan bäumte sich über ihr auf. Seine dunklen Augen blitzten vor Wut, und seine Vorderhufe wirbelten wild durch die Luft. Amy schrie und schloss die Augen.

„Aufhören!" Das war Jack Bartletts Stimme. Amy riss die Augen auf. Mit hochrotem Kopf und völlig außer Atem griff der Großvater nach dem Ende der Longe und versuchte verzweifelt, das Pferd wegzuziehen. Jetzt war Spartan abgelenkt und ließ von seinem Opfer ab. Er schüttelte wild den Kopf und konzentrierte seine ganze Aufmerksamkeit auf Jack Bartlett. Mühsam rappelte sich Amy hoch. Obwohl ihr schwindelig war, versuchte sie Spartans Kopf zu greifen. Er sprang zurück, als sie in sein Halfter griff, doch sie hielt krampfhaft fest. „Ruhig!" Schließlich hielt das Pferd inne und starrte Amy wutschnaubend an. Es zitterte am ganzen Körper.

„Amy!“, rief der Großvater. „Ist alles in Ordnung?“

Amy nickte, aber sie ließ ihren Blick keinen Augenblick von Spartan. „Ich bringe ihn zurück in seine Box“, sagte sie. Sie wartete die Reaktion ihres Großvaters nicht ab und führte das Pferd über den Hof. Ihre Knie waren noch immer weich.

Sie brachte Spartan in die Box und schaffte es, rechtzeitig hinauszuschlüpfen, bevor seine Hufe aufsässig gegen die Holztür krachten.

Im nächsten Augenblick war der Großvater neben ihr und umklammerte sie mit beiden Armen. „Oh Amy!“, rief er aus. „Ich hatte schon befürchtet, dass er dich umbringt!“

Die Wärme und die Sicherheit, die der Großvater ausstrahlte, gaben ihr den Rest. Erschöpft gaben ihre Knie nach. Amy sank zu Boden.

Der Großvater stützte sie und führte sie ins Haus. Dann untersuchte er sorgsam ihren Kopf. „Das gibt eine ordentliche Beule, aber ich denke, es ist nicht weiter schlimm!“ Er nahm ihre Hand, und in seinen Augen standen Furcht und Erleichterung zugleich. „Als ich aus dem Fenster geschaut habe und zusehen musste, wie er dich umwarf, dachte ich, meine allerschlimmsten Albträume wären Wirklichkeit geworden!“

„Gott sei Dank *hast* du gerade aus dem Fenster gesehen!“ Amy lief ein Frösteln über den Rücken bei dem Gedanken, was vielleicht hätte geschehen können, wenn der Großvater nicht zur Stelle gewesen wäre.

Jack Bartlett strich ihr übers Haar. „Das Pferd ist bösartig, Amy! Wir haben keine andere Wahl – wir müssen es einschläfern lassen!“

Amy starrte den Großvater an. „Grandpa! Wir dürfen ihn nicht aufgeben!“

„Wir müssen!“, sagte der Großvater und seine Stimme klang so entschlossen wie nie zuvor. „Ein Pferd wie Spartan ist nicht heilbar. Ich weiß, dass es nicht einfach ist für dich, dies zu akzeptieren, aber er ist eines der wenigen Pferde, denen hier auf Heartland Farm nicht geholfen werden kann. Ich werde Scott gleich morgen früh anrufen.“ Amy öffnete den Mund, um dem Großvater zu widersprechen. Aber Jack Bartlett duldete keine Widerrede. „Es tut mir Leid, Amy. Aber diesmal gibt es kein Zurück!“ Er drückte ihr die Schulter. „Du bedeutest mir viel mehr als alle Pferde dieser Welt!“

Verzweifelt hob Amy die Stimme. „Aber Großvater …“

„Nein, Amy!“, sagte der Großvater traurig. „Kein Aber! Diesmal nicht!“ Er seufzte. „Ich denke, es wird am besten sein, wenn du dich erst mal eine Weile ausruhst!“

Benommen lief Amy die Treppe zu ihrem Zimmer hinauf. Sie zog die Jeans aus und legte sich in ihr Bett. Sie konnte nicht zulassen, dass Spartan eingeschläfert wurde. Es musste doch etwas geben, worauf er reagieren würde …

Die Antwort durchzuckte sie wie ein Blitz! *Join-up!* Sie hatte es noch nicht probiert, weil sie Angst davor hatte, was Spartan vielleicht anstellen würde – aber es war ihre letzte Chance! Es war *seine* letzte Chance. Wenn es ihr gelingen würde, eine Verbindung zu ihm herzustellen, würde sie es auch schaffen, sein Vertrauen wiederzugewinnen. Der Gedanke erfüllte sie mit Hoffnung. Spartan *könnte* versuchen zu entkommen, aber das war ein Risiko, das sie eingehen musste.

Sie setzte sich aufrecht. Wann sollte sie damit beginnen? Es musste zu einem Zeitpunkt geschehen, an dem niemand in der Nähe war. Der Großvater würde es nicht zulassen, dass sie sich Spartan noch einmal näherte.

In diesem Moment hörte sie ein Klopfen an ihrer Tür. Es war Jack Bartlett. „Wie geht es dir?", fragte er.

„Mein Kopf tut noch weh", antwortete Amy. „Aber ansonsten geht es mir gut."

„Gott sei Dank", meinte der Großvater, „aber trotzdem sollten wir den Kinobesuch heute Nachmittag ausfallen lassen."

Das Kino! Amy hatte schon fast vergessen, dass sie heute Nachmittag ja ins Kino gehen wollten. Ein Plan nahm in ihr langsam Gestalt an. Sie hielt sich die Hand an die Stirn und legte sich zurück in ihr Kissen. „Für mich ist Kino heute wirklich nichts. Aber das ist kein Grund, dass Lou und du – dass ihr nicht allein gehen könntet", sagte sie. „Ihr müsst euch nicht um mich kümmern."

Der Großvater schüttelte den Kopf. „Ich kann dich unmöglich allein lassen, nachdem du so gestürzt bist!"

„Ich kann Matt anrufen. Er kann vorbeischauen und mir Gesellschaft leisten", sagte Amy.

Der Großvater sah nicht überzeugt aus.

„Ich glaube, es wäre gut, wenn du mit Lou ein wenig Zeit alleine verbringen würdest", sagte Amy. „Du könntest mit ihr über ihre Pläne, nach Chicago zu gehen, sprechen. Bestimmt erzählt sie dir viel mehr, wenn ich nicht dabei bin." Amy sah den Großvater genau an. „Du willst doch auch nicht, dass sie geht, oder?"

„Natürlich nicht. Aber das ist ganz allein ihre Entscheidung." Einen Moment lang hing der Großvater seinen eigenen Gedanken nach. Dann meinte er: „Vielleicht hast du Recht. Es wäre wirklich eine gute Gelegenheit, mit Lou zu reden." Er stand auf. „Mal sehen, wie es dir in ein paar Stunden geht."

Am Nachmittag hatte Amy den Großvater und Lou davon überzeugt, dass sie fit genug war, um allein zu bleiben. „Alles in Ordnung", sagte sie, als der Großvater nach dem Mittagessen in ihr Zimmer kam. „Ich habe Matt angerufen." Sie sagte nicht, dass Matt Fußball spielen gegangen war und sie seiner Mutter erklärt hatte, ihr Anruf sei nicht wichtig.

„Wenn du wirklich meinst", sagte der Großvater. „Aber wir bleiben nicht lange weg. Versprich mir, dass du dich ausruhst."

„Ich verspreche es", sagte Amy.

Der Großvater runzelte die Stirn. „Vielleicht warten wir besser, bis Matt da ist."

„Nein!", sagte Amy schnell. Sie bemerkte, wie überrascht er sie ansah. „Wenn ihr jetzt nicht gleich losgeht, verpasst ihr den Anfang vom Film!"

„Also gut", gab der Großvater seufzend nach. Er beugte sich zu ihr und gab ihr einen Kuss. „Pass auf dich auf!"

Amy nickte und tat, als müsse sie gähnen. „Ich glaube, ich mache erst mal ein kleines Nickerchen!"

Jack Bartlett war erleichtert. „Braves Kind. Also dann, bis nachher!"

Amy lag in ihrem Bett und lauschte seinen Schritten, als er die Treppe hinunterlief. Sie hörte, wie er und Lou zum Auto gingen und der Motor gestartet wurde. Da krabbelte sie aus ihrem

Bett und sah ihnen durchs Fenster nach, als sie losfuhren. *Endlich!*

Sie wartete ein paar Minuten, um sicherzugehen, dass die beiden auch nicht zurückkamen. Dann zog sie ihre Jeans über, rannte die Treppen hinunter und hinaus aus dem Haus. Der Hof lag ruhig da. Es war heiß und schwül. Die Pferde dösten träge in ihren Boxen. In der Ferne türmten sich dunkle Wolken am Himmel. Amy spürte, dass sich ein Gewitter zusammenbraute.

Sie holte eine Longe aus der Sattelkammer und ging mit klopfendem Herzen zu Spartans Box. Die Stille auf dem Hof war so ungewöhnlich, dass Amy für einen Augenblick sogar einen Anflug von Einsamkeit fühlte. Sie war vollkommen allein. Allein mit Spartan.

Amy atmete tief durch. Es sollte also sein!

Sie öffnete die Boxentür. Erhobenen Kopfes sprang Spartan zurück, seine Muskeln spannten sich unter dem braunen Fell. Ein Adrenalinstoß schoss durch ihre Adern, als sie eintrat. „Ruhig, Junge!"

Spartan schnaubte laut. Ununterbrochen auf ihn einredend näherte sich Amy. Mit einer raschen Drehung wollte er ihr die Hinterhand zukehren, doch Amy folgte seiner Bewegung flink und bekam sein Halfter zu fassen, bevor er ausschlagen konnte. „Oh, Spartan", sagte sie verzweifelt. „Hab doch keine Angst vor mir!"

Sie tat noch einen tiefen Atemzug, schnallte die Longe ein und führte ihn hinaus. Er tänzelte ungehalten neben ihr her. Ein großer Regentropfen fiel auf ihren Arm, dann noch einer, doch sie ignorierte das. Regen oder nicht Regen – sie hatte nur diese eine Chance mit Spartan. In ein paar Stunden wären der Großvater und Lou zurück und die Gelegenheit wäre vorüber.

Sie führte Spartan ins Roundpen und schloss sorgfältig das Gatter hinter sich. Während sie ihn in die Mitte führte, musterte sie besorgt den Zaun. Er war nicht besonders hoch, kaum höher als einen Meter zwanzig. Vermutlich könnte Spartan ihn mühelos überspringen. Sie zögerte, ihn von der Longe zu lassen. Was, wenn er fliehen würde? Doch welche Wahl hatte sie überhaupt? Sie ging das Risiko ein. Mit einer entschlossenen Bewegung schnallte sie die Longe aus und trat zurück.

Spartan blieb überrascht stehen. Als er bemerkte, dass er frei war, riss er den Kopf empor, drehte auf der Hinterhand ab – und raste zu Amys Entsetzen auf den Zaun zu.

„Stopp!“ Amy rannte schreiend hinter ihm her.

Spartan stemmte die Vorderhufe in den Boden und blieb abrupt stehen. Er wirbelte herum und starrte sie an. Augenblicklich blieb sie stehen. Sie war in seinem bösen Blick voll unbändiger Feindseligkeit gefangen. Zum ersten Mal in ihrem Leben hatte sie Angst vor einem Pferd. Und ihr wurde plötzlich bewusst, wie wehrlos sie war mit nichts weiter als der Longe in der Hand. Sie trat unsicher einen Schritt zurück. Über ihnen entlud sich der erste Donner und mit einem wilden Wiehern stürzte Spartan auf sie zu.

Als seine Hufe über den Sand flogen, verwandelte sich Amys Angst plötzlich in glühende Wut. Wie konnte er es wagen, sie anzugreifen! Nachdem sie ihn verteidigt, sich um ihn gekümmert, an ihn geglaubt hatte! Mit aller Kraft schleuderte sie die Longe nach ihm. „Nein!“, schrie sie, rasend vor Zorn.

Erschreckt von der herabsausenden Longe, drehte er ab und galoppierte in einem Bogen um sie herum. Amy hob die Longe vom Boden auf. „Was gibst du *mir* die Schuld!“, schrie sie. „Es war nicht *mein* Fehler!“ Wieder stoppte Spartan mit einem Ruck, fuhr herum und stieg in die Luft. Seine Augen sprühten blanken Hass. Erneut schleuderte Amy ihm die Longe entgegen. „Ich bin nicht schuld! Ich bin nicht schuld!“

Mit einem entsetzten Schnauben kam Spartan auf den Boden und jagte vor ihr davon. Grollend ließ ein zweiter Donner die Luft erbeben und heftiger Regen brach über sie herein. Amy nahm keine Notiz davon. Sie hob die Longe wieder auf und setzte Spartan weiter zu. „Weiter, weiter, mach, dass du wegkommst!“

Wohin er sich auch wandte, verfolgte sie ihn mit der Longe, blind vor Wut. Ein Blitz zerriss den Himmel. Der Regen strömte über Amys Gesicht und vermischte sich mit ihren Tränen. Weiter und weiter jagte sie Spartan durch Sturm und Regen. Sein Fell war durchweicht von Wasser und Schweiß.

Sie wusste nicht, wie lange sie ihn durch den Ring gescheucht hatte. Doch nach vielen, vielen Runden schien die Wut aus Spartans Blick zu weichen. Er begann ruhiger und rhythmischer zu galoppieren und mit den Ohren zu spielen, das innere auf Amy ausgerichtet. Ein Schauder durchlief sie. Es war das *erste Signal* für eine Kontaktaufnahme! Spartans wilde Runden, seine Versuche, ihr zu entfliehen, hatten zur ersten Phase des Join-ups geführt! Es gab keinen Zweifel, sein inneres Ohr war auf sie fixiert, sein rasender Galopp war in einen gleichmäßigen Kanter übergegangen.

Atemlos und durchnässt folgte Amy ihrem Instinkt. Sie bewegte sich im rechten Winkel zu Spartans Kopf und versperrte ihm den Weg, indem sie auf den Hufschlag trat. Er drehte auf der Hinterhand und galoppierte in die andere Richtung. Dabei ließ er sie nicht aus den Augen.

Runde um Runde. Amy bekam kaum mit, dass das Gewitter vorüber war. Sie war noch nicht zufrieden. Er musste sie völlig akzeptieren. Sie mussten eine gemeinsame Basis finden. Und dann geschah es: Er begann Kaubewegungen zu vollführen. Er streckte den Kopf zu Boden, bis seine Nüstern fast den Sand berührten und trabte mit tiefem Hals.

Amy trat ein wenig zurück, drehte sich weg und senkte den Blick. Aus den Augenwinkeln sah sie, dass Spartan stehen blieb. Mit gespitzten Ohren sah er zu ihr hinüber. Eine ganze Weile lang stand er reglos. Amy zwang sich, nicht daran zu denken, was Spartan das letzte Mal getan hatte, als sie ihm den Rücken zukehrte. Sie hörte seine Schritte und Schauer liefen ihr über den Körper, doch sie beherrschte sich und blieb mit niedergeschlagenen Augen regungslos stehen. Der Atem kratzte in ihrem wund geschrienen Hals, ihr Herz pochte hart. Was, wenn er beschloss, sie wieder anzugreifen? Er war jetzt nahe und kam noch näher. Sein Hufschlag wurde vom nassen Sand gedämpft. Sie hörte ihn atmen.

Plötzlich spürte sie einen warmen Hauch am Hals und Spartans Nüstern auf ihrer Schulter. Sie hielt die Luft an, während sie sich langsam umdrehte. Spartans Flanken bebten, sein Fell war durchnässt, aber Hass und Wut waren aus seinem Blick verschwunden. Sehr vorsichtig streckte Amy die Hand aus und rubbelte seine Stirn. Zum ersten Mal, seit er nach Heartland gekommen war, duldete er ihre Berührung.

Amys Augen füllten sich mit Tränen, und plötzlich fiel ihr auf, dass es aufgehört hatte zu regnen. Tränen der Freude und Erleichterung wuschen die unablässigen Schuldgefühle der vergangenen Wochen fort. „Spartan“, flüsterte sie und ein Schluchzen brach aus ihrer Kehle hervor. „Es war nicht meine Schuld.“ Sie lehnte den Kopf an seinen Hals. „Es war wirklich nicht meine Schuld.“

Als ihre Tränen auf Spartans dampfendes Fell tropften, wusste sie plötzlich, dass es stimmte – sie hatte keine Schuld an dem Unfall. Wie ihr Großvater gesagt hatte: Ihre Mutter wäre in jener Nacht niemals losgefahren, wenn sie es nicht selbst gewollt hätte. Neue Tränen sprangen empor, Tränen, die aus der Tiefe ihres Herzens kamen, Tränen der Trauer und des Schmerzes, die nicht länger zurückgehalten wurden von der unsäglichen Last der Schuld. Sie schlang die Arme um Spartans Hals, weinte in seine Mähne und fand endlich Trost in seinem wiedergewonnen Vertrauen.

Es dauerte lange, bis ihre Tränen versiegten und Spartans Atem sich beruhigte. Als sie den Blick hob, sah sie, dass die Wolken fort zogen. Die Sonne schimmerte hindurch und tauchte die Blätter der Bäume neben dem Roundpen in schimmernden Glanz.

Amy war von neuer Entschlossenheit erfüllt, fest und leidenschaftlich. Niemals würde sie ihre Mutter zurückbringen können, aber Spartan konnte sie helfen. Sie küsste seinen Hals. „Ich schwöre dir, alles wird gut“, flüsterte sie, als er sich nach ihr umwandte. „Ich schwöre es!“ Als sie in seine dunklen, ruhigen Augen sah, wusste sie, dass ihre Mutter dasselbe getan hätte.

Amy brachte Spartan zurück in seine Box und holte Heu und frisches Stroh für ihn, um ihn damit trockenzureiben. Als sie über seinen Rücken rubbelte, hielt sie plötzlich inne. Nahe am Widerrist hatte sie einige weiße Haare entdeckt. Es war das erste Mal, dass sie ihm nahe genug gekommen war, um sie zu sehen. Intensiv untersuchte sie die Stelle, teilte das Haar mit den Fingern. Ihre Augen weiteten sich erstaunt. Es war ein altes Brandzeichen. Man hatte es braun gefärbt, um es dem Fell anzugleichen, aber unter den dunklen Spitzen wuchsen jetzt die weißen Haare nach. Amy überlegte, dass die Diebe Spartans damals diese Stelle gefärbt haben mussten, damit er nicht mehr identifizierbar war. So genau Amy das Zeichen auch untersuchte, es war unmöglich, die Buchstaben in dem zweifarbigen Fell zu entziffern, doch vielleicht wäre die Schrift lesbar, wenn man das Fell abschor? Heftige Aufregung erfasste sie. Vielleicht konnten sie Spartan zu seinem ehemaligen Besitzer und seinem normalen Leben zurückbringen!

Sie trocknete ihn fertig ab und ließ sich dann nahe der Futterkrippe ins Stroh sinken. Spartan zupfte zufrieden am duftenden Heu. Amy beobachtete ihn, ganz hingerissen von seinem veränderten Blick und Verhalten. Entspannt und friedlich malmte er sein Heu.

Ich sollte ihn noch mal überputzen, dachte Amy gähnend, zu erschöpft, um sich zu rühren. Sie lehnte sich zurück und schloss die Augen. *Ich ruh mich nur zwei Minuten aus*, dachte sie. In Sekundenschnelle war sie eingeschlafen.

7

„Amy! Du liebe Güte!"
Lous Stimme ließ Amy erschrocken auffahren! Sie sprang hastig auf die Füße, blinzelte und blickte sich verwirrt um.

Mit bleichem Gesicht starrte Lou ihre Schwester an. „Grandpa! Schnell!", rief sie ihm über die Schulter zu. „Amy ist was passiert!"

„Nein! Mir geht es gut!", rief Amy schnell und rappelte sich auf. „Ich bin nur etwas eingeschlafen!"

Jack Bartlett kam eilig herbeigelaufen. „Was um Himmels willen machst du hier in Spartans Box?", zeterte er los.

Amy sah die Furcht, die ihm ins Gesicht geschrieben stand. „Alles ist okay!", wiederholte sie. Hastig begann sie zu erklären: „Spartan geht es besser!" Sie lief auf das Pferd zu.

„Amy! Komm sofort da raus!", rief Lou mit schriller Stimme.

„Nein! Sieh doch!" Amy legte ihre Hand sachte auf Spartans Schulter und hoffte, dass er positiv reagieren würde, hoffte, dass ihre Arbeit da draußen auf dem Trainingsplatz tatsächlich ein Erfolg gewesen war. Neugierig drehte Spartan ihr seinen Kopf zu. Amy war erleichtert zu sehen, dass sein Blick ruhig war. Sie lief um ihn herum und strich ihm über die Stirn. „Seht nur!", sagte sie zu Lou und dem Großvater. Staunend betrachteten die beiden, was da vor sich ging.

„Was ist passiert?", wollte Lou wissen.

„Ich habe ein Join-up mit ihm gemacht und jetzt vertraut er mir!“ Während sie so sprach, wurde ihr bewusst, dass das, was da draußen auf dem Trainingsplatz geschehen war, mit Worten nur unzulänglich zu beschreiben war. Es würde ihr nie gelingen, das auszudrücken, was sie gemeinsam durchgestanden hatten – diese Explosion aus Wut und Schuld, der Zorn, ihre Schonungslosigkeit. Dazu das schreckliche Gewitter, das die Erinnerung an die Unfallnacht zusätzlich heraufbeschworen hatte. Nie zuvor hatte sie etwas Ähnliches erlebt und – obwohl es letzten Endes eine gute Erfahrung gewesen war – sie hoffte, nie wieder etwas Derartiges erleben zu müssen.

Der Großvater und Lou blickten noch immer ungläubig auf sie und Spartan, aber die Situation war unmissverständlich. Als wäre er das kleine Pony Sugar, stand Spartan zahm und geduldig da und ließ sich von Amy streicheln.

Der Großvater öffnete die Stalltür. „Amy Fleming!“, sagte er und strich ihr besorgt durchs Haar. „Ich hatte gesagt, dass ich dich nie wieder in Spartans Nähe lassen würde!“

„Ich weiß.“ Dann strahlte sie ihren Großvater an. „Aber zum Glück habe ich nicht auf dich gehört!“ Sie verließen die Box. „Und weißt du, Mom hätte ganz genauso gehandelt, Grandpa!“

Jack Bartlett betrachtete sie einen Moment lang schweigend, dann schloss er sie in seine Arme. „Ja, meine Kleine!“, sagte er und gab ihr einen Kuss auf die Stirn. „Ich weiß, das hätte sie.“

Amy griff zum Telefon und wählte Scotts Nummer, um ihm mitzuteilen, dass ihr der Durchbruch mit Spartan gelungen war. Von dem Brandzeichen erzählte sie auch. Und dann, zum ersten Mal seit langer Zeit, schlief sie die ganze Nacht hindurch ruhig.

Am nächsten Morgen stand sie zeitig auf. Die Sonne schien hell in ihr Zimmer. Hastig zog sie sich Jeans und ein T-Shirt über, dann lief sie nach draußen.

Die Umrisse der weiten Hügelkette, die sich hinter der Heartland Farm erstreckte, zeichneten sich deutlich gegen den klaren Himmel ab. Amys Blick reichte bis zum Horizont, sie atmete tief ein und freute sich an der würzigen, frischen Morgenluft. Sie fühlte sich wunderbar erholt und war entschlossen, alles zu tun, was in ihrer Macht stand, um Spartan weiter zu helfen.

Als Ty kam, erzählte sie ihm von den Ereignissen des Vortags. Gemeinsam gingen sie zu dem Pferd.

„Ich glaube, wenn man ihm das Fell an dieser Stelle ausrasiert, kann man das Brandzeichen besser erkennen“, sagte sie.

„Ich hole die Schermaschine“, pflichtete Ty ihr bei. Als er zurückkam, leckte Spartan gerade Amys Schulter. Ungläubig schüttelte Ty den Kopf. „Ich glaube, ich muss mir viel öfter zwei Tage freinehmen!“, scherzte er. „Das ist ein völlig anderes Tier!“

Amy klopfte Spartan auf den Rücken. „Er ist nur einfach wieder der Alte!“

„Das ist dein Verdienst!“, sagte Ty. „Du hast an ihn geglaubt und ihn nicht aufgegeben. Das hast du ganz allein geschafft!“

Amy fühlte, wie ihr die Röte ins Gesicht stieg.

Spartan gesellte sich zu ihnen. „Also … ich glaube, wir versuchen am besten gleich, die Stelle zu scheren“, sagte Ty schnell.

Amy lief um Spartans Kopf. „Ruhig jetzt!“, flüsterte sie dem Pferd zu, als Ty die Schermaschine einschaltete.

Spartan zuckte zusammen, beruhigte sich aber wieder, als Amy ihn streichelte.

Es dauerte nur eine Minute. „Schon passiert!“, sagte Ty und schaltete das Gerät wieder aus.

Eifrig betrachtete Amy das Dreieck, das Ty in Spartans Fell geschoren hatte. Deutlich hoben sich sechs weiße Zahlen gegen die braune Fellfarbe ab.

Ty zog einen Zettel und einen Stift aus der Tasche und notierte sich die Zahlen. „Jetzt müssen wir nur noch Scott anrufen, damit er die Nummer identifizieren lässt.“

„Ich wüsste zu gern, was für Leute die früheren Besitzer Spartans sind“, sagte Amy

„Das werden wir bestimmt bald herausfinden“, erwiderte Ty.

Amy nahm den Zettel und lief ins Haus, um das Telefon in der Küche zu benutzen. Sie telefonierte mit Scott, der versprach ein paar Leute anzurufen. „Aber“, so warnte er, „manchmal sind die Angaben auch veraltet. Mal sehen, was ich herausbekommen kann.“

Als Amy den Hörer auflegte, bemerkte sie, dass Lou das Gespräch mit angehört hatte.

„Hoffentlich findet er sie!“, sagte sie. „Ganz besonders jetzt, wo du ihn von seinem Schock geheilt hast!“

„Ich habe *angefangen*, ihn zu heilen!“, verbesserte Amy ihre Schwester. Sie wusste, dass Spartan noch nicht vollkommen wiederhergestellt war. Er musste sein Vertrauen auch zu anderen Menschen – nicht nur zu ihr – wieder finden. Amy zögerte. Ihre Unstimmigkeiten mit ihrer Schwester kamen ihr auf einmal so sinnlos vor. „Was machst du gerade?“

„Ach, ich gehe die Liste mit den Dingen durch, die ich noch für die Party organisieren muss“, antwortete Lou.

„Kann ich dir irgendwie helfen?", fragte Amy.

Lou blickte überrascht auf. „Aber du hältst das Ganze doch für eine verrückte Idee", sagte sie. „Warum willst du dann helfen?"

Amy errötete. „Ich finde die Idee gar nicht dumm – jedenfalls jetzt nicht mehr", gab sie zu. „Es sieht so aus, als ob die Leute wirklich gerne kämen. Ich … ich hoffe, wir haben Erfolg!" Sie lächelte Lou zu und stellte fest, dass sie das, was sie gerade gesagt hatte, wirklich ehrlich meinte.

Amy verbrachte die nächsten Stunden damit, sich weiter mit Spartan vertraut zu machen. Sie führte ihn auf den Trainingsplatz und ließ ihn erneut im Kreis laufen. Sie wollte das neu erworbene Vertrauen weiter vertiefen. Dann striegelte sie ihn gründlich und versuchte, ihm die Schuppen und den Dreck, der sich in den letzten Wochen auf seinem Fell angesammelt hatte, auszubürsten. Zum Schluss massierte sie ihm die Nüstern mit verdünntem Lavendelöl. Es würde ihm helfen, sich zu entspannen und ihn beruhigen.

Ty blickte über die Tür, als sie fast fertig war. „Lavendel", sagte er und sog den Duft ein. „Das wird ihm gut tun!"

Amy nickte. „Weißt du noch was anderes, das ihm helfen könnte? Er vertraut mir zwar inzwischen, aber ich brauche etwas, das ihm hilft, die traumatischen Ereignisse, die er in den vergangenen Monaten durchgestanden hat, besser zu verarbeiten."

„Wie wäre es mit Walnussblüten?", schlug Ty vor. „Deine Mom hat sie immer dann verwendet, wenn ein Pferd mit Veränderungen zurechtkommen musste – und dazu vielleicht einen Teelöffel Honig im Futter?"

„Oh ja!" Amy nahm Tys Vorschlag begeistert auf. Sie wusste, dass Honig ein hervorragendes Mittel war, um überschüssige Energie zu kanalisieren. Ihre Mom hatte herausgefunden, dass schwierige Pferde gut darauf reagierten – es gab ihnen neue Kräfte, aber es machte die Tiere auf angenehme Weise gefügiger.

In diesem Moment hörten sie einen Wagen, der auf den Hof fuhr. „Das sind Matt und Scott!", sagte Ty.

Amy lief aus dem Stall.

„Hallo!", rief sie, als der Wagen anhielt und die beiden ausstiegen.

„Hallo, Amy!", rief Scott. „Hallo, Ty!"

„Hallo zusammen!", grüßte Ty freundlich. Er konnte den jungen Tierarzt gut leiden.

„Ich habe die tollen Neuigkeiten von Spartan schon gehört!", sagte Matt, als sie gemeinsam zum Stall liefen. „Scott hat mir alles erzählt. Du bist bestimmt sehr zufrieden!"

„Spartan ist ein völlig anderes Pferd!", sagte Ty. „Seht nur, wie er sich zu Amy verhält!"

Scott sah Amy begeistert nach, als sie in Spartans Box lief und das Pferd streichelte. „Dir ist tatsächlich der große Durchbruch gelungen!", sagte er. „Gut gemacht!"

Amys Augen strahlten vor Stolz. Sie lief zur Tür. „Alles nur mit einem Join-up. Ich weiß gar nicht, warum ich das nicht schon früher probiert habe!"

„Hast du schon Nachricht von der Brandzeichenzentrale oder von Spartans Besitzer?", fragte Amy.

„Noch nicht“, antwortete Scott. „Aber sobald sie es wissen, werden sie den Besitzer benachrichtigen.“

„Du kannst bestimmt kaum erwarten, dass er anruft“, sagte Matt. „Dann wäre Spartan endlich wieder in seinem richtigen Zuhause!“

„Ich glaube schon“, sagte Amy. Sie versuchte, ihrer Stimme einen fröhlichen Klang zu verleihen. „Ja. Bestimmt wäre das gut.“

„Aber es wird dir nicht leicht fallen, sich von ihm zu verabschieden, nicht wahr, Amy?“, sagte Scott und warf ihr einen freundschaftlichen Blick zu.

Amy nickte.

„Du willst also gar nicht, dass er geht?“ Matt war erstaunt und verwirrt. „Aber ich dachte, dass ihr euch wünscht, dass sein richtiger Besitzer sich meldet.“

„Ich ... ich wünsche es mir ja auch!“, sagte Amy. Sie bemerkte Matts verwirrten Blick. Sie seufzte. Nicht zum ersten Mal wünschte sie sich, dass Matt etwas mehr Verständnis für Pferde hätte – wie Scott oder Ty zum Beispiel. Dann könnte sie sich vielleicht auch eher vorstellen, mit ihm mehr als nur gut befreundet zu sein.

Nach dem Mittagessen, als Amy aus dem Haus lief, hörte sie ein leises Wiehern. Sie lief zum vorderen Stallgebäude und rechnete damit, dass es Pegasus sein würde, der seinen Kopf aus der Boxentür streckte. Aber es war Spartan. Er wieherte noch einmal. Amy lächelte. „Hallo, guter Junge!“ Sie ging zu ihm und streichelte ihm die Stirn.

Während sie ihm den Kopf rieb, dachte sie darüber nach, womit er weiterhin am besten zu therapieren war. Amy wusste, es ging nicht an, dass er einzig und allein ihr vertraute. Er musste auch andere Menschen akzeptieren. Sie würde so viel Leute wie möglich bitten, sich mit ihm zu beschäftigen – den Großvater, Lou, Ty und auch Scott, wenn er auf der Farm vorbeischaute.

Sie strich Spartan den Schopf aus der Stirn. Wann würde sie ihn reiten können? Bei diesem Gedanken lief ihr ein Schauer über den Rücken. Wann sollte sie es versuchen? Sie beschloss, Ty um Rat zu fragen.

Sie fand ihn in der Futterkammer, wo er gerade damit beschäftigt war, die abendlichen Rationen für die Tiere zu richten. Als sie hereinkam, hob er den Kopf. Er sah sie fragend an.

„Ich habe darüber nachgedacht …“ Amy platzte mit ihrer Frage förmlich heraus. „Wann, glaubst du, kann ich Spartan reiten?“ Sie fühlte einen Kloß in der Kehle aufsteigen. Was würde Ty sagen? Sie respektierte seine Meinung und würde sich an seinem Ratschlag orientieren. So sehr sie auch darauf brannte, auf Spartan zu reiten – wenn Ty meinte, dass das Pferd erst in vier Wochen so weit war, nun, dann würde sie eben vier Wochen warten.

Ty zuckte mit den Schultern. „Gegen Ende der Woche?“, schlug er vor.

„So bald?“, fragte Amy.

„Aber sicher.“ Ty nickte. „Wenn er weiterhin so große Fortschritte macht, warum nicht? Es tut seinem Selbstbewusstsein bestimmt gut. Du könntest mit ihm ins Gelände gehen und er könnte neue – alte – Erfahrungen sammeln.“

Amy durchfuhr es wie ein Schreck. Gegen Ende der Woche! Sie konnte es kaum erwarten!

In den folgenden Tagen verbrachte sie fast ihre gesamte Freizeit mit Spartan. Sie pflegte und putzte ihn und gewöhnte ihn daran, dass er sich auch von anderen Menschen versorgen ließ. Allmählich verlor er seine Nervosität. Und trotzdem kam es Amy so vor, als hätte er sich noch immer nicht völlig geöffnet. Sie zerbrach sich den Kopf darüber. Spartan verhielt sich liebevoll und sein Vertrauen schien beständig zu wachsen, aber dennoch – es schien, als würde er irgendetwas vor ihr zurückhalten. Amy rätselte, ob sie sich das nur einbildete und sprach mit niemandem darüber, und noch nicht einmal Ty schien etwas zu bemerken.

Am Freitagmorgen war sie gerade dabei, Spartan zu striegeln, als Ty über die Tür schaute. „Denkst du noch immer darüber nach, ihn zu reiten?“, fragte er.

„Ständig“, sagte Amy. „Ich kann es kaum erwarten.“

„Warum probierst du es dann nicht einfach heute?“, fragte er.

„Heute?“ Amys Herz pochte laut vor Aufregung. „Meinst du, er ist schon so weit?“

„Ich denke schon“, antwortete Ty. „Soll ich dir Sattel und Trense holen?“

Amy nickte eifrig. Sie beeilte sich, Spartan zu Ende zu putzen. Ihre Finger zitterten vor Vorfreude. Gedanken wirbelten ihr durch den Kopf. Sie würde Spartan reiten! Was würde das für ein Gefühl sein? So wie er aussah, müsste er ein fantastisches Reitpferd sein! Ihr Herz pochte, als sie darüber nachdachte, dass sie gar nichts von seiner Vergangenheit wusste. Vielleicht war er überhaupt noch nicht eingeritten. Er konnte sie abwerfen. Sie strich ihm durch die Mähne, dann gab sie ihm einen Kuss auf den Hals. Es war ihr egal. Sie wollte es einfach versuchen.

Als Ty zurückkam, beschnüffelte Spartan das Zaumzeug neugierig. Er schien keine Einwände zu haben, als Amy ihm die Trense über den Kopf zog.

„Und jetzt der Sattel“, sagte sie und versuchte, nicht nervös zu klingen, obwohl es in ihrem Bauch vor Aufregung rumorte. Die Reaktion, die Spartan an den Tag legen würde, wenn der Sattel auf seinem Rücken läge, wäre ein guter Indikator dafür, ob er schon geritten worden war. Und Spartan stand still, als sie ihm das Leder auflegte und den Gurt festzurrte.

„So weit so gut“, sagte Ty und strahlte sie an. „Er würde nicht so still halten, wenn er es nicht gewohnt wäre.“

Amy nickte erleichtert. „Jetzt muss ich nur noch aufsitzen!“

„Ich würde ihn zuerst ein paar Runden longieren“, sagte Ty. „Einfach, um ihm ein Gefühl für den Sattel und die Trense zu geben und ihm die Chance zu geben, seine überschüssige Energie loszuwerden – “

Sie führten Spartan auf den Reitplatz. Amy ließ ihn an der Longe laufen. Spartan buckelte einmal, verfiel dann aber in einen gleichmäßigen Trab. Nach fünf Minuten brachte sie ihn zum Stehen und blickte zu Ty.

„Los geht's“, sagte sie und zog die Steigbügel nach unten.

Ty ging auf Spartans Kopf zu und hielt ihn fest, während Amy aufsaß. Spartan tänzelte, als sie sich langsam in den Sattel gleiten ließ. Amy klopfte ihm beruhigend auf den Hals und redete beschwichtigend auf ihn ein, sodass er sich schnell beruhigte.

Dann griff sie nach den Zügeln und legte die Schenkel an. Spartan lief vorwärts. Er ging ruhig und gleichmäßig, und nach ein paar Runden über den Platz ließ auch bei Amy die Anspannung nach. Sie fasste die Zügel kürzer und ließ ihn traben. Mit raumgreifenden Tritten schwebte er über den Sand.

„Er ist perfekt!“, rief sie Ty zu.

Nach weiteren Runden ließ sie ihn angaloppieren, der Übergang war fließend. Sie galoppierten drei weite Runden. Amy strahlte vor Freude. Spartan war wirklich so großartig, wie sie vermutet hatte.

Schließlich hielt sie ihn an. „Wow!“ Sie klopfte ihm fröhlich auf den warmen, braunen Hals und lächelte Ty zu. „Er ist der Beste!“

„Er geht toll!“, stellte Ty fest.

Amy nahm die Füße aus den Steigbügeln und saß ab. „Ich glaube, das ist genug für heute“, sagte sie.

„Irgendwie habe ich das Gefühl, dass du ihn morgen wieder reiten willst!“ Ty grinste Amy an.

„Ich glaube, da hast du Recht!“, lächelte sie zurück.

Ty öffnete das Gatter, und Amy führte Spartan über den Hof. Sie war gerade dabei, ihn abzutrensen, als das Telefon klingelte. Amy ließ die Trense vor der Box einfach fallen und rannte ins Haus. Sie erreichte das Telefon kurz vor Lou, die im Garten Gemüse geerntet hatte.

„Heartland Farm!“ Amy war ziemlich außer Atem. „Amy Fleming am Apparat!“

„Hallo!“ Vom anderen Ende der Leitung drang eine tiefe Männerstimme zu ihr. „Mein Name ist Larry Boswell. Die Brandzeichenzentrale hat mich soeben informiert. Ich glaube, dass eines meiner Pferde bei Ihnen ist – ein Brauner mit einem Stern. Er wurde mir gestohlen."

Spartans Besitzer war am Apparat!

„Hallo – sind Sie noch dran?", fragte der Mann.

„Ja ... ja, bin ich", antwortete Amy schnell.

„Und – haben Sie mein Pferd?", wollte er wissen. Er nannte die Zahlen des Brandzeichens.

„Ja", antwortete Amy mechanisch. Sie hatte ein komisches Gefühl im Magen. „Ja, es ist bei uns."

8

„Das sind ja fantastische Neuigkeiten!“, sagte Larry Boswell. „Ich kann es kaum glauben, dass Sie ihn gefunden haben!“ Amy bemerkte, dass er aufgeregt klang. „Ich hätte nicht geglaubt, ihn jemals wieder zu sehen. Er ist mir vor Monaten gestohlen worden. Wie lange ist er schon bei Ihnen?“

„Fast zwei Wochen“, sagte Amy. „Aber er war zuvor sechs Wochen bei einem Tierarzt.“

„Bei einem Tierarzt?“

Amy berichtete von dem Unfall. Larry Boswell hörte gespannt zu. Als sie fertig erzählt hatte, schwieg er einen Augenblick. Dann sagte er: „Das ist furchtbar. Die Geschichte mit Ihrer Mutter ist schrecklich. Mein Beileid. Ich kann Ihnen gar nicht dankbar genug sein dafür, dass Sie Gerry bei sich aufgenommen haben – nach all dem, was passiert ist.“

„Gerry?“, wiederholte Amy.

„So heißt er. Es ist eine Abkürzung. Eigentlich heißt er Dancing Grass Geronimo“, erzählte Larry Boswell. „Er ist einer meiner besten Hengste. Ich besitze ein Gestüt, wissen Sie. Ich bin Pferdezüchter. Wann würde es Ihnen denn passen, dass ich vorbeikomme und ihn hole – meine Farm liegt ungefähr zwei Stunden Fahrt von Ihnen entfernt?“

Ihn holen. Amys Mund fühlte sich auf einmal trocken an. „Äh … also, wann immer es Ihnen passt“, stammelte sie. Der

Gedanke, Spartan zu verlieren, war plötzlich kaum vorstellbar für Amy. *Aber du hast dir doch gewünscht, dass sein richtiger Besitzer gefunden wird,* ermahnte sie sich selbst. *Du willst, dass Spartan wieder ganz glücklich ist.*

„Großartig!", sagte Larry Boswell. „Ich komme heute Nachmittag bei Ihnen vorbei – so gegen drei Uhr. Können Sie mir kurz den Weg beschreiben?"

Als sie den Hörer wieder auflegte, war Amy sprachlos. Eine Weile konnte sie sich kaum rühren.

„Was ist denn los?", wollte Lou wissen.

„Spartans Besitzer wird nachher hier vorbeikommen und ihn abholen."

„Aber das ist doch großartig!", rief Lou. Dann betrachtete sie Amys Gesicht und runzelte die Stirn. „Oder etwa nicht?"

Amy liefen die Tränen übers Gesicht. Sie nickte.

„Du wirst ihn vermissen, nicht wahr?", fragte Lou vorsichtig.

Amy schluckte.

Lou legte ihren Arm um Amys Schulter. „Es ist das Beste so. Spartan könnte sowieso nicht hier bleiben. So kommt er wenigstens zu Menschen, die er kennt und die ihn mögen."

Amy wusste, dass Lou Recht hatte. Die Pferde kamen nach Heartland, um geheilt zu werden, dann mussten sie zurück zu ihren Besitzern – oder man fand ein neues Zuhause für sie. Das war eine von Moms eisernen Regeln gewesen. Amy war damit groß geworden. Aber bei Spartan lag die Sache anders.

„Ich will nicht, dass er von hier weggeht", flüsterte Amy.

„Ich glaube es dir", sagte Lou und umarmte ihre Schwester. „Aber es ist für alle besser so. Das weißt du selbst. Wir können ihn hier nicht behalten, erst recht nicht, wenn es für ihn irgendwo anders eine Chance gibt, glücklich zu werden."

Amy kämpfte mit den Tränen, doch dann nickte sie widerwillig.

Ab halb drei am Nachmittag waren Amy, Lou und Ty in der Küche und beobachteten die Auffahrt.

„Wie hat er denn am Telefon geklungen?", fragte Ty.

„Eigentlich ganz in Ordnung", antwortete Amy, die nervös in der Küche auf und ab lief.

„Es wird schon werden", sagte Lou. „Wartet nur ab. Und hört auf, euch solche Sorgen zu machen." Sie blickte auf den Hof. „Da kommt Scott!"

Amy hatte Scott angerufen und ihn über die neuesten Entwicklungen informiert, gleich nachdem sie mit Larry Boswell gesprochen hatte.

Scott parkte seinen Wagen und kam dann in die Küche gelaufen. „Ist er noch nicht da?"

Amy schüttelte den Kopf.

Zehn Minuten später war es soweit. Ein Pferdetransporter fuhr rumpelnd auf den Hof. „Da ist er!", rief Amy. Ihr Magen krampfte sich erwartungsvoll zusammen.

Der Transporter hielt an. Ein kleiner, grauhaariger, untersetzter Mann stieg aus. „Hallo", sagte er und lief auf das Haus zu. „Ich bin Larry Boswell!"

Lou ergriff die Initiative und stellte sie vor. Larry Boswell schüttelte jedem die Hand. „Ich kann Ihnen überhaupt nicht sagen, wie sehr ich mich freue!" Er blickte zu Amy. „Wie ich Ihnen schon am Telefon sagte – ich besitze ein Gestüt. Aber Gerry hat mir immer ganz besonders viel bedeutet. Ich habe ihn als Fohlen mit der Flasche aufgezogen.“ Neugierig ließ er seinen Blick in Richtung der Ställe schweifen. „Wo ist er?“

Amy schluckte.

„Ich hole ihn“, sagte sie.

Spartan war noch in seiner Box angebunden. Als Amy hereinkam, stellte er die Ohren auf und wieherte einen leisen Gruß. Amy fand, dass er wunderschön aussah. Er hatte noch immer Narben – sie würden ihm bleiben –, aber sein braunes Fell glänzte, sein Schweif hing lang und seidig bis zu den Sprunggelenken hinab, und der weiße Stern leuchtete auf seinem Kopf. „Oh Spartan“, sagte sie und ihr Herz hämmerte. „Es ist Zeit, dass ich mich von dir verabschiede.“

Als sie ihn losband, stupste er sie freundlich mit dem Maul an der Schulter. Sie gab ihm einen Kuss und führte ihn aus dem Stall.

Larry Boswell war ihr nachgegangen und hatte das Geschehen aufmerksam beobachtet. „Gerry!“, rief er jetzt laut.

Beim Klang von Larry Boswells Stimme blieb Spartan wie versteinert stehen. Sein Kopf flog in die Höhe. Er spitzte die Ohren. Dann stieß er ein schrilles Wiehern aus und stob auf Larry Boswell zu – so schnell, dass Amy der Strick aus der Hand glitt. Das Pferd hielt direkt vor ihm an.

„Oh Gerry, Gerry!“, murmelte Larry Boswell, streichelte das Tier über Ohren, Hals und Stirn. „Ich hätte nicht geglaubt, dich jemals wieder zu sehen!“

Amy stand wie angewurzelt an der Stelle, bis zu der sie Spartan geführt hatte, und beobachtete erstaunt, was da vor sich ging. Sie sah, dass das Pferd Larry Boswell begeistert ableckte. Ohne Zweifel gab es eine enge Verbindung zwischen den beiden.

Vorsichtig untersuchte Larry Boswell die Narben, die Spartan an der Flanke hatte. „Mit den Shows ist es vorbei, was, Gerry?“, sagte er wehmütig. Aber dann klopfte er ihm auf die Flanken. „Wir werden das Gewinnen deinen Fohlen überlassen müssen!“

„Fohlen?“, fragte Amy. „Hat er Fohlen?“

„Noch nicht“, sagte Larry Boswell, „bisher habe ich ihn nur für die Reitpferdeprüfung eingesetzt. Aber ich werde ihn zu Zuchtzwecken verwenden, wenn wir wieder zu Hause sind. Er wird erstklassigen Nachwuchs liefern.“

Amy riss ihre Augen entsetzt auf. Larry Boswell hatte anscheinend noch nicht mitbekommen, dass Spartan kastriert worden war. „Ähm ...“, sagte sie und blickte Hilfe suchend zu Scott, „Sie werden ihn nicht als Zuchtpferd verwenden können.“

Larry Boswell sah verärgert aus. „Und warum nicht?“

Scott trat auf ihn zu. „Es tut mir Leid, aber ... aber er ist kastriert.“

„Wie bitte?“ Larry Boswell sah ungläubig auf.

Scott nickte. „Das wird hier auf der Heartland Farm immer so gehandhabt. Bis vor ein paar Tagen gab es keine Möglichkeit, sein Brandzeichen zu erkennen oder überhaupt sicher zu wissen, dass er gestohlen worden war. Wir sind alle davon ausgegangen, dass wir neue Besitzer für ihn finden müssen. Das hätte noch dauern können. Deshalb habe ich ihn kastriert.“

„Das darf doch nicht wahr sein!“, rief Mr Boswell wütend aus. „Dieses Pferd ist“, er verbesserte sich selbst, „*war* ein wertvolles Zuchttier." Er starrte Amy an. „Wieso haben Sie das getan? Er war mein wertvollster Hengst!"

„Wir hatten keine Ahnung", stammelte Amy, überrascht, dass er auf einmal so zornig war.

Larry Boswell erhob seine Stimme. „Er wäre der beste Vererber in meinem Bestand gewesen! Jedes einzelne seiner Fohlen hätte tausende von Dollars eingebracht!"

„Es tut mir Leid!" Amy kämpfte mit den Tränen. „Wirklich, es tut …"

„Sie werden noch von mir hören. Meine Rechtsanwälte werden sich mit Ihnen in Verbindung setzen!", rief Larry Boswell.

Lou trat nach vorne. „Mr Boswell, bitte!"

Aber Mr Boswell nahm keine Notiz von ihr. Er ließ von Spartan ab, lief an Amy vorbei und eilte zu seinem Wagen. Ty griff nach Spartan, der ihm hinterher wollte.

„Mr Boswell …", rief Lou. „Was ist mit Ihrem Pferd?"

„Dieses Pferd sieht keinem Pferd ähnlich, das ich je besessen habe!", schrie er wütend.

Scott stellte sich dem Mann in den Weg. „Ich glaube, Sie sollten sich gut überlegen, was sie sagen, Mr Boswell", sagte er. Er sprach ruhig und überlegt. „Amy und ihre Familie haben sich um Ihr Pferd gekümmert", fuhr er fort. Er blickte zu Amy und Lou. „Trotz des tragischen Verlustes, den sie erlitten, haben sie sich um ihn gekümmert und alle Hebel in Bewegung gesetzt, Sie ausfindig zu machen. Meiner Meinung nach sollten Sie ihnen dankbar sein – und nicht mit Ihren Rechtsanwälten drohen!"

„Ja … aber …" Larry Boswell schoss die Röte ins Gesicht.

„Ihnen haben Sie es zu verdanken, dass sie überhaupt noch

ein Pferd besitzen", sagte Scott streng. „Glauben Sie mir, Mr Boswell, Sie haben Grund, dankbar zu sein."

Einen Moment lang sah Larry Boswell so aus, als wolle er weiterdiskutieren. Dann gab er klein bei. „Ich glaube, sie haben Recht", murmelte er.

Amy fiel ein Stein vom Herzen. Sie sah zu Lou, und auch ihr stand die Erleichterung ins Gesicht geschrieben.

Larry Boswell schüttelte den Kopf. „Wahrscheinlich haben Sie nur getan, was Sie tun mussten. Ich bedauere, dass Sie seinetwegen so viel Schweres durchgemacht haben." Er blickte zu Spartan. „Aber die Tatsache, dass er kastriert ist, ändert alles!"

Amy blickte ihn erstaunt an. „Warum?"

Larry Boswell zuckte mit den Schultern. „Was kann ich jetzt noch mit ihm anfangen? Ich bin Unternehmer. Ich kann es mir nicht leisten, ein Pferd zu unterhalten, dass sich nicht selbst trägt!"

Amy traute ihren Ohren nicht. „Aber Sie können ihn nicht einfach hier lassen!", rief sie.

„Ich werde ihn auf keinen Fall mitnehmen!", sagte Larry Boswell. „Ich werde für die Kosten, die er Ihnen verursacht, aufkommen, bis Sie einen neuen Besitzer für ihn gefunden haben. Mehr kann ich nicht mehr für ihn tun!"

Amy blickte zu Spartan, der unwillig seinen Kopf schüttelte und versuchte, sich aus Tys Griff zu lösen. Spartan mochte seinen Besitzer – so viel war klar. Und obwohl Amy sich nicht von Spartan verabschieden wollte, wusste sie doch ganz genau, dass er zu Larry Boswell gehörte.

Sie trat auf ihn zu. „Bitte, nehmen Sie ihn mit!", bettelte sie.

Aber Larry Boswell schüttelte den Kopf. „Tut mir Leid, junge Frau. Es geht wirklich nicht!“ Langsam lief er auf Spartan zu. „Du kennst die Regeln, Gerry“, sagte er leise. „Ich kann keine Ausnahme machen – nicht einmal für dich!“, sagte er leise. Er streckte sich und strich dem Pferd über die Stirn. „Nein, nicht einmal für dich!“ Dann wandte er sich zu Amy. „Ich schicke Ihnen seine Papiere. Stellen Sie mir die Pension in Rechnung!“ Er straffte sich und lief zu seinem Auto.

Als Spartan sah, wie er davonfuhr, stieß er ein hohes, schrilles Wiehern aus und machte einen Satz, als wolle er hinterher. „Ruhig, mein Guter“, sagte Ty hastig.

Amy bemerkte den Kummer in Spartans Augen und konnte nur mühsam ihre Tränen zurückhalten. Die Abneigung gegen Larry Boswell schoss wie eine Flamme in ihr hoch. Warum musste er Spartan das antun?

„Mach dir keine Sorgen“, sagte Lou mitfühlend. „Wir werden ein neues Zuhause für ihn finden. Du wirst schon sehen!“

„Aber er möchte zu seinem Besitzer zurück!“, schluchzte Amy.

„Lou hat Recht, Amy“, pflichtete Scott ihr bei. „Es wird bestimmt jemanden geben, der ihm ein Zuhause bietet. Er ist ein feines Pferd!“

Ty nickte zustimmend und schnalzte mit der Zunge. „Komm schon, mein Guter, ich bringe dich zurück in deinen Stall!“

Als sie hinter Spartan über den Hof liefen, sah Lou dankbar zu Scott auf. „Danke, dass du dich so für uns eingesetzt hast. Ich weiß nicht, was wir hätten tun sollen, wenn er tatsächlich gegen uns geklagt hätte!“

„Er wäre nicht sehr weit damit gekommen!“, sagte Scott.

„Trotzdem danke!“, sagte Lou. Sie klopfte Spartan auf die Kruppe, als er im Stall verschwand. „Ich freue mich aber, dass es ihm wieder besser geht!“ Sie wandte sich zu Scott. „Ich wollte dich noch wegen Sugar um Rat fragen. Meinst du, es geht in Ordnung, wenn ich ihn zum Grasen auf die Weide bringe? Ich habe ihm bisher zwar jeden Tag frisches Gras geschnitten, aber es ist einfach nicht dasselbe, als wenn er selbst grasen kann.“

„Wenn du ihn ein paar Stunden am Tag hinauslässt, tut ihm das bestimmt gut“, sagte Scott. „Natürlich nur, solange das Wetter es zulässt. Am besten, ich checke ihn schnell durch.“

Scott holte seine Tasche aus dem Auto, dann lief er mit Amy und Lou zu Sugars Stall. Das Pony knabberte gerade genüsslich an den Grashalmen herum, die Lou ihm als Mittagessen gebracht hatte.

„Wie geht's dir, alter Junge?“, fragte Scott und klopfte ihm auf den Nacken.

Er hörte Sugars Herztöne ab und horchte an seiner Lunge. „Er macht gute Fortschritte“, sagte er.

„Hast du das gehört, Sugar? Du darfst raus auf die Weide!“, meinte Lou. Sie blickte zu Amy. „Am besten gleich. Es ist ein herrlicher Tag heute!“

„Gute Idee!“ Amy wurde ein wenig leichter ums Herz.

Lou streifte Sugar das Halfter über, dann führte sie ihn auf die kleine Weide, die dem Stallgebäude gegenüberlag. Das Gras war fett und grün, der Klee wuchs in Mengen und hier und da blühten ein paar Butterblumen. Sugar stellte erfreut die kleinen Ohren auf.

Amy öffnete das Gatter. Das Pony trabte auf die Koppel, senkte den Kopf und schnaubte freudig.

„Seht ihn euch an!“, sagte Lou.

Plötzlich ließ sich Sugar fallen und wälzte sich genüsslich. Zwei weiße Schmetterlinge stoben auf und flatterten durch die Luft. Sugar kam wieder auf die Beine, schüttelte sich und begann zu grasen.

Lou lächelte. „Seht ihn euch nur an!“

Amy nickte. Sie konnte sich noch deutlich daran erinnern, wie Sugar vor ein paar Wochen ausgesehen hatte. Er hatte lethargisch in seinem Stall gelegen, nur noch schwach geatmet, konnte nicht mehr aufstehen und war vor Trauer um seine verstorbene Besitzerin beinahe verhungert. Jetzt war er wieder munter und graste glücklich auf der Weide. „Es ist wirklich toll, zu sehen, um wie vieles besser es ihm geht!“, sagte sie.

„Ich weiß!“ Lou strahlte über das ganze Gesicht. „Ich kann gar nicht glauben, wie sehr er sich verändert hat. Es ist ein schönes Gefühl zu beobachten, wie sich ein krankes Tier erholt!“

„Das kann ich nur unterstreichen!“, sagte Scott leise.

„Meinst du etwa, es ist sogar noch besser als in einer Bank ein gutes Geschäft abzuschließen?“, zog Amy ihre Schwester auf.

„Jede Wette“, sagte Lou. „Tausend Mal besser!“

Sie liefen zurück zum Haus. Amy war überrascht: Ein schwarzes Saab-Coupé parkte davor. Als sie näher kamen, wurde die Fahrertür geöffnet.

„Carl!“ Lou rang um Fassung. „Was machst du denn hier?“

9

Carl stieg aus dem Auto. „Das ist ja eine nette Begrüßung!", sagte er lachend.

Lou lief eilig zu ihm. „Ich habe erst morgen mit dir gerechnet!"

„Ich konnte mir einen Tag freinehmen." Carl legte seine Arme um sie. „Ich wollte keine Minute länger von dir getrennt sein als unbedingt nötig!"

Lou entzog sich seiner Umarmung. „Carl, das ist Scott Trewin", stellte sie vor. „Er ist der Tierarzt hier am Ort. Scott, das ist Carl Anderson."

Carl streckte Scott seine Hand entgegen. „Nett, Sie kennen zu lernen."

Scott schüttelte ihm die Hand. „Gleichfalls", sagte er. Amy bemerkte, dass er ziemlich kühl klang. Er wandte sich ihr zu. „Ich muss jetzt gehen. Ich habe noch ein paar Patienten, die auf mich warten."

„Klar. Danke, dass du gekommen bist", antwortete sie.

„Tschüss, Scott!", rief Lou ihm nach.

Als er davonfuhr, hinterließ er wie üblich eine Wolke aus Abgasen; die Türen seines alten Chevys klapperten.

Carl zog die Augenbrauen nach oben. „Kann er es sich denn nicht leisten, etwas Besseres als diesen Schrotthaufen zu fahren?"

Amy wollte ihm gerade etwas entgegnen, doch Lou hatte schon zu Scotts Verteidigung angesetzt. „Scott ist ein hervorragender Tierarzt!“, sagte sie hitzig. „Er investiert sein ganzes Geld in die Praxis, anstatt mit irgendwelchen schicken Autos zu protzen!“

Amy blickte ihre Schwester überrascht an. Es sah Lou nicht ähnlich, so heftig zu reagieren.

Sie liefen ins Haus. Lou berichtete Carl von Sugars Fortschritten. „Es geht ihm schon sehr viel besser“, sagte sie. „Wir haben ihn gerade auf die Weide gelassen. Es war schön, ihn so zu sehen.“

„Großartig“, meinte Carl. Er klang ziemlich gelangweilt. Dann ließ er seine Tasche auf den Boden fallen. „Hab ich Chancen auf einen Drink?“

Amy lief wieder nach draußen und ließ Lou und Carl im Haus zurück.

Sie war dabei, den Weg vor dem vorderen Stallgebäude zu kehren, und dachte darüber nach, wie sie es wohl am besten anstellen sollte, für Spartan ein neues Zuhause zu finden, als Lou und ihr Freund ebenfalls auf den Hof kamen.

Alle Pferde streckten ihre Köpfe aus den Boxen, als die beiden vorübergingen.

Lou lief zu Spartan und wollte ihm ein Minzbonbon füttern. Aber der Braune ignorierte sie und starrte mit erhobenem Kopf und gespitzten Ohren zur Auffahrt, wo sein Besitzer vor einer halben Stunde verschwunden war. Lou klopfte ihm den Hals. „Armer Kerl“, murmelte sie. „Mach dir keine Sorgen, wir suchen ein neues Zuhause für dich!“ Carl runzelte die Stirn. „Mit *den*

Narben?“, sagte er. „Das bezweifle ich aber!“ Amy hörte auf zu fegen und starrte ihn entgeistert an. „Nicht jeder legt so viel Wert auf Äußerlichkeiten!“, giftete sie.

Carl sah Amy erstaunt an. „Du meinst wirklich, es gibt Leute, die sich nicht daran stören?“

„Natürlich!“, sagte Amy wütend.

Lou ging hastig dazwischen. „Nun ja – wir werden einen geeigneten Besitzer für ihn finden!“ Sie drehte sich um, lief an den Pferden vorbei und fütterte sie mit Minzbonbons.

Carl lief ihr hinterher. „Was ist jetzt mit Chicago?“, fragte er und legte seinen Arm um sie. „Hast du dich entschieden?“

Amy blickte zu ihr. Zu ihrer großen Erleichterung sah sie, dass Lou sich von seinem Arm frei machte. „Nein, noch nicht!“

„Ich verstehe gar nicht, was dabei so schwierig ist“, sagte Carl.

„Es ist aber eine schwere Entscheidung, Carl“, antwortete Lou. „Wenn ich nach Chicago gehe, lasse ich all das hier zurück!“

„Ach, komm schon, Lou“, sagte Carl. „Du kannst doch nicht ernsthaft das Mädchen vom Lande spielen wollen!“

„Warum nicht?“, gab Lou verärgert zurück.

„Du liebst doch die Großstadt – und du gehörst dorthin!“, antwortete er und lächelte.

„Versuche bitte nicht, mir zu sagen, was oder wer ich bin!“, sagte Lou.

Carl sah sie ernst an. „Tut mir Leid!“, sagte er. „Entschuldige.“

„Dann ist gut!“, sagte Lou knapp. „Weil ich mich nämlich

von nichts und niemandem unter Druck setzen lasse. Ob ich nach Chicago gehe oder nicht, ist eine Entscheidung, die ich ganz allein treffe."

„Okay", sagte Carl einlenkend. „Ich will dich nicht unter Druck setzen – und ich will mich auch nicht einmischen. Dafür mag ich dich viel zu sehr."

Lou beruhigte sich. Dieses Mal wehrte sie sich nicht, als Carl ihr wieder den Arm um die Schultern legte. „Es ist ja nur, weil ich mir so sehnlich wünsche, mit dir zusammen zu sein", sagte er zärtlich.

Amy hatte genug gehört. Sie lief über den Hof davon.

Am anderen Morgen beschloss Amy, Spartan wieder zu reiten. Weil er sich auf dem Reitplatz genauso gut benahm wie am Tag zuvor, beschloss sie, mit ihm ins Gelände zu gehen.

Spartan tänzelte aufgeregt, als sie den Weg hinter Heartland nach Teak's Hill hinaufritten. Es war ein warmer Tag, und sie entschied sich für einen schattigen Weg. Die Sonne schien zwischen den Blättern hindurch und Schatten tanzten über den sandigen Weg. Spartan spitzte die Ohren, als er zwischen die Bäume trat. Amy spürte, dass er immer aufgeregter wurde. Als sie ihm beruhigend auf den Hals klopfte, scheute er vor ihrer Hand. „Was ist los?", fragte sie. „Alles ist in Ordnung!"

Spartan lief angespannt weiter. Er blähte die Nüstern. Hinter einer Wegbiegung wurde das Blätterdach noch dichter, sodass kaum noch ein Sonnenstrahl hindurchkam. Mit erhobenem Kopf weigerte sich Spartan weiterzugehen. Er starrte in das dicke Dach aus Ästen und Zweigen. Ein Schauer lief Amy über den Rücken: Der Baumtunnel! Der Anblick dieses Weges brachte die Erinnerung an die Unfallnacht mit aller Gewalt zurück.

Amys Furcht übertrug sich auf Spartan. Er scheute und zertrat dabei einen trockenen Zweig. Es krachte. Mit einem panischen Schnauben stieg das Pferd hoch auf.

„Spartan!“, keuchte Amy. Gerade noch rechtzeitig warf sie den Oberkörper nach vorn, um im Gleichgewicht zu bleiben. Spartans Vorderhufe wirbelten durch die Luft, seine Augen waren vor Angst geweitet. Kaum war er wieder am Boden, bäumte er sich erneut auf – noch höher diesmal, so hoch, dass es schien, als würde er sich rückwärts überschlagen. Amys Füße rutschten aus den Steigbügeln, sie ließ die Zügel fahren und krallte sich in der Mähne fest. Es kam ihr vor wie eine Ewigkeit, bis Spartan wieder Boden unter den Füßen hatte. Dann stob er in wildem Galopp davon.

Amy klammerte sich verzweifelt an die Mähne, während sie versuchte, den Zügel zu erwischen und wieder in die Steigbügel zu kommen. „Spartan!“, schrie sie. Doch das Pferd ging in blinder Panik mit ihr durch. Er raste um eine enge Kurve und auf eine Lichtung hinaus.

Amy verlor beinahe den Halt im Sattel, doch durch die enge Wendung schwang ihr der Zügel entgegen. Sie griff danach und zog mit aller Kraft, indem sie sich mit ihrem ganzen Gewicht nach hinten warf. „Ruhig, Junge, ruhig!“

Endlich kam Spartan zum Stehen. Seine Flanken hoben und senkten sich, sein Hals war schaumbedeckt. Amy strich ihm über die Seite. Ihre Hände zitterten. Was hatte sie da gerade getan? In einem einzigen, unbedachten Moment hatte sie all die gute Arbeit, die sie in den letzten Wochen geleistet hatte, zerstört! Sie drehte sich nach dem Blättertunnel um. Und wieder war Spartans Furcht auch die ihre. Sie wollte fort, so weit weg wie möglich, fort von all den Erinnerungen an jene scheußliche Nacht.

Bleib ruhig! hörte Amy auf einmal die Stimme ihrer Mutter in ihrem Innern. *Sei stärker als das Pferd!,* flüsterte die Stimme. *Halt deine eigene Angst im Zaum.*

Amy holte tief Luft. Ihre Hände hörten auf zu zittern.

„Es ist wieder gut, Junge!“, sagte sie zu Spartan. Ihre Stimme klang beinahe wieder normal. „Was war denn nur los?“

Spartan spielte mit einem Ohr. Es kostete sie unendlich viel Kraft, aber Amy wusste genau, was sie jetzt tun musste. Sie fasste die Zügel kürzer, wendete und ritt wieder auf die Bäume zu. „Du musst überhaupt keine Angst haben!“, sagte sie. „Dir passiert nichts!“

Sie wusste, dass Spartan ihre Worte nicht verstehen konnte, aber sie hoffte, dass ihr Tonfall ihm Unterstützung genug sein würde. Sie wusste, dass sie ihn noch einmal durch den Blättertunnel reiten musste, weil sonst seine Furcht immer größer werden würde. „Lauf weiter!“, kommandierte sie.

Spartan zögerte.

„Lauf zu!“ Amys Stimme klang fest und bestimmt. Sie trieb ihn mit den Schenkeln vorwärts.

Dieses Mal gehorchte Spartan. Er machte einen Schritt nach vorn, dann noch einen. Ihre eigene Angst unterdrückend, klopfte Amy ihm beschwichtigend auf den Hals, während sie unter dem Blätterdach hindurchritt. „Braver Junge!“, lobte sie ihn, und tätschelte ihn immer weiter.

Endlich waren sie auf der anderen Seite. Hier, und erst hier, gestattete sich Amy abzusitzen. Erleichtert, mit zitternden Knien, lehnte sie sich gegen Spartan. Sie hatte es geschafft – sie hatte ihn dazu gebracht, seine Angst zu überwinden! Und ihre eigene. Spartan beschnupperte Amy und seine Augen waren wieder ruhig.

„Oh Spartan!", sagte sie und streichelte ihn. Er senkte den Kopf und begann zu grasen. Amy seufzte. Ganz gleich, wie weit sie schon mit ihm gekommen war, es würde noch lange dauern, bis sie für ihn einen neuen Besitzer suchen konnten. Und dann musste es jemand sein, der Verständnis für ihn hatte.

Sie griff nach den Zügeln.

„Komm, guter Junge!", sagte sie und schüttelte den Kopf. „Gehen wir nach Hause!"

Als sie mit ihm über den Hof ritt, kam Ty gerade aus Pegasus' Box. „Na, wie war es?", fragte er.

„Nicht gerade umwerfend", antwortete Amy. Sie wollte gerade erzählen, was passiert war, als die Küchentür geöffnet wurde und Lou über den Hof gerannt kam.

„Amy!" Lou wirkte aufgeregt. „Ich bin ja so froh, dass du wieder da bist!"

„Warum? Was gibt's denn?", wollte Amy wissen.

„Du wirst dich wundern, was passiert ist!", sagte Lou. „Gerade eben hat hier ein Vater angerufen, der auf der Suche nach einem Pferd für seine 13-jährige Tochter ist. Es klingt absolut ideal!"

„Ideal wofür?", hakte Amy verwirrt nach.

Lou strahlte vor Begeisterung. „Für Spartan natürlich! Die Familie hat einen Bericht über uns in einer der Pferdezeitschriften gelesen und sie war begeistert, als ich gesagt habe, dass wir ein Pferd haben, das ein gutes Zuhause braucht!“

Amy starrte Lou entgeistert an. „Das meinst du nicht ernst, oder?“

„Sie haben am Telefon einen hervorragenden Eindruck gemacht!“ Lou war verwirrt. „Ich dachte, es würde dir gefallen. Ich habe geglaubt, du möchtest, dass wir für Spartan einen neuen Besitzer finden!“

„Aber jetzt noch nicht!“, rief Amy. „Er ist noch lange nicht geheilt! Am besten, du rufst sie an und sagst ihnen, dass das Pferd noch nicht verfügbar ist!“

„Aber sie sind schon auf dem Weg! Ich habe ihnen gesagt, dass sie sofort kommen können. Sie bringen sogar gleich ihren Anhänger mit!“

„Lou!“, rief Amy ungläubig. „Wie konntest du nur? Warum hast du mich nicht zuerst gefragt?“

Lou wusste nicht, was sie darauf sagen sollte. „Ähm … es tut mir Leid!“, stotterte sie. „Aber du warst nicht da. – Und ich dachte, ich tu es in deinem Sinne.“

„Na klasse!“, sagte Amy. „Einfach großartig!“ Sie schüttelte den Kopf. „Nun, aber sie werden Spartan nicht bekommen. Du kannst es ihnen ja sagen, wenn sie da sind!“ Sie griff nach Spartans Zügeln und lief mit ihm zu seinem Stall.

„Amy! Warte einen Moment!“ Ty lief ihr hinterher.

„Was ist?“, fragte Amy.

„Vielleicht ist es ja doch nicht so schlecht. Ganz bestimmt hast du Recht, wenn du sagst, dass Spartan noch nicht so weit ist, zu einem neuen Besitzer zu wechseln. Aber wenn sie vielleicht wirklich die richtigen Leute für Spartan sind, dann macht es ihnen bestimmt nichts aus, noch ein Weilchen auf ihn zu warten!"

Amy blickte Ty fragend an. „Du meinst also, dass sie ihn sich mal anschauen sollten?"

„Ganz sicher!", sagte Ty.

Spartan leckte Amy über die Hand. Sie klopfte ihm auf den Nacken. „Aber er braucht wirklich jemand ganz Besonderen!", sagte sie ruhig.

„Sicher – aber vielleicht sind diese Leute es ja!"

Amy hatte so ein Gefühl, dass das nicht der Fall sein würde, aber sie gab seufzend nach. „In Ordnung! Sollen sie einen Blick auf ihn werfen!"

Je mehr Lou von den Satchwells berichtete, desto größer wurden Amys Vorbehalte gegen sie. „Mr Satchwell hat erzählt, dass Melanie, seine Tochter, seit drei Jahren reitet", berichtete Lou, als sie nach dem Mittagessen auf die Familie warteten. „Sie ist zu groß geworden für ihr altes Pony, und jetzt suchen sie ein Pferd, mit dem sie sich in ihrem örtlichen Ponyklub zeigen kann."

„Klingt wirklich ideal!", pflichtete Carl Lou bei, der mit ihnen wartete.

„Das klingt aber nicht, als ob sie viel Erfahrung im Umgang mit Pferden hätten", wandte Amy ein. „Wo würden sie ihn denn unterstellen?"

„In ihrem Pensionsstall, er ist einer Reitschule angeschlossen."

„Aber das ist für Spartan völlig unpassend!", rief Amy. „Er braucht ein ruhiges Zuhause!"

„Amy, reg dich bitte nicht auf! Gib ihnen doch wenigstens eine Chance!“, redete Ty ihr beschwichtigend zu.

In diesem Moment fuhr ein weißer BMW mit einem Pferdetransporter langsam auf den Hof. Die Satchwells stiegen aus.

„Max Satchwell!“, sagte der Mann und lief mit ausgestreckter Hand auf Lou zu. „Nett, Sie kennen zu lernen!“

Lou stellte erst sich, dann Amy, Carl und Ty vor.

„Ich bin Nancy!“, sagte Mrs Satchwell, die mit ihren offenen Sandalen ziemlich gestelzt über den steinigen Hof lief. „Und das ist Melanie, unsere Tochter!“

Amy musterte Melanie Satchwell von Kopf bis Fuß. Sie war ein paar Jahre jünger als sie selbst und trug tadellose Reithosen und lange, schwarze Reitstiefel. Sie hatte rotes, leicht gelocktes Haar.

„Hallo!“, sagte sie freudestrahlend zu Amy. „Ich habe in einer Pferdezeitschrift von dir gelesen. Meine Freundinnen wollten es mir nicht glauben, als ich ihnen erzählt habe, dass wir hierher fahren! Sie waren total neidisch!“

„Seit Melanie den Artikel gelesen hat, wünscht sie sich sehnlichst ein Pferd von Heartland!“, sagte Max Satchwell und lächelte seiner Tochter begeistert zu. „Nicht wahr, mein Herz?“

Melanie kümmerte sich nicht weiter um ihren Vater und blickte sich ungeduldig um. „Kann ich das Pferd sehen?“

„Es ist dort drüben!“, sagte Amy und deutete zu Spartan, der gerade seinen Kopf aus der Stalltür streckte.

„Der Braune mit dem Stern?“, fragte Melanie. Amy nickte. „Wow! Der ist ja klasse!“ Noch bevor Amy sie zurückhalten konnte, rannte Melanie eilig auf die Stalltür des Pferdes zu. Spartan schnaubte wütend und machte einen Satz nach hinten. „Der wirkt aber nicht sehr freundlich!“, rief Melanie erschrocken aus.

„Es ist, weil du auf ihn zugerannt bist!“, erklärte Amy. „Er ist ein Pferd mit einer schwierigen Geschichte! Er ist nervös! Du musst vorsichtig sein!“

Melanie sah verlegen aus. „Tut mir Leid. Piper macht es gar nichts aus, wenn ich renne. Er ist überhaupt nicht nervös.“

„Aber Spartan ist es“, sagte Amy knapp. „Er hat viel durchgemacht.“

Melanie blickte über die Stalltür. „Er hat so viele Narben!“, sagte sie. Einen Moment lang hoffte Amy, dass dies Melanie davon abhalten würde, Spartan tatsächlich zu wollen. Aber ihre Hoffnungen zerschlugen sich. Melanie wandte sich um und warf ihrem Vater einen entschlossenen Blick zu. „Ich möchte ihn haben, Daddy!“

Max Satchwell zog sein Scheckheft aus der Tasche. Dann lächelte er Lou zu. „Melanie weiß immer ganz genau, was sie möchte!“, sagte er. „Gut, dass wir unseren Pferdetransporter gleich mitgebracht haben, nicht wahr? Also – Sie haben mir am Telefon gesagt, dass Sie eine Spende für Heartland Farm erwarten – an welche Größenordnung haben Sie dabei gedacht?“

Amy hielt es nicht länger aus. Wenn Lou nichts sagen würde, dann würde sie es eben tun! „Sie können Spartan nicht haben!“, platzte es aus ihr heraus. „Zum Ersten ist er noch gar nicht so weit ...“

Max Satchwell unterbrach Amy mitten im Satz. „Er ist nicht so weit ...“ Hitzig wandte er sich an Lou. „Aber Sie haben mir am Telefon gesagt, dass dieses Pferd einen neuen Besitzer braucht!“

Lou errötete. „Es … es tut mir Leid! Ich habe Ihnen das Tier etwas zu voreilig versprochen."

Carl mischte sich ein. „Nichts weiter als ein Missverständnis! Aber wenn Ihre Tochter das Pferd unbedingt haben möchte, dann leisten Sie doch einfach eine kleine Anzahlung, und wir reservieren Spartan für Sie, Mr Satchwell!"

Amy starrte Carl fassungslos an. Wie konnte er es wagen zu behaupten, dass eine Anzahlung genügen würde, Spartan für ihn zu reservieren! Was mischte er sich überhaupt ein? Wütend blickte sie zu Lou und musste sogleich feststellen, dass ihre Schwester dieses Mal genauso dachte wie sie selbst.

„Wir nehmen keine Anzahlungen entgegen!", widersprach Lou sachlich. „Entschuldigung, aber Spartan wird erst dann die Heartland Farm verlassen können, wenn wir uns sicher sind, den geeigneten Besitzer für ihn gefunden zu haben." Zu Amys großem Erstaunen wandte sie sich an Mr Satchwell und sagte: „Es tut mir sehr, sehr Leid, aber ich habe einen Fehler gemacht. Ich hätte Ihnen am Telefon genauer erklären müssen, wie wir normalerweise vorgehen. Wir bemühen uns hier auf Heartland Farm, die neuen Besitzer für unsere Pferde sehr sorgfältig auszuwählen. Ein Pferd, das so schwer traumatisiert ist wie Spartan, können Sie nicht sofort mitnehmen. Er braucht einen sehr, sehr erfahrenen Besitzer und viel Ruhe."

Max Satchwell sah ziemlich wütend aus. „Wollen Sie damit etwa sagen, dass meine Tochter dieses Pferd nicht haben kann?"

Lou nickte mit dem Kopf. „Es tut mir Leid." Sie lächelte Amy zu und wandte sich dann Verständnis suchend an Melanie. „Versuch bitte, uns zu verstehen, Melanie. Wir wollen nicht unfair sein, aber wir denken, Spartan ist vielleicht noch nicht das richtige Pferd für dich. Doch wir haben noch andere Tiere, die dir vielleicht gefallen. Da sind noch …"

„Ich habe schon genug von meiner wertvollen Zeit an Sie verschwendet, Miss Fleming!", warf Max Satchwell ein. „Wir werden sofort gehen!"

„Warte, Daddy!", rief Melanie plötzlich. „Ich möchte mir die anderen Pferde noch anschauen!"

Die Satchwells und Amy blickten Melanie verwundert an. Das Mädchen lief zu ihrem Vater. „Ich denke, sie haben Recht, Papa!", sagte sie ruhig. „Ich glaube, ich will eigentlich kein Pferd, bei dem ich ständig aufpassen muss, nichts falsch zu machen. Aber vielleicht gibt es hier ja eines, das nicht so nervös ist!"

„Wir haben sogar mehrere." Lou freute sich, dass sie ihren Fehler wieder gutgemacht hatte. „Nicht wahr, Amy?"

Amy nickte. „Möchtest du mit mir kommen und dich ein wenig umsehen?", bot sie Melanie an. „Copper könnte dir gefallen – er ist ganz und gar nicht nervös und er braucht eine Umgebung, in der es ein bisschen turbulent zugeht."

„Kann ich ihn sehen?", fragte Melanie eifrig.

„Aber sicher", antwortete Amy. „Komm mit!" Gemeinsam liefen die beiden über den Hof.

Keine Stunde verging, da hatte Melanie sich bedingungslos in Copper verliebt. Als Amy zusah, wie das junge Mädchen auf ihm über den Trainingsplatz ritt, konnte sie ihre Freude nicht verbergen. Copper war noch ein ganz junges Pferd, das vier Monate lang auf Heartland gewesen war. Eine lustige, lebendige Umgebung würde ihm gut tun, und Amy war sich sicher, dass Melanie sich bestens um ihn kümmern würde.

„Was meinst du?“, fragte Ty leise.

„Sie sind wie füreinander geschaffen!“, stellte Amy fest.

„Das finde ich auch!“, pflichtete Ty ihr lächelnd bei.

Nachdem Melanie abgestiegen war und Amy dabei geholfen hatte, Copper wieder abzusatteln, verabredeten die Satchwells mit Ty einen Termin in der folgenden Woche. Ty würde bei ihnen vorbeikommen und sich den Pensionsstall anschauen, wo Melanie ihr Pferd unterstellen würde.

„Tschüss, Copper!“, sagte Melanie und gab dem Braunen einen Kuss auf die Nase. „Bis bald!“

Amy blickte den Satchwells hinterher, als sie davonfuhren. Dann lief sie zu Spartan in die Box. Sie streichelte ihm über den Kopf.

Sie freute sich für Copper, aber sie waren noch keinen einzigen Schritt weitergekommen, auch für ihn, Spartan, eine Familie, ein geeignetes Zuhause, zu finden.

Den restlichen Tag über war Lou kühl und abweisend zu Carl. Anscheinend wollte sie ihm nicht nachsehen, dass er sich in ihre Unterhaltung mit den Satchwells eingemischt hatte. Aber als die Zeit näher rückte, zu der er wieder zurück nach Manhattan reisen musste, bemerkte Amy, dass ihre Schwester ihm anscheinend doch verziehen hatte.

„Ich werde dich vermissen!“, sagte Lou zu Carl, der gerade seine Tasche ins Auto lud.

Er legte seinen Arm um ihre Schultern. „Versprich mir, dass

du diese Woche ernsthaft darüber nachdenkst, ob du mit mir nach Chicago kommst!“

„Ja“, sagte Lou und sah zu ihm auf. „Mache ich!“

Sie küssten sich, dann stieg Carl ins Auto. „Bis Freitag!“, sagte er und startete den Motor. „Und übernimm dich nicht mit den Vorbereitungen für die Party!“

Lou blickte Carls Coupé hinterher, bis es hinter einer Kurve verschwunden war. Amy musterte ihre Schwester nachdenklich.

Sie war enttäuscht. Nachdem Lou am Nachmittag so wütend auf Carl gewesen war, hatte sie gehofft, dass sie sein Ansinnen rundheraus ablehnen und auf Heartland bleiben würde. Aber jetzt hatte sie erneut das Gefühl, ihre Hoffnungen begraben zu müssen.

10

Am nächsten Tag ritt Amy wieder auf Spartan aus; dieses Mal aber wählte sie eine Strecke, bei der sie sicher sein konnte, dass er sich wohl fühlen würde. Spartan genoss den Sand und das Gras unter seinen Hufen, er ging kräftig gegen den Zügel und tänzelte aufgeregt. Der Weg war gerade, der Untergrund weich. Amy stellte sich mit vorgeneigtem Oberkörper in den Steigbügeln auf und ließ ihn galoppieren. Seine langen Sprünge schienen den Boden unter ihnen zu verschlingen. Weiter vorn ragte ein umgestürzter Baum in den Weg. Amy fasste die Zügel fester. „Ruhig, mein Guter!“ Sie gab ihm eine halbe Parade, um das Tempo zu drosseln, weil sie um den Baumstamm herum reiten wollte. Aber Spartan riss den Kopf in die Höhe und ließ sich nicht bremsen.

Ein aufregender Schauer lief Amy über den Rücken. Spartan wollte das *springen*! Sie wusste, dass sie die Dinge langsam angehen musste mit ihm – aber der Baumstamm sah verlockend aus! Amy fasste die Zügel kürzer und trieb ihn auf die niedrigste Stelle des Hindernisses zu.

Spartans Galoppsprünge waren gleichmäßig. Amy schloss die Knie, so fest es ging. Sie waren nur noch drei Sprünge von dem Baumstaum entfernt, noch zwei, noch einen – Spartan stieß sich kraftvoll ab und nahm das Hindernis mit Leichtigkeit.

„Wow!“ Amy klopfte Spartan. Er schnaubte und setzte aus

schierer Lebensfreude einen Buckler hinterher. Amy lachte, zog seinen Kopf hoch und hielt ihn an. Der Sprung war toll!

Eigentlich hätte sie einfach weiterreiten sollen; stattdessen trabte sie noch einmal um den Baumstamm herum und ritt das Pferd erneut auf das Hindernis zu. Dieses Mal ritt sie den Baumstamm an seiner höchsten Stelle an. Spartan preschte begeistert los und Amys Herz klopfte bis zum Hals. War es vernünftig, was sie da gerade tat? Aber dann fühlte sie, dass Spartan ganz weich, ruhig und gleichmäßig galoppierte, und ihre Zweifel verflüchtigten sich. Sie setzte sich tief in den Sattel. Der Baumstamm wuchs vor ihnen empor, und dann waren sie auch schon darüber hinweg.

„Braver Junge!“ Amy war begeistert. Sie klopfte ihm den Hals. Ein Schauer der Begeisterung durchfuhr sie. Spartan schien eine außergewöhnliche Sprungbegabung zu haben.

Amy hatte es plötzlich eilig, zurück nach Heartland Farm zu reiten. Sie musste Ty unbedingt von Spartans Springtalent erzählen!

„Er war einfach klasse!“, berichtete sie Ty. Kaum angekommen, hatte sie ihn aufgesucht. „Er ist über das Hindernis regelrecht geflogen!“

„Du solltest morgen auf dem Reitplatz mit ihm arbeiten!“, schlug Ty vor.

„Eine prima Idee!“ Der Gedanke daran versetzte Amy in Hochstimmung!

Nachdem Amy am nächsten Tag Spartan im Viereck abgeritten hatte, band sie ihn an einem Pfahl an und baute ein kleines Hindernis. Als sie wieder aufstieg, flackerte Nervosität in ihr auf. Vielleicht war sein Verhalten am Vortag ja nur Zufall gewesen. Aber Spartan nahm auch diesen Sprung mit Leichtigkeit. Amy war gerade dabei, das Hindernis zu erhöhen, als Ty zum Zugucken kam.

„Wow!", kommentierte er bewundernd, als er ihnen beim Springen zusah. Zwischen Spartans Hufen und dem Hindernis war noch jede Menge Platz gewesen.

„Er macht den Eindruck, als wollte er höher und höher!", sagte Amy mit leuchtenden Augen. „Er ist einfach große Klasse!"

Von diesem Tag an ließ Amy Spartan jedes Mal, wenn sie ihn ritt, auch springen. Am Freitagnachmittag bat sie Ty ihr zu helfen, einen ganzen Parcours zu errichten. „Los geht's!", rief sie, nachdem sie Spartan abgeritten hatte.

Spartan warf seinen Kopf in die Höhe, als Amy ihn auf das erste Hindernis zuritt. Aber es dauerte nicht lange und er hatte einen perfekten Rhythmus gefunden. Er nahm ein Hindernis nach dem anderen, ohne zu reißen. Es schien ihm sogar Spaß zu machen! Als sie auf das letzte zuritten, wurde Amy bewusst, dass sie ein einziges anderes Pferd kannte, das eine ähnliche Springbegabung hatte – Pegasus! Aufregung durchflutete sie. Spartan war zwar kleiner als Pegasus, aber warum sollte er nicht trotzdem ein herausragendes Springpferd sein?

Als sie das letzte Hindernis passiert hatten, klatschte Ty in die Hände. „Das war unglaublich!", sagte er.

„Ich weiß!" Amys Wangen glühten vor Begeisterung. Sie ließ ihren Blick über den Parcours schweifen. „Ich würde ihn zu gern beim Turnier reiten! Ich wette, es würde ihm gefallen!"

„Ich glaube, Spartan ist noch nicht so weit, dass er an einem richtigen Springen teilnehmen kann. Aber am Sonntag findet auf The Meadows ein kleines Turnier statt“, sagte Ty. „Willst du vielleicht hinfahren, um ihn an die Atmosphäre zu gewöhnen?“

Amy starrte Ty an. „Ja!“, sagte sie. „Neben dem richtigen Parcours gibt es da auch einen Trainings-Parcours! Für ein paar Dollars kann ich dort mit ihm springen! Das wäre bestimmt eine tolle Erfahrung für ihn.“

„Gute Idee!“, sagte Ty.

Plötzlich verdüsterte sich Amys Miene. „Aber ich bin sicher, dass Grandpa mich nicht hinbringen kann. Sonntag ist der Tag nach der Tanzparty, und er wird ganz bestimmt Lou bei den Aufräumarbeiten helfen!“

„*Ich* kann dich ja hinbringen, wenn du möchtest!“, schlug Ty vor.

„Das würdest du tun?“, fragte Amy. „Es ist schließlich dein freier Tag!“

Ty grinste. „Trotzdem – schließlich ist es ja für einen guten Zweck. Man kann nie wissen – wenn er so hervorragend springt wie immer, kann es ja sein, dass wir einen neuen Besitzer für ihn finden!“

Amy nickte. Ihre Gefühle waren in Aufruhr. Sie würde Spartan zu einem Turnier mitnehmen! Kaum zu glauben, dass es gerade mal ein paar Tage her war, dass Spartan sie nicht einmal in seine Nähe gelassen hatte.

Nachdem Amy das Pferd zurück in seinen Stall gebracht hatte, lief sie in die Sattelkammer und säuberte Sattel und Zaumzeug. Als sie damit fertig war, ging sie noch einmal zurück in seine Box und sah nach dem Rechten. Spartan lag auf dem Boden und hatte sein Maul ins saubere Stroh vergraben – die Beine unter den Bauch gezogen wie ein junger Hund. Amy lächelte, dann öffnete sie leise die Tür. Spartan blickte zu ihr hoch, aber er stand nicht auf.

„Ruhst du dich ein bisschen aus?“, murmelte sie und kniete sich neben ihn ins Stroh. Sie streichelte ihm über den Hals. Spartan schnaubte, dann legte er den Kopf in Amys Schoß. Sie ließ ihre Finger durch die Mähne gleiten. Spartan schloss die Augen; genüsslich ließ er es sich gefallen. Seine Unterlippe rutschte ein wenig zur Seite, als er das Gewicht seines Kopfes auf Amys Beine verlagerte.

Amy schloss die Augen. Sie begann zu träumen. Sie stellte sich vor, wie sie auf Spartan in einem großen Wettkampf ein Hindernis nach dem anderen nahm; seine Narben störten den guten Eindruck nicht, und das Publikum jubelte ihnen begeistert zu. Spartan wäre zufrieden und glücklich. Ihr heimlicher Wunsch ginge in Erfüllung: Spartan würde auf Heartland bleiben. Sie wusste, dass für all die Pferde, die zu ihnen kamen, um geheilt zu werden, ein neues Zuhause gesucht werden musste – aber bei Spartan lag der Fall anders. Er war etwas Besonderes. In Gedanken sah sie sich, wie sie auf ihm über einen Parcours ritt – an der Trense flatterte ein blaues Band. Eines Tages würden sie ein so tolles Team werden, wie ihr Vater und Pegasus es gewesen waren!

Sie öffnete die Augen. „Das wäre schön“, flüsterte sie. „Du und ich, Spartan! Ich glaube, wir sind füreinander bestimmt! Ich verstehe dich besser als irgendjemand sonst auf der ganzen Welt!“

Spartan schnaubte leise.

„Du würdest bei mir glücklich sein", sagte Amy und küsste ihn auf den Kopf. „Ich werde dich glücklich machen!" Ein Gefühl von Zuneigung und Ergriffenheit durchfuhr sie. Amy legte ihre Arme um seinen Hals und drückte ihn kräftig. Dabei sah sie ihm tief in die Augen. Sein Blick war voller Vertrauen, aber *etwas* darin fehlte.

Amy lockerte ihre Umarmung. Viele Menschen behaupteten, dass Pferde überhaupt nicht lieben konnten – aber Amy wusste, dass sie irrten. Wenn sie in Pegasus' oder in Sundanc', Augen blickte, dann konnte sie erkennen, dass die beiden ihre Liebe erwiderten. Mit Spartan jedoch verband sie nicht dasselbe. Trotz all ihrer Zuneigung war ein Rest von Trauer nicht aus seinem Blick gewichen.

Er beschnupperte sie, und plötzlich wurde ihr bewusst, dass ihre Träume immer das bleiben würden, was sie waren – eben Träume. Sie würde das Leuchten in seine Augen nicht zurückbringen. Ein Kloß formte sich in ihrem Hals, als ihr die bittere Wahrheit bewusst wurde. Spartan würde ihr nur ein kleines Weilchen gehören – leihweise sozusagen. Sie würde ihn nicht behalten können.

Sie stand auf und verließ langsam die Box.

„Amy! Amy!"

Amy blickte hoch. Ihre Freundin Soraya kam über den Hof gerannt, und ihre schwarzen Locken hüpften auf ihren Schultern.

„Soraya!", rief Amy aus. In Gedanken war sie so mit Spartan beschäftigt gewesen, dass sie Soraya völlig vergessen hatte, heute würde sie wieder zurück sein. Mit einem Schlag waren all ihre

Sorgen vergessen. Sie rannte über den Hof und umarmte ihre Freundin. „Du bist wieder zu Hause!"

„Auch schon gemerkt?", grinste Soraya. Sie umarmte Amy ebenfalls. Als sie sich voneinander gelöst hatten, blickte sich Soraya um. „Mensch, ist das toll, wieder hier zu sein!" Ihre Augen funkelten. „Auch wenn mir das Camp gut gefallen hat!"

Amy grinste. „Das hört sich ja an, als hätte es dir echt Spaß gemacht! Also, erzähl mir von dem Chris, von dem du in deinen Briefen immer so geschwärmt hast!"

„Chris?", gab Soraya erstaunt zurück. „Amy, du lebst ja hinter dem Mond! Die letzten beiden Wochen war ich immer nur mit Kyle zusammen!" Sie schüttelte den Kopf. „Ich sehe schon, wir müssen eine Menge aufholen!"

Eine Stunde und eine Packung Schokoladenkekse später hatten Amy und Soraya ihre Neuigkeiten ausgetauscht. Sie saßen in Amys Zimmer auf dem Bett.

„Er war wirklich nett", sagte Soraya wehmütig, als sie Amy ein Foto von Kyle zeigte. „Und er wird mir schreiben!"

Amy umarmte ihre Freundin. „Du wirst auch hier jemanden kennen lernen, der dir gefällt!" Sie bemerkte Sorayas ungläubigen Blick. „Davon bin ich überzeugt!"

„Alle auch nur halbwegs vernünftigen Jungs in unserer Gegend sind entweder in festen Händen oder total verliebt in ein anderes Mädchen!", stellte Soraya fest. „Aber wenn wir gerade dabei sind – gibt's was Neues von Matt und dir?"

Amy schüttelte den Kopf. „Nein, alles beim Alten. Wir sind einfach gute Freunde."

„Er wird sich noch jemand anderes suchen“, warnte Soraya.

„Vielleicht dich!“, zog Amy sie auf.

„Das glaubst auch nur du!“, erwiderte Soraya. „Ich denke da eher an Ashley Grant – sie ist schon ganz lange scharf auf ihn!“

„Ashley hat sich auch zu unserer Tanzparty morgen angesagt“, meinte Amy und schnitt eine Grimasse. „Bestimmt nur, weil sie weiß, dass Matt da sein wird. Ich wette, sie wird sich wieder aufmotzen wie eine Barbiepuppe!“

„Wie weit seid ihr denn mit den Vorbereitungen“, fragte Soraya und setzte sich auf Amys Bett zurecht. „Gibt es noch viel zu tun?“

„Jede Menge!“, sagte Amy. „Heute Nachmittag haben wir eine ganze Ladung Geschirr und so Zeug geliefert bekommen. Das muss alles sortiert werden. Außerdem müssen wir zentnerweise Servietten falten und die Bestecke darin einwickeln. Auch morgen gibt's bestimmt alle Hände voll zu tun!“

„Ich helfe mit!“, bot Soraya an. „Ich glaube, das ist eine gute Idee – so eine Party in eurer Scheune! Ich finde es jedenfalls gut.“

„Ich inzwischen auch“, gestand Amy. „Am Anfang fand ich das alles ja ziemlich blöd. Aber dann haben alle möglichen Leute Eintrittskarten gekauft. Ich glaube, Lou hat Recht – es ist eine gute Sache, um Geld aufzutreiben und Moms Freunde hierher einzuladen!“

Soraya warf Amy einen mitfühlenden Blick zu. Sie kannten sich seit der dritten Klasse, und Soraya wusste nur zu gut, wie stürmisch es zwischen Amy und Lou einhergehen konnte. „Wie vertragt ihr zwei euch inzwischen?“

Amy dachte einen Moment nach. „Besser, glaube ich. Wir haben uns immer mal wieder gestritten, aber in den letzten Tagen sind wir ziemlich gut miteinander ausgekommen."

„Du hast mir in einem deiner Briefe geschrieben, dass Lou darüber nachdenkt, nach Chicago umzuziehen", sagte Soraya. „Und weil wir gerade dabei sind – wir hatten ausgemacht, dass wir uns alle drei Tage einen ausführlichen Bericht schicken ... Aber in den letzten Wochen habe ich keinen einzigen Brief von dir bekommen!"

„Ich weiß – es tut mir schrecklich Leid! Aber es war viel zu viel los hier!" Amy schüttelte den Kopf. „Lou hat sich noch nicht entschieden. Ich glaube, sie will hier bleiben, aber Carl bedeutet ihr anscheinend so viel, dass sie vielleicht doch geht."

„Magst du ihn immer noch nicht?"

Amy seufzte. „Ich fühle mich ganz elend dabei. Ich weiß, dass er Lou glücklich macht, aber irgendetwas an ihm gefällt mir nicht ..." Amy hörte ein Auto, das auf den Hof fuhr. „Weil wir gerade vom Teufel reden – da ist er!"

„Komm, ich möchte ihn kennen lernen!", sagte Soraya und sprang auf.

Amy lief ihr hinterher. „Musst du wirklich nicht. Du verpasst nichts!"

Sie liefen nach unten. In diesem Augenblick kam Carl herein. „Ich habe gesehen, dass Post da ist", sagte er und reichte Jack Bartlett einen Stapel Briefe. „Ich habe sie gleich mitgebracht!"

„Danke, Carl", sagte der Großvater. „Hatten Sie eine gute Fahrt?"

„Ja, danke", antwortete Carl. Er nickte Amy und Soraya zu. „Hi, Kids!"

„Hallo“, antwortete Soraya höflich. Als Carl sich zum Haus umdrehte, sah sie zu Amy und schnitt eine Grimasse.

Amy nickte. *Kids!* Was glaubte Carl eigentlich, wie alt sie waren!

Soraya lächelte ihr zu. „Ich gehe jetzt besser. Ich habe Mom versprochen, dass ich nicht allzu lange wegbleibe. Aber morgen früh komme ich her und helfe!“

„In Ordnung!“ Amy brachte Soraya an die Tür. „Bis morgen! Schön, dass du wieder da bist!“

Sie blickte ihrer Freundin nach, bis sie verschwunden war, und lief dann in die Küche. Carl hatte seinen Arm um Lou gelegt.

„Es gibt noch schrecklich viel zu tun!“, sagte Lou gerade zu ihm. „Ich bin so froh, dass du da bist!“

„Mach dir keine Sorgen! So toll, wie du das alles organisiert hast, wird das Ganze bestimmt ein großer Erfolg!“, schmeichelte Carl. „Wie viele Leute werden denn kommen?“

„Bisher haben wir 82 Zusagen!“, sagte Lou.

Carl blickte ganz beiläufig zu dem Stapel Briefe, den er mit ins Haus gebracht hatte. „Ganz bestimmt sind noch mehr dabei!“

Lou nahm den Stapel in die Hand und schaute ihn durch. „Sieht ganz danach aus!“ Amy wollte gerade wieder in ihr Zimmer, als sie auf einmal bemerkte, dass Lou plötzlich ganz aufgeregt klang. „He, was ist denn das?“ Sie hielt einen Umschlag in die Höhe und runzelte die Stirn.

„Irgendwas Besonderes?“ Carl blickte ihr über die Schulter.

„Der Brief hier ist von *Epstein and Webb*“, sagte Lou und hielt ein cremefarbenes Kuvert, das ein Wasserzeichen trug, in den Händen. „Was wollen die denn von mir?“

„Mach einfach auf und sieh nach!“, sagte Carl.

Amy betrachtete Carl neugierig. Ein Lächeln umspielte seine Lippen.

Lou riss den Umschlag auf und nahm das Schreiben heraus. Ihre Augen weiteten sich vor Staunen, als sie es las. Aufgeregt schnappte sie nach Luft. „Sie bieten mir einen neuen Job an!“, rief sie und blickte hoch. „Einen wirklich guten! Und der ist in Chicago!“ Lou fiel Carl um den Hals. „Tatsächlich in Chicago!“

„Wirklich? Das ist ja unglaublich!“, rief Carl. Er umarmte sie. „Das ist Schicksal, Lou! Wir sind anscheinend wirklich füreinander bestimmt! Denk nur – wir können uns gemeinsam eine neue Wohnung nehmen, ein neues Leben anfangen!“

„Oh Carl!“, weinte Lou.

„Meinen Glückwunsch, Lou!“, sagte der Großvater leise. Amy sah, dass er traurig war.

Auch Lou schien es zu bemerken. Plötzlich hielt sie inne. Die ganze freudige Aufregung fiel mit einem Schlag von ihr ab. „Nun, das heißt aber noch lange nicht, dass ich ihn auch wirklich annehme!“, sagte sie hastig und stopfte den Brief in ihre Tasche. Verunsichert blickte sie vom Großvater zu Amy und wieder zum Großvater zurück.

„Ob du den Job *annimmst*?“ Carl starrte Lou ungläubig an. „Aber Lou! Das ist eine einmalige Gelegenheit – so eine bekommst du nie wieder! Du willst doch nicht etwa sagen, dass du das Angebot ablehnst?“

„Chicago ist sehr weit weg. Es ist ein tiefer Einschnitt!“, verteidigte sich Lou.

„Lou!“ Carl war entsetzt.

„Bitte, Carl!“, sagte Lou. „Ich muss in Ruhe darüber nachdenken!“

Einen Augenblick starrte Carl sie ungläubig an. Sein Blick verfinsterte sich. Hastig griff er nach seiner Tasche. „Ich gehe mich umziehen“, sagte er abrupt und lief eilig aus der Küche.

Lou ließ sich auf einen Stuhl fallen. „Oh Grandpa!“, seufzte sie. Als sie hochblickte, sah Amy die Verwirrung, die ihrer Schwester ins Gesicht geschrieben stand. „Was soll ich nur tun?“

„Was möchtest du denn am liebsten?“, fragte der Großvater, der ihr gegenübersaß.

„Das ist es ja – ich weiß es nicht!“

„Nimm den Job nicht an, Lou! Bleib hier bei uns!“, sagte Amy leise und setzte sich neben sie.

„So langsam fängt es mir tatsächlich an hier zu gefallen. Aber ich liebe Carl!“ Lou schüttelte den Kopf. „Und überhaupt, ihr braucht mich hier ja gar nicht!“

„Doch!“, platzte Amy heraus.

„Nein, Amy, nicht wirklich!“, widersprach Lou. „Ich mache ständig Fehler – ich vermurkse die Futterlieferungen oder suche einen neuen Besitzer für ein Pferd, das noch gar nicht so weit ist, vermittelt zu werden. Außerdem geht ihr auf keinen meiner Vorschläge ein – das tut schon weh. Ich bin es gewohnt, dass man mich ernst nimmt. Und ich bin es gewohnt, dass meine Ideen etwas wert sind!“

„Ich *werde* auf dich hören, und wir *brauchen* dich wirklich!“, sagte Amy verzweifelt.

Lou blickte nachdenklich von einem zum anderen. „Bitte, Grandpa!“, stöhnte sie. „Sag mir, was ich tun soll!“

„Das kann ich nicht!“ Jack Bartlett schüttelte den Kopf. „Das musst du ganz allein entscheiden!“

Lou seufzte. „Ich weiß. Aber wie?“

Der Großvater lief zu ihr und gab ihr einen Kuss. „Höre auf das, was dein Herz dir sagt, Lou!“, sagte er zärtlich. „Folge deinem Herzen!“

11

„Wenn ich noch eine einzige rote Serviette sehe, raste ich aus!“, sagte Soraya bestimmt, wickelte drei Besteckteile in die letzte Serviette und knallte sie auf den Tisch. „Was sollen wir jetzt noch machen?“

Amy, die gerade Gläser aus einem Karton räumte, blickte hoch. „Die Tischdecken auslegen!“, sagte sie.

In diesem Moment kam Matt, er trug einen ausklappbaren Tisch. „Es ist der letzte. Wo soll der noch hin?“, fragte er.

„Dort drüben.“ Amy deutete auf eine Lücke. „Danke, Matt.“

„Was passiert jetzt mit dem Essen?“, fragte Matt, während er den Tisch aufstellte.

„Großvater hat das Grillfleisch schon gestern in der Metzgerei gekauft und er und Lou sind gerade dabei, Unmengen von Salat und Nachtisch vorzubereiten“, sagte Amy. Aber auch sie hatte noch alle Hände voll zu tun. Lou hatte die Aufgaben planmäßig verteilt: Während Amy sich um die Herrichtung der Scheune kümmern sollte, war Carl beauftragt, die Getränke für den Abend zu besorgen. Amy dachte an das Turnier am nächsten Tag. Sie würde heute keine Gelegenheit mehr haben, Spartan gründlich zu striegeln. Sie musste wohl oder übel morgen sehr früh aufstehen und ihn putzen – ganz egal, wie lange es heute Nacht dauern würde.

„Was jetzt?“ Matt gesellte sich zu Amy und Soraya.

„Kannst du die Teller verteilen?“, fragte Amy und deutete auf einen großen Karton. Sie hatten sich Partygeschirr gemietet. „Ich gehe schnell nachschauen, ob Carl schon hier ist mit den Getränken.“

Sie lief in die Küche. „Ist Carl zurück?“

„Er ist eben gekommen.“ Lou, die gerade Tomaten schnitt, blickte zu Amy auf. „Er ist noch draußen.“

Amy lief auf den Hof.

Carl stand, mit dem Rücken zu ihr, gegen den Pick-up gelehnt. Amy bemerkte, dass er in sein Handy sprach. Leise lief sie auf ihn zu und wollte beginnen, die Getränke abzuladen. Sie wollte Carl auf gar keinen Fall stören.

Da hörte sie ihn lachen. „Natürlich weiß sie nichts!“, sagte er. „Sie hat keinen blassen Schimmer!“ Amy versuchte wegzuhören, aber seine nächsten Worte erregten ihre Aufmerksamkeit noch mehr. „Nein, nein. Das hast du falsch verstanden!“, sagte er. „Lou ist kein bisschen naiv. Sie vertraut mir einfach.“ Amy blieb wie versteinert stehen, als sie den Namen ihrer Schwester hörte. Carl schüttelte den Kopf. „Das Problem mit Lou ist, dass sie gar nicht bemerkt, was sie wirklich glücklich macht. Ich habe nichts weiter getan als ihr einen Schubs in die richtige Richtung gegeben – dem Schicksal ein bisschen auf die Sprünge geholfen. Mehr nicht! Ich weiß schon, was ihr gut tut!“

Amy lief leise davon. Ihre Gedanken wirbelten durcheinander. Das klang ja ganz so, als wäre die Sache mit dem Job in Chicago ein abgekartetes Spiel! Amy erinnerte sich plötzlich, wie sehr er Lou am Vortag dazu gedrängt hatte, die Post durchzuschauen. Sie musste Lou sagen, was sie da gehört hatte! Rasch wandte sie sich um – und stolperte. Carl drehte den Kopf. „Amy!“, sagte er.

„Äh … hallo!“, antwortete Amy. „Ich bin gerade gekommen, um dir zu helfen, die Getränke abzuladen!“

Carl atmete erleichtert auf. „Oh – gut!“ Er sprach wieder ins Telefon. „Wir sprechen uns später noch, Brett! Tschüss!“

Während Amy Carl beim Entladen des Pick-ups half, dachte sie verzweifelt daran, dass sie Lou suchen und ihr berichten musste, was sie vermutete. Aber als sie mit dem Entladen fertig waren, folgte ihr Carl in die Küche. Es gab keine Gelegenheit, Lou unter vier Augen zu sprechen.

Lou war auch den Rest des Tages beschäftigt, niemals war sie allein. Schließlich beschloss Amy, das, was sie gehört hatte, zu verdrängen. Morgen war schließlich auch noch ein Tag und Lou würde dann viel weniger zu tun haben. Da würde sich eher eine Gelegenheit finden.

Gegen sechs Uhr waren die Vorbereitungen so ziemlich abgeschlossen. Die Scheune war geschmückt, alle Dekorationen aufgehängt und das Grillfeuer war bereits entzündet. Der Großvater hatte eine Bowle nach einem alten Geheimrezept zubereitet, und die Tickets für die Tombola lagen zum Verkauf bereit.

„Es ist Zeit, dass ich mich zurechtmache!“, rief Lou und rannte durch die Küche. „Die ersten Gäste kommen bestimmt bald!“

Soraya hatte ihre Klamotten für die Party schon mitgebracht. Sie und Amy standen vor dem Spiegel.

„Was Ashley wohl anhaben wird?“, fragte Soraya die Freundin, während sie ihre Locken zurechtzupfte.

„Irgendwas Auffälliges!“, sagte Amy. Sie blickte Soraya über die Schulter und fasste sich in die Haare. „Was meinst du – offen oder hochgesteckt?“

„Hochgesteckt!“, erwiderte Soraya. Sie stellte sich neben Amy und half ihr, das dunkelbraune Haar festzustecken. „Sieh mal!“, sagte sie und zog seitlich ein paar Strähnen heraus. „So ist es viel besser!“

„Klasse! Du hast Recht!“ Amy war begeistert. Sie zog eine dunkelblaue Capri-Hose aus ihrem Schrank und schlüpfte hinein. Ihre Mom hatte sie ihr vor ungefähr einem Jahr gekauft. Amy hatte bisher kaum Gelegenheit gefunden sie zu tragen, aber zum Glück passte sie ihr noch. Die Hose brachte Amys schlanke Figur hervorragend zur Geltung.

„Super! Matt wird seine Finger kaum von dir lassen können! Du siehst klasse aus!“ Soraya kicherte, während Amy sich im Spiegel betrachtete. Sie selbst trug ein Paar schwarze Jeans, dazu ein Trägertop aus einem silbrig glänzenden Material. „Was meinst du?“, fragte Soraya und posierte vor Amy.

„Steht dir super!“, sagte Amy. „Komm, gehen wir!“

Sie eilten die Treppe hinunter in die Küche. Der Großvater, Carl und Ty warteten schon.

„Ihr seht beide prima aus!“, sagte Jack Bartlett.

„Danke“, erwiderte Soraya.

Amy blickte zu Ty. Sein kariertes Hemd betonte seine breiten, muskulösen Schultern. Sie blickte in sein sonnengebräuntes Gesicht. Er erwiderte den Blick und lächelte.

„Wow!“, sagte er und musterte Amy von oben bis unten. „Einfach umwerfend!“

Amy zog neckend eine Augenbraue nach oben. „Du meinst, ganz im Gegensatz zu sonst?"

„Das ist hundertprozentig besser als die Stallklamotten, die du jeden Tag trägst!", kommentierte Ty. Er grinste. „Du siehst wirklich klasse aus!"

„Danke!" Sie lachte. „Du auch!" Ihre Blicke trafen sich. Plötzlich war Amy verlegen und nervös.

Gott sei Dank kam jetzt Lou in die Küche. „Hoffentlich kommen auch alle", sorgte sie sich.

Jack Bartlett öffnete die Kühlschranktür und holte einen Krug mit Bowle heraus. „Einen Toast!", sagte er und reichte ein Tablett mit Gläsern herum. „Einen Toast auf den Erfolg unserer Party!"

Amy sah zu ihrer Schwester. „Auf Lou!", sagte sie, einer plötzlichen Eingebung folgend.

Lou lächelte glücklich in die Runde. „Danke", sagte sie.

Jack Bartlett pflichtete ihr bei. „Und jetzt an die Arbeit! Die Knabbereien müssen raus, Getränke ausgeschenkt und die vielen Autos müssen zum Parken eingewiesen werden!"

Ty leerte sein Glas und lief nach draußen, um das Parken zu organisieren. Amy begann Chipstüten aufzureißen und Soraya lief mit Jack Bartlett in die Scheune, um beim Ausschank zu helfen.

Lou wollte gerade dem Großvater hinterhereilen, als Carl sie am Arm fest hielt. „Hier!", sagte er, nahm ihre Gläser und schenkte noch etwas Bowle nach. „Lass uns noch einmal anstoßen!"

„Worauf denn?", fragte Lou.

Carl erhob sein Glas. „Auf Chicago!"

Amy sah, wie Lou stockte. Ihr Glas schwappte beinahe über. „Aber ich habe mich doch noch gar nicht entschieden!"

Amy musste sich auf die Lippen beißen, um nicht dazwischenzuplatzen.

„Lou!", rief Carl drängend. „Es ist ein super Job – und noch dazu eine prima Gelegenheit, auch in Zukunft zusammen zu sein. Wie kannst du da noch zweifeln?"

„Es ist keine leichte Entscheidung", beharrte Lou. „Verstehst du das denn nicht? Ich brauche Zeit, um in Ruhe darüber nachzudenken!"

„Du hast aber keine Zeit!" Carl war irritiert. „*Eppstein and Webb* wollen bis Dienstag eine Antwort!"

„Ich weiß, ich weiß!" Plötzlich stockte Lou der Atem. Amy sah, wie sie die Stirn runzelte. „Woher weißt du eigentlich, dass ich mich bis Dienstag entschieden haben muss?", fragte sie Carl. „Ich habe dir das nicht gesagt!"

Eine Sekunde lang schien Carl die Fassung zu verlieren. Dann hatte er sich wieder im Griff. „Natürlich hast du mir das gesagt!", sagte er schnell und legte seine Hand auf ihren Arm. „Du hast es nur wieder vergessen!"

„Habe ich nicht!", rief Lou. „Ich habe es dir absichtlich nicht erzählt! Ich wollte nicht, dass du mich damit unter Druck setzen kannst! Woher weißt du es also?" Erschrocken riss sie ihre Augen weit auf; sie wurde ganz blass. *„Du hast die ganze Sache eingefädelt, nicht wahr?",* flüsterte sie. „Du hast die ganze Zeit davon gewusst!"

Einen Moment lang schien Carl zu überlegen, ob er es leugnen sollte. Dann aber machte er einen Schritt auf Lou zu. „Also gut. Ich habe es für dich arrangiert, Lou. Ich möchte, dass du mit mir kommst – die Leute rechnen alle fest damit, dass du nach Chicago gehst!“

„Du willst, dass ich mit dir nach Chicago gehe, weil du Angst davor hast, was deine Freunde von dir denken könnten, wenn ich es nicht tue?“ Lou starrte Carl entsetzt an.

„Nein! … Ich …“ Carl versuchte, seine Taktik zu ändern. „Lou, ich habe nur versucht, dir zu einem guten Job zu verhelfen!“, sagte er und griff nach ihrer Hand. „Das ist doch kein Verbrechen, oder?“

„Du hast versucht, mich zu beeinflussen! Du hast mich getäuscht und hintergangen!“ Wütend zog sie ihre Hand weg.

„Lou! Hör zu!“

„Nein!“, rief Lou. „Ich habe dir vertraut! Wie konntest du mir das nur antun?“

In diesem Moment wurde die Tür geöffnet, Matt und Scott kamen in die Küche gelaufen. Ihre Grußworte erstarben ihnen auf den Lippen, als sie begriffen, was gerade vor sich ging.

„Lou!“ Carl versuchte erneut, sie zu beschwichtigen.

Lou schob ihn davon. „Lass das!“, bat sie. „Ich kann nicht mit dir nach Chicago gehen! Ich brauche mehr Zeit. Hau einfach ab, lass mich in Ruhe!“

„Aber …“

„Verschwinde!“, rief Lou wütend. „Geh!“ Dann brach sie in Tränen aus und rannte aus der Küche.

Amy wandte sich an Carl, aber noch bevor sie ein Wort sagen konnte, beherrschte Scott die Situation. „Sie haben gehört, was

Lou gesagt hat“, meinte er zu Carl. Sein Ton war eisig. „Ich glaube, es ist besser, wenn Sie jetzt gehen!“

Einen Augenblick lang sah es so aus, als ob Carl sich mit Scott prügeln wollte. Dann aber trat er einen Schritt zurück. „Ich hole meine Sachen!“, sagte er knapp, drehte sich um und lief die Treppe hinauf.

Scott warf einen Blick aus dem Fenster. „Amy! Schnell! Die ersten Gäste kommen schon!“

Entsetzt blickte Amy ihn an. „Und was ist mit Lou?“

„Geh du nach ihr schauen!“, sagte Scott. „Matt und ich werden die Sache draußen schon schaukeln!“

Als Amy die Treppen hinaufstürmte, kam Carl ihr von oben entgegen. Hastig stopfte er seine Sachen in die Tasche.

„Tschüss“, murmelte Amy.

Sie rannte in Lous Zimmer.

Ihre Schwester lag auf dem Bett und hatte ihr Gesicht in das Kopfkissen gedrückt.

„Oh Amy!“, schluchzte sie und blickte hoch. „Was soll ich nur machen?“ Sie vergrub das Gesicht in ihren Händen.

Amy kniete sich neben sie auf den Boden und streichelte Lou übers Haar. „Das wird schon wieder, Lou!“, sagte sie. „Du bist ohne ihn viel besser dran!“

„Wie konnte er mir das nur antun? Und ich habe geglaubt, dass er mich respektiert!“, weinte Lou. „Wenn er mich wirklich liebte, würde er nicht so hinter meinem Rücken …“

Amy umarmte ihre Schwester. „Oh Lou, Lou! Wir haben dich wirklich lieb!“, sagte sie verzweifelt. „Ganz gleich, wie du dich entscheidest, der Großvater und ich, wir werden immer für dich da sein. Ganz gleich, ob du hier bleibst oder zurück nach New York gehst – die Heartland Farm ist dein Zuhause!"

Lou fing noch heftiger an zu schluchzen.

„Und mach dir keine Sorgen um die Party!", versicherte ihr Amy. „Wir schaffen das schon! Scott begrüßt gerade die Gäste – wir haben alles im Griff!"

Lou setzte sich auf. Tränen liefen ihr über die Wangen. „Die ersten Gäste kommen schon?", fragte sie.

Amy nickte. „Wir kommen schon klar. Bleib hier, so lange du willst!"

Lou wischte sich die Tränen aus dem Gesicht. „Das Ganze war meine Idee. Also werde ich auch dabei sein!"

„Aber Lou …!"

„Mir geht es gut!" Lou schniefte, dann stand sie auf und glättete ihr Kleid.

Amy fühlte Bewunderung in sich aufsteigen. Lou ist sagenhaft tapfer!, dachte sie. Sie wusste nur zu gut, dass sie sich an Lous Stelle die ganze Nacht in ihrem Zimmer einschließen und die Augen aus dem Kopf weinen würde. Aber Lou warf schon wieder einen Blick in den Spiegel und kontrollierte ihr Make-up.

Als sie schließlich in der Tür stand, war das einzige Zeichen ihres inneren Aufruhrs der feuchte Glanz in ihren Augen. „Komm!", sagte sie, holte tief Luft und streckte Amy die Hand hin. „Unsere Gäste warten!"

Amy ging aufmerksam herum, schenkte ein Getränk nach dem anderen aus und begrüßte die Gäste. Sie versuchte, Lou im Auge zu behalten. Hoffentlich ging es ihr gut! Aber ihre Sorge war unbegründet. Gefasst und freudig begrüßte Lou die Partygäste, reichte ihnen Drinks und wies sie zu dem Tisch, an dem Ty Lose für die Tombola verkaufte.

Eben kam Familie Grant auf das Gelände. Ashley sah in ihrem rückenfreien Kleid tatsächlich wunderschön aus.

„Hallo Amy!“ Ashleys Ton war kühl.

„Hallo!“, antwortete Amy genauso knapp.

Ashley blickte sich um und zog ihre perfekt gestylten Augenbrauen nach oben. „So viele Leute, wird euch das nicht zu viel?“

„Das ist schließlich Sinn und Zweck der Sache“, antwortete Amy. Aber Ashley hörte ihr gar nicht zu. Sie hatte Matt entdeckt.

„Matt!“, rief sie.

Er warf einen Blick in ihre Richtung und kam dann zu ihnen. „Hallo Ashley“, sagte er erfreut.

„Hallo!“, sagte Ashley und hakte sich bei ihm unter. „Weißt du, wo ich etwas zu trinken bekommen kann?“

„Sicher“, sagte Matt. „Komm mit, ich zeige es dir.“

Amy schüttelte amüsiert den Kopf und lief davon. Nicht einmal Ashleys Gegenwart würde ihr den heutigen Abend verderben.

Die Scheune füllte sich schnell. Der Geräuschpegel stieg an, Gläser klirrten, und als die Band zu spielen begann, begaben sich die ersten Paare auf die Tanzfläche. Amy wurde bewusst, wie richtig Lou mit ihrer Vermutung gelegen hatte. So eine Tanzparty war eine hervorragende Gelegenheit, Geld aufzutreiben! Alle schienen sich prächtig zu amüsieren, und es machte Spaß, Moms Freunde um sich zu haben. Amy dachte daran, wie stolz ihre Mutter auf ihre älteste Tochter wäre.

Sie blickte sich suchend nach Lou um und sah, dass sie mit

Scott und dem Großvater am Eingang der Scheune stand. Der ganze Ärger war aus ihrem Gesicht gewichen. Scott sagte gerade etwas und Lou sah lachend zu ihm auf. Ihre Augen funkelten. Sie sah beinahe glücklich aus. Es tat ihr gut zu sehen, dass sich die Gäste prächtig amüsierten.

Amy gesellte sich eilig zu ihnen. „Lou! Das Ganze ist ein voller Erfolg! Alle haben ihren Spaß!"

„Es sieht ganz danach aus!", pflichtete Scott ihr bei. „Meinen Glückwunsch, Lou!"

„Danke!" Lou strahlte. „Und danke, dass ihr so tüchtig geholfen habt!"

„Tut mir Leid, dass ich an deiner Idee gezweifelt habe!", sagte Amy.

Lou schien von der Entschuldigung ihrer Schwester überrascht zu sein. „Danke, Amy!"

„Und –" Es fiel Amy nicht leicht, was sie nun sagen wollte. „Und ... nun ja, vielleicht können wir ja auch auf die eine oder andere Idee von dir zurückgreifen. Weißt du – vielleicht die Broschüre und so was ..."

„Meinst du wirklich?" Lou war überrascht. „Du gibst meinen Vorschlägen also eine Chance?"

Amy nickte.

„Mir ist klar geworden, dass du weißt, wovon du redest, wenn es um geschäftliche Dinge geht." Sie blickte Lou in die Augen. Die Worte purzelten nur so aus ihr heraus. „Es war dumm von mir, dass ich nicht gleich auf dich gehört habe. Sag doch, dass du hier bleibst, Lou. Ich verspreche dir auch, dass ich deine Ideen von jetzt an ernst nehmen werde. Geh nicht zurück in die Stadt. Dein Zuhause ist hier – hier bei uns. Wir brauchen dich!“

Lou war überrascht und erfreut. „Meinst du das auch wirklich ernst?“

„Aber natürlich!“ Amy sah ihre Schwester ernst an.

Lou blickte erst zum Großvater, dann zu Scott und zu Amy. „Einverstanden!“, sagte sie. Ein Lächeln huschte ihr übers Gesicht. „Ich bleibe!“

12

In den frühen Morgenstunden des nächsten Tages verließen die letzten Gäste die Party. Amy fiel erschöpft ins Bett. Sie warf einen Blick auf ihren Wecker und schaltete das Licht aus. Zwei Uhr morgens! In ein paar Stunden würde sie aufstehen müssen, um Spartan für das Turnier fertig zu machen. „Na großartig!“, stöhnte sie, drehte sich auf die Seite und war sofort eingeschlafen.

Um sechs Uhr rappelte sie sich mühsam aus ihrem Bett und stolperte über den Hof. Zuerst fütterte sie die anderen Pferde, dann widmete sie sich Spartan. Nach ein paar Tassen Kaffee fühlte Amy, wie sie langsam aufwachte, und als Ty gegen halb neun auf den Hof kam, ging es ihr schon wieder ziemlich gut. „Du wirst dich heute von deiner besten Seite zeigen!“, sagte sie zu Spartan und bandagierte ihm die Beine, damit er sich beim Transport nicht verletzte. „Wir zeigen allen, was für ein besonderes Pferd du bist!“

Und Spartan schnaubte, als hätte er jedes ihrer Worte verstanden.

Als sie auf dem Turnierplatz angekommen waren, parkte Ty den Transporter am Rande des Geländes, weit genug von all dem Trubel und den Zuschauerplätzen entfernt. Sie luden Spartan aus – er spitzte die Ohren, blähte die Nüstern und sah sich aufgeregt um.

„Alles in Ordnung“, redete Amy ihm zu. „Es ist nur ein Turnier. Erinnerst du dich?“

Ty bückte sich und wickelte die Bandagen ab. „Führen wir ihn ein wenig durch die Gegend“, sagte er, „das hilft ihm sicher, ruhiger zu werden!“

Amy nickte. Sie hatte den gleichen Gedanken. „Komm schon!“, sagte sie und schnalzte mit der Zunge. „Los geht's!“

Spartan tänzelte neben ihr hin und her. Amy vermutete, dass er den Trubel von früher her kannte. „Du wirst bald wieder selbst mitmachen!“, sagte sie zu ihm. „Ein richtiges großes Springturnier, um allen zu zeigen, wie gut du bist!“

In diesem Moment kreuzte ein Reiter ihren Weg im Galopp. Spartan erschrak und scheute. „Ruhig, Junge!“, rief Amy beschwichtigend und fuhr herum.

Es war Ashley Grant, die auf einem braunen Pony saß und selbstgefällig lächelte. Sie war tadellos gekleidet und ihr Pony glänzte. Die letzte Nacht war ihr nicht anzumerken – Ashley sah taufrisch aus. „Er ist also immer noch nervös!“, stellte sie fest.

„Jedes Pferd würde scheuen, wenn ein anderes so dicht vorbeiprescht!“, rief Amy aus.

„Gemach, gemach!“, spottete Ashley.

Amy schüttelte verächtlich den Kopf und führte Spartan weiter umher.

Aber sie konnte Ashley nicht entkommen. Sie ritt neben Spartan her. „Weshalb hast du ihn eigentlich hierher gebracht?“, fragte sie. „Ich habe gehört, dass er bösartig ist?“

„Nun, das ist er nicht!“, sagte Amy mit zusammengebissenen Zähnen. „Er ist geheilt!“

Ashley lachte und deutete auf Spartans Flanken. „Seine Narben sehen aber noch immer hässlich aus!“

„Ach ja?“, fragte Amy.

„Du hast doch nicht etwa die Absicht, mit ihm zu starten?“, wollte Ashley wissen.

„Ich habe nicht vor, ihn in irgendeiner Show zu zeigen“, gab Amy zurück. „Aber beim Springen interessieren die Narben ja wohl nicht!“

„Wenn das die Richter mal nicht anders sehen!“, spottete Ashley weiter. Sie schüttelte den Kopf. „Du verschwendest deine Zeit und dein Geld, Amy – und nach allem, was ich gehört habe, geht es der Heartland Farm im Moment finanziell gar nicht gut!“ Triumphierend galoppierte sie von dannen.

„Warte nur, bis du gesehen hast, wie er springt, Ashley!“, murmelte sie. Sie hatte auf einmal den Wunsch, Spartan über den Parcours zu bringen – einfach nur, damit Ashley das Lachen verging. Aber Meldeschluss war schon vor einer Woche gewesen. „Beim nächsten Mal bist du dabei!“, versprach sie Spartan und sah zu, wie Ashley auf ihrem Pony in den Parcours ritt.

Amy führte Spartan zurück zu ihrem Transporter. „Ich werde jetzt mit ihm auf den Übungsplatz gehen“, sagte sie zu Ty.

Sie sattelten Spartan. Amy schlüpfte aus den Jogginghosen, die sie über ihre Turnierkleidung gezogen hatte, um ihre neuen Reithosen vor Flecken zu schützen, zog ihre Reitstiefel an und schlüpfte in ein dunkelblaues Jackett. Es machte Spaß, wieder Turnierluft zu schnuppern, und wenn es nur „nebenan“ war.

„Lass es langsam angehen“, mahnte Ty, als sie aufsaß. „Wenn er zu nervös ist, versuch nicht, ihn zu zwingen.“

Amy nickte. Aber als sie Spartan auf den Hals klopfte, wusste sie, dass er keine Schwierigkeiten machen würde. Er war nervös, aber nicht unwillig. Sie ritt auf den Übungsplatz zu, wo andere Reiter ihre Pferde für das Turnier abritten. Trainer riefen letzte Anweisungen, andere Pferde galoppierten an ihnen vorüber. Amy hielt die Luft an. Wenn Spartan mit dieser Situation klarkam, dann würde ihn nichts mehr erschrecken!

Zunächst ging er ein wenig in die Hand, aber nach ungefähr zehn Minuten nahm er den Kopf herunter und wurde durchlässig für Amys Hilfen. Schließlich lenkte Amy ihn auf ein Hindernis und ließ ihn springen. Spartan schaffte den Sprung mit Leichtigkeit. Jetzt war es wohl an der Zeit, ihn über den gesamten Trainings-Parcours zu reiten.

Ty sah, dass sie auf den Anfang der Hindernisstrecke zuritt und kam zu ihnen heran. „Es ist also so weit?"

Amy nickte. Sie spürte die Aufregung in der Magengegend. Das war der Moment, auf den sie so lange gewartet hatte!

Ty lief zu dem Ordner, der am Gatter stand, und bezahlte. „Ist die Sprunghöhe in Ordnung?", fragte er.

Amy blickte sich um. Die Hindernisse lagen höher, als sie es sich eigentlich gewünscht hätte. „Ja!", sagte sie. Sobald sie auf Spartan saß, hatte sie das Gefühl, dass ihm kein Hindernis je zu hoch wäre!

„Toi, toi, toi!", rief Ty Amy hinterher.

Amy fasste die Zügel kürzer und klopfte Spartan den Hals. „Jetzt geht's los, Junge!", sagte sie zu ihm. Ihre Aufregung wuchs, als sie die Zuschauer, die auch hier am Zaun standen, bemerkte. „Zeig allen, was du kannst!"

Spartan spielte mit den Ohren. Sie drückte ihm die Unterschenkel in die Seiten, und Spartan galoppierte weich und gehorsam an. Amy umrundete den Parcours einmal, dann ritt sie auf das erste Hindernis zu. Spartans Galoppsprünge waren gleichmäßig und rhythmisch. Er nahm das Hindernis mit Leichtigkeit und stellte die Ohren auf, als sie den nächsten Sprung angingen.

Spartan blieb perfekt in seinem ruhigen Rhythmus, während er ein Hindernis nach dem anderen überwand. Amy fühlte, wie sie mit dem Pferd zu einer Einheit verschmolz. Dann ritt sie auf den letzten Sprung zu, der dicht an der Parcoursbegrenzung stand.

„Gerry?“ Sie hörte die Stimme eines Mädchens, das aus dem Turnierring zu ihnen herüberrief. Amy spürte, wie Spartan aus dem Takt geriet. Sie waren nur noch drei Galoppsprünge von dem Oxer entfernt. Amy schloss die Knie und trieb Spartan an. „Komm, Junge!“

Und Spartan reagierte. Mit einem enormen Schub aus der Hinterhand sprang er ab und flog über den Hoch-Weit-Sprung. Amy schien es eine Ewigkeit, bis sie sicher wieder auf der anderen Seite landeten.

Die Zuschauer klatschten begeistert Beifall.

„Braver Junge!“, lobte Amy und dachte nicht mehr an die Stimme aus der Menge, so sehr freute sie sich. Sie klopfte ihm unablässig den Hals, während sie zum Eingangsgatter zurückritt. „Er war einfach großartig!“, rief sie Ty zu.

„Der Beste!“, rief Ty zurück.

„Das war ein schöner Ritt!“, sagte der Ordner, der noch immer am Gatter stand, zu Amy. „Sie haben da ein sehr viel versprechendes Pferd, junge Frau!“

Amy ließ sich von Spartans Rücken gleiten und schlang ihre Arme um seinen Hals. „Er ist wundervoll!“ Dann führte sie Spartan vom Platz.

Ty ging neben ihr.

„Äh … Entschuldigung!“, wurde sie zögernd von hinten angesprochen.

Amy drehte sich um. Ein blond gelocktes Mädchen, ungefähr so alt wie sie und in Turnierkleidung, stand hinter ihr. Ihre Wangen waren leicht gerötet. „Ist das Gerry … Geronimo?“

„Ja!“, antwortete Amy verwirrt und wendete auch Spartan in ihre Richtung. „Zumindest hieß er früher so. Aber wer bist du?“

Noch bevor das Mädchen antworten konnte, wieherte Spartan aufgeregt und riss an den Zügeln.

„Oh Gerry!“ Das Mädchen stieß einen erfreuten Seufzer aus. „Ich habe schon geglaubt, ich würde dich niemals wieder sehen!“

Amy fühlte Eifersucht in sich aufsteigen, als Spartan dem Mädchen über die Hand leckte. Wer war sie nur? „Ähm … Entschuldigung, aber ich weiß noch immer nicht, wer du bist!“, sagte sie ziemlich kurz angebunden.

Das Mädchen sah Amy nervös an. „Ich heiße Hannah Boswell. Larry Boswell ist mein Großvater. Ich kenne Gerry, seit er ein Fohlen war. Ich habe ihn sofort erkannt, als du auf ihm in den Parcours geritten bist!“

Überrascht blickte Amy das Mädchen an. „Du bist die Enkeltochter von Larry Boswell?“

Hannah nickte. „Ich wohne bei meinen Großeltern auf dem Gestüt", erzählte sie. „Und du bist bestimmt Amy?" Als Amy nickte, lächelte sie. „Großvater hat mir von dir erzählt. Von Heartland und davon, wie du dich um Gerry gekümmert hast."

„Weshalb bist du hier?", fragte Amy. Sie versuchte zu begreifen, was es bedeutete, dass Larry Boswells Enkeltochter vor ihr stand und sich mit ihr unterhielt.

„Wir sind zu dem Turnier hierher gekommen", sagte Hannah. „Eigentlich hatte ich heute vor, mit meinem Pony im Stilspringen zu starten."

Ty runzelte die Stirn. „Ich glaube, ich habe dich vorhin gesehen", sagte er. „Hast du ein Apfelschimmel-Pony?"

„Genau!", antwortete Hannah. „Normalerweise fahren wir für Einzelturniere nicht so weit durch die Gegend, aber dies heute zählt als Qualifikationswettkampf für die Jugendmeisterschaften."

„Du kannst prima reiten!", sagte Ty. „Ich habe dich auf dem Trainingsplatz beobachtet!"

„Danke!", sagte das Mädchen. „Aber Sinbad ist auch wirklich ein tolles Pferd!" Ihre Augen funkelten. „Auf ihm würde jeder Reiter gut aussehen!"

Amy merkte, dass ihr das Mädchen immer sympathischer wurde. „Was meinst du eigentlich damit – du *wolltest* am Stilspringen teilnehmen?", fragte sie neugierig.

„Sinbad lahmt", erklärte Hannah. „Anscheinend hat er sich beim Probesprung verletzt. Es ist nicht wirklich schlimm, aber ich möchte kein Risiko eingehen. Es ist besser, wenn wir nicht starten. Aber es ist typisch, dass so etwas genau dann passiert, wenn eine Qualifikation stattfindet!“ Und obwohl sie lächelte, bemerkte Amy, dass Hannah traurig darüber war. Das Mädchen drehte sich um. „Ich muss meiner Großmutter sagen, dass ihr hier seid. Ich wette, dass sie euch auch begrüßen möchte. Einverstanden?“, fragte sie.

„Ja, selbstverständlich“, sagte Amy.

„Ich bin gleich wieder da“, versprach Hannah und lief über das Gelände.

„Sie macht einen netten Eindruck!“, sagte Amy zu Ty. Sie selbst startete ja lieber in Zeitspringen, wo das Hauptaugenmerk auf dem Pferd und nicht auf dem Reiter lag.

Ty nickte. „Sie hat wirklich Talent“, sagte er. „Eine echte Begabung! Egal, wie sehr sie ihr Pony lobt, so einfach scheint der Apfelschimmel nicht zu sein!“

Amy klopfte Spartan gedankenverloren auf den Hals. Sie dachte darüber nach, was Hannah über ihr lahmendes Pony gesagt hatte.

Hannah kam wieder angerannt. „Großmutter ist schon auf dem Weg!“, rief sie. Ihr Haar war ganz zerzaust. Spartan drängte sich in ihre Richtung und beschnupperte sie.

„Du … also …“ Amy holte tief Luft. Ein Gedanke durchzuckte sie. „Hannah, möchtest du im Qualifikationsspringen Spartan – ich meine Gerry – reiten?“

Sie sah, wie Ty sich verblüfft umwandte und sie anstarrte. Hannahs Augen weiteten sich vor Staunen. „Gerry reiten? Aber du weißt ja gar nicht, ob ich überhaupt reiten kann!“

„Nun, Ty hat dich gesehen und er sagt, dass du gut bist!“, sagte Amy. Sie warf einen Blick auf Ty. „Das genügt mir!“

„Ich würde ihn liebend gern reiten!", sagte Hannah. Dann betrachtete sie sich Amys Gesichtsausdruck genauer. „Und es macht dir wirklich nichts aus?"

„Nein", sagte Amy langsam und blickte zu Spartan, der noch immer Hannahs Hand begeistert leckte. „Nein, es macht mir nichts aus."

Hannah lächelte. Plötzlich winkte sie über Amys Schulter jemandem zu. „Hier bin ich, Grandma! Hierher!"

Mrs Boswell hatte kurze graue Haare und trug Jeans. Ihre Miene hellte sich auf, als sie Spartan sah. „Gerry!", sagte sie.

Spartan wieherte leise. Mrs Boswell lächelte und rieb ihm den Kopf. „Hallo, alter Junge! Schön, dass es dir gut geht!" Sie wandte sich zu Amy und Ty, streckte ihnen ihre Hand entgegen und lächelte. „Hallo. Ich bin Shelley Boswell!"

Sie schüttelten sich gegenseitig die Hände und stellten sich vor. Hannah informierte ihre Großmutter, dass sie Spartan im Springen reiten würde. „Ich hole jetzt besser meinen Sattel!", sagte sie. „Grandma, kannst du den Verantwortlichen bitte sagen, dass ich mit einem anderen Pferd starten werde?"

„Ich reite Spartan noch ein bisschen für dich ab", sagte Amy. „Damit er warm ist." Sie stieg wieder auf.

„Und ich bürste ihn noch mal über, damit er wirklich gut aussieht!", meinte Ty. Amy nickte und ritt mit Spartan zum Abreiteplatz. Mit langen, elastischen Tritten trabte er über den Platz und seine Ohren spielten, als er die Hilfen willig annahm. Sie ließ ihn galoppieren und wechselte zweimal den Zirkel.

Sie sah, dass Hannah mit ihrem Sattel am Rande des Platzes stand und ritt auf das Mädchen zu.

„Am besten, wir tauschen die Sättel gleich aus!“, sagte Hannah.

Amy nickte und stieg ab. Sie holte tief Luft, dann zog sie die Steigbügel hoch und löste den Sattelgurt.

„Bist du dir immer noch sicher, dass es in Ordnung geht, wenn ich ihn reite?“ Wieder betrachtete Hannah Amys Gesicht.

Amy schluckte. „Ich bin mir sicher!“

Sie hielt Spartan am Zügel, während Hannah ihren eigenen Sattel auflegte. Spartan beschnupperte ihre Hände, während das Mädchen den Sattelgurt festzurrte. Amy gab ihm einen flüchtigen Kuss auf die Nase.

„Fertig“, sagte Hannah.

Amys Herz pochte heftig, als sie der anderen die Zügel hinhielt. „Hier“, sagte sie.

Als Hannah danach griff, trafen sich ihre Blicke.

„Viel Glück!“, flüsterte Amy.

„Danke!“, sagte Hannah leise.

Langsam ließ Amy die Zügel los.

Nachdem Hannah ein Weilchen geritten war, hielt sie kurz an. Ty bürstete Spartan noch schnell übers Fell. „Du machst eine gute Figur auf ihm!“, sagte er.

Amy nickte. Sie hatte Hannah genau beobachtet, wie sie über den Abreiteplatz gegangen war, und sie musste Ty Recht geben. Hannah war wirklich eine talentierte Reiterin – sie hatte eine leichte Hand und ihr Sitz war perfekt ausbalanciert. Spartan sah glücklich und zufrieden aus.

„Ich bin schon gern auf ihm geritten, als er noch meinem

Großvater gehört hat", sagte Hannah. Sie lächelte. „Aber im Vergleich zu Sinbad ist es ein komisches Gefühl?"

„Wie groß ist Sinbad denn?", fragte Amy.

„Knapp einen Meter und fünfundzwanzig, und eigentlich ist er ein bisschen zu klein für mich. Großvater hat gesagt, dass er mir ein neues Pferd kauft – jedes Pferd, das ich mir wünsche! Aber ich habe noch keines gefunden, das ich wirklich mag!" Sie lächelte. „Aber Sinbad gebe ich auf gar keinen Fall her! Ich werde ihn niemals verkaufen!"

Shelley Boswell gesellte sich wieder zu ihnen. „Hannah! Es ist an der Zeit, dass du zum Eingang reitest!"

Hannah lächelte nervös. „Ich komme! Haltet mir die Daumen!"

Ty und Amy liefen zum Parcours. „Sieh mal, da ist Ashley!", sagte Amy und stieß Ty in die Seite, als Ashley in den Parcours einritt. Sie hatte jetzt ein anderes Pferd – einen schönen Schimmel mit schneeweißer Mähne und einem imposanten Schweif. Ashley ließ ihn galoppieren, dann ritt sie auf den ersten Sprung zu.

Amy beobachtete sie genau. Wenn sie, Amy, normalerweise auf Sundance gegen Ashley antrat, dann war das im Zeitspringen, wo neben den Fehlern auch die Zeit zählte. Aber im Stilspringen war das anders. Da kam es auf die Manier von Reiter und Pferd an und Amy musste zugeben, dass Ashley gut war. „Sie macht keinen einzigen Fehler!", sagte sie zu Ty.

„Ich weiß nicht." Ty war sehr kritisch. „Sie ist ein wenig zu steif in den Schultern."

Den nächsten Sprung ritt Ashleys Pony etwas zu knapp an.

„Das gibt Punktabzug", stellte Ty fest.

„Nicht viel“, meinte Amy.

„Aber sie ist nicht eins mit dem Pferd!“, sagte Ty. „Ich meine, sie reitet technisch einwandfrei, aber zwischen dem Pferd und dem Reiter besteht keine Verbindung. Das werden die Richter ganz sicher bemängeln!“

Ashley beendete ihre Runde und trabte hinaus.

„Ist Hannah jetzt dran?“, fragte Amy.

Aber zunächst folgte noch ein weiterer, anderer Starter – ein Junge auf einem großen Fuchs-Wallach.

Shelley Boswell kam zu ihnen gelaufen. „Es ist wirklich sehr nett von dir, dass Hannah Gerry reiten darf!“

„Das geht schon in Ordnung“, sagte Amy.

„Larry hat mir erzählt, was sich bei seinem Besuch auf Heartland zugetragen hat. Du musst ihn für ein schreckliches Monster halten –“

Amy wusste nicht, was sie darauf erwidern sollte. „Nun … äh …“

„Schon gut, Schätzchen“, sagte Shelley Boswell lächelnd. „Ich kann mir vorstellen, wie er reagiert hat. Aber Larry ist kein grausamer Mann. Sein ganzes Leben lang hat er schwer geschuftet. Er hat das Gestüt aus dem Nichts aufgebaut. Und es ist sein eisernes Prinzip, dass jedes Pferd auch sein Geld verdienen muss. Nur deshalb war er so erfolgreich. Aber ich glaube, es hat ihm das Herz gebrochen, Gerry nicht mitnehmen zu können. Ich bin sicher, dass er ganz oft an ihn denkt und dass er ihn vermisst. Wir vermissen ihn alle!“

„Da ist Hannah!“, sagte Ty. Spartan betrat den Parcours und Hannah trabte an.

Spartan hatte die Ohren gespitzt. Im ersten Moment, als er die Sprünge sah, riss er den Kopf in die Höhe, aber dann wurde er wieder durchlässig und reagierte auf Hannahs Hilfen. Sie galoppierte ruhig an und ritt auf den ersten Sprung zu.

Amy hielt den Atem an. Spartan segelte über das Hindernis und hatte sogar noch zwei Fußbreit Platz dazwischen.

„Er springt gut, nicht wahr?“, sagte Shelley Boswell.

Amy nickte. Sie bewunderte Hannahs Art zu reiten. Es war nicht einfach, gut zu sitzen, wenn ein Pferd mit solcher Energie sprang wie Spartan. Aber Hannah schaffte es. Ihr Rücken war gerade, ihr Kopf erhoben und ihre Fersen tief. „Hannah sieht wirklich klasse auf ihm aus!“, sagte sie.

Shelley Boswell lächelte. „Hannah liebt das Springreiten – schon immer! Wir sind auf der Suche nach einem Pferd, mit dem sie sich für die Jugendmeisterschaften qualifizieren kann.“

Amy konzentrierte sich wieder auf das Geschehen im Parcours. Hannah und Spartan hatten inzwischen die Hälfte der Sprünge gemeistert. Die beiden gaben ein perfektes Bild ab, wie sie so an der gegenüberliegenden langen Seite entlangkanterten. Pferd und Reiter schienen eine Einheit zu sein – sie passten hervorragend zusammen. Amy fühlte, wie sich ihre Augen plötzlich mit Tränen füllten. Sie warf einen Blick auf Ty. Sie war froh, dass sie seinem Urteil vertraut hatte und Hannah auf Spartan reiten ließ. Sie sah ihm an, dass er ganz genauso dachte.

„Sieht Spartan nicht wirklich glücklich aus?“, fragte er leise.

Amy nickte.

Ty berührte einen Augenblick ihre Schulter. „Danke, dass du mir geglaubt hast – ich meine, dass Hannah wirklich reiten kann!“

„Ich vertraue dir immer!“

„Nur noch ein einziges Hindernis“, hörte sie Shelley Boswell sagen.

Hastig wandte sich Amy wieder dem Parcours zu. Spartan taxierte auch den letzten Sprung perfekt und das Publikum klatschte begeistert Beifall. Hannah ritt ihn durch das Gatter und klopfte ihm so begeistert auf den Hals, als wolle sie niemals damit aufhören. Dann brachte sie ihn zum Stehen.

Amy, Ty und Shelley Boswell eilten zu ihr hinüber.

„Das war unglaublich!“, sagte Amy.

„Gut gemacht!“, lobte Ty und lächelte Hannah zu.

„Er war einfach große Klasse!“, sagte Hannah und glitt aus dem Sattel.

Amy sah Ashley und Val Grant vorüberlaufen. Ihre Mienen waren eisern. Ganz offensichtlich hatten auch sie Spartan und Hannah zugeschaut. „Ich glaube, Ashley wird Spartan in Zukunft nicht mehr so schnell herunterputzen!“, sagte sie grinsend. Sie streichelte dem Pferd über die Nüstern, und er stupste sie vertraulich an.

Es war ein nervenaufreibendes Warten, bis die Ergebnisse über Lautsprecher verkündet wurden. „Die Ergebnisse im Stilspringen“, hörten sie dann endlich.

„Platz eins – Hannah Boswell auf Dancing Grass Geronimo!“

„Du hast gewonnen, Hannah!“, rief Amy.

„Was?“ Hannah schnappte erstaunt nach Luft. Sie fiel ihrer Großmutter um den Hals. „Grandma! Gerry hat gewonnen!“ Schnell saß sie wieder auf, Mrs Boswell bürstete ihr noch einmal über die Reitstiefel und Amy überprüfte den Sattelgurt.

„Los! Du bist dran!“, sagte Ty, der sah, dass der Richter auf sie wartete.

Hannah strahlte von einem Ohr zum anderen, als sie glücklich auf den Platz ritt.

Es dauerte nicht lange, dann waren die Siegerschleifen verteilt. Ashley hatte den zweiten Platz belegt und wirkte ziemlich unzufrieden – als wäre ein Gewitter über sie hinweggezogen. Sie bedankte sich noch nicht einmal bei dem Kampfrichter, als man ihr die weiße Schleife überreichte.

Jetzt war es Zeit für Hannah, eine Ehrenrunde über den Parcours zu reiten. Als Spartan an ihnen vorübergaloppierte, fühlte Amy, wie Ty seine Hand auf ihre Schulter legte.

„Das war die einzig richtige Entscheidung!“, sagte er leise.

Amy blickte ihm in die Augen. „Ich weiß“, lächelte sie.

„Vielen, vielen Dank, dass ich Gerry reiten durfte!“, sagte Hannah ein Weilchen später, als sie Spartan mit Amy zurück zum Transporter führte. „Er ist wirklich große Klasse – du wirst ganz bestimmt eine Menge Turniere mit ihm reiten, nicht wahr?“

Amy fühlte sich auf einmal ziemlich bedrückt. „Das kommt ganz darauf an, ob wir für ihn einen neuen Besitzer finden oder nicht.“

„Ihr könnt ihn gar nicht behalten?“, fragte Hannah überrascht.

Amy schüttelte den Kopf. „Wir auf Heartland müssen für die Tiere, die wir heilen, einen neuen, geeigneten Herrn finden.“ Hannah betrachtete traurig das Pferd. „Armer Gerry. Er scheint bei euch ziemlich glücklich zu sein!“

„Nicht so glücklich, wie er sein könnte!“ Amy seufzte. Sie hatte beschlossen, dass sie Hannah vertrauen konnte. „Ich habe bei ihm immer das Gefühl, dass er einen Teil seines Herzens vor uns verschließt“, sagte sie. „Das einzige Mal, dass ich ihn wirklich glücklich gesehen habe, war, als dein Großvater bei uns auf der Farm war – und heute, hier und jetzt, bei euch!“

„Wenn Großvater ihn doch wieder bei sich aufnehmen könnte! Oder wenn ich ihn haben könnte!“ Hannah seufzte. „Es ist alles so unfair!“

Amy starrte sie an. Sie hatte plötzlich eine Idee! „Nun – warum kannst du ihn nicht haben? Du hast selbst gesagt, dass du auf der Suche nach einem Springpferd bist – und Spartan springt hervorragend!“ Hannah blickte erstaunt. „Ich könnte Gerry haben? – Das würde der Großvater nie erlauben! Er verbietet uns sogar, seinen Namen auch nur zu erwähnen!“

Der Funken Hoffnung, der in Amy aufgeglüht hatte, erstarb. „Oh!“, seufzte sie.

„Aber so könnte es klappen!“ Man konnte Hannah ansehen, dass sie intensiv über das Problem nachdachte. „Ich kann Großvater nicht sagen, dass ich Gerry haben will – da sagt er garantiert Nein! Aber wenn ich ihn anrufe und ihm sage, dass ich auf dem Turnier ein brillantes Springpferd geritten habe, das ich gerne möchte … Wenn ich Gerry also einfach mit nach Hause bringe –“

Amy starrte Hannah entgeistert an. „Aber wie wird dein Großvater reagieren? Wird er nicht ausrasten?“

Hannah schüttelte den Kopf. „Das glaube ich nicht. Trotz allem, was er sagt – er vermisst Gerry schrecklich, und ich bin sicher, dass er ihn nicht wieder davonjagt!" Sie griff nach Amys Arm. Ihre Augen funkelten aufgeregt. „Amy! So könnte es gehen! Wirklich! Ich lauf schnell und frage meine Großmutter, was sie dazu sagt!"

Es dauerte nur ein paar Minuten, und Hannah hatte ihre Großmutter von ihrem Plan überzeugt. Amy rief Lou vom Handy aus an, um ihr die Neuigkeit mitzuteilen.

„Spartan verlässt uns also?", fragte Lou erstaunt.

„Ja!", antwortete Amy. „Nur leider ist der Hänger, den die Boswells haben, nicht groß genug für ihn. Aber Ty ist mit allem einverstanden, er bringt Spartan und mich mit unserem Transporter hin!"

„Aber Ty hat heute seinen freien Tag!", sagte Lou. „Pass auf! Sag ihm, er soll wieder zur Heartland Farm zurückkommen, dann fahre ich mit dir zu den Boswells!"

„In Ordnung!", meinte Amy, schaltete das Telefon aus und erstattete Ty Bericht.

Ein paar Minuten später hatten sie alles verabredet. Hannah und Shelley Boswell würden vorausfahren und Larry Boswell über den Neuankömmling informieren.

„Ich werde ihm seine alte Box herrichten!", sagte Hannah und tätschelte Spartan ein letztes Mal, bevor sie mit ihrer Großmutter davonfuhr. „Habt ihr die Wegbeschreibung?" Amy nickte.

Hannah lächelte ihr zu. „Wir sehen uns in ein paar Stunden!"

Ty fuhr mit Amy und Spartan zurück nach Heartland. „So, jetzt heißt es Abschied nehmen, alter Freund!", sagte er und ging zu

Spartan in den Hänger, während Lou ihre Sachen zusammensuchte. Er klopfte Spartan auf den Hals. „Ich hoffe, du wirst glücklich!"

„Ganz bestimmt!", sagte Amy leise und betrachtete den schönen braunen Kopf des Pferdes. Sie wusste, dass das, was sie tat, das einzig Richtige war.

Lou kam aus dem Haus. „Kann es losgehen?"

Amy nickte. „Bis später, Ty. Und vielen Dank für alles!"

„Kein Problem!" Ty lächelte. Dann drehte er sich um und lief über den Hof. Amy stieg schnell in den Wagen. Lou öffnete die Tür und setzte sich auf den Fahrersitz. „Also dann!"

Als der Anhänger über die Auffahrt rumpelte, hörte Amy Spartan wiehern. Wieder überkam sie die Erinnerung an jenen Tag vor Monaten, als es auch Spartan gewesen war, den sie im Anhänger transportierten. Damals hatte Mom, nicht Lou, am Steuer gesessen. Damals hatten Mom und sie versucht, Spartan zu retten. Sie warf einen Blick auf ihre Schwester. Jetzt versuchten Lou und sie, Spartan glücklich zu machen.

Sie schluckte, als sie über die vergangenen Monate nachdachte. Sie hatte so viel verloren, aber als sie daran dachte, welche Entscheidung Lou gestern Abend getroffen hatte, wurde ihr plötzlich bewusst, dass sie auch etwas gewonnen hatte.

Das Gestüt, das Larry Boswell gehörte, lag im Süden von Virginia. Amy betrachtete die Gegend, während sie an einer Farm nach der anderen vorüberfuhren. Schließlich erreichten sie das Gestüt *Dancing Grass.* Dunkle Koppelzäune begrenzten die Weiden. Ein großes Holzschild schaukelte sanft im Wind hin und her.

„Sieht ganz so aus, als wären wir da!“, sagte Lou.

Amy spürte, wie nervös sie war, als sie die Auffahrt entlangfuhren. Was würde geschehen, wenn Hannah nicht Recht behalten würde? Wie würde Larry Boswell reagieren? Müssten sie Spartan am Ende wieder mit zurück nach Heartland nehmen?

Lou fuhr vor das Farmhaus, dann stiegen sie aus und blickten sich um. Niemand kam. „Am besten, ich klopfe mal“, sagte Lou. Aber sie erhielt keine Antwort. Also lief sie um das Gebäude herum auf die Rückseite.

Amy ging zu Spartan in den Anhänger. Als er sie sah, wieherte er leise. Seine dunklen Augen waren ruhig. Sie überlegte, was ihm die Zukunft wohl bringen würde. Wie würde Larry Boswell sich entscheiden?

In diesem Moment hörte sie Stimmen, die sich von hinten dem Anhänger näherten. „Das ist doch der Transporter der Flemings!“, hörte sie Larry Boswell sagen. „Was hat der hier zu suchen?“

Amy stand wie versteinert. Dann hörte sie Hannahs Stimme. „Sie bringen das Pferd, das ich auf dem Turnier geritten habe. Das Pferd, das ich unbedingt möchte!“

Plötzlich hörte sie Lous Stimme. „Da sind wir also, Mr Boswell. Guten Tag!“

„Hallo!“ Amy hörte, dass Larry Boswell brummelte.

„Bist du bereit, ihn zu sehen, Grandpa?“, fragte Hannah eifrig.

„Amy ist bei ihm“, sagte Lou.

Hannah tauchte in der Seitentür auf. „Hallo Amy! Kannst du ihn rausbringen?“ Sie musste Amys besorgtes Gesicht gesehen haben, denn sie lächelte ihr aufmunternd zu. „Mach dir keine Sorgen!“, sagte sie leise. „Das klappt! Glaube mir!“

Sie verschwand und Amy hörte, wie sie die Riegel zur Seite schob und die Rampe herunterließ. Sie legte eine Hand auf Spartans braunen Rücken und fühlte die Wärme seines weichen Fells. *Ist das ein endgültiger Abschied?,* überlegte sie. Nach all dem, was sie gemeinsam durchlitten hatten, konnte sie es beinahe nicht glauben.

Die Rampe öffnete sich und Amy führte Spartan hinaus.

Larry Boswell starrte Spartan ungläubig an. Doch noch bevor er einen Ton sagen konnte, wieherte Spartan erfreut und riss am Führstrick. Amy machte ihn los und trat einen Schritt zurück. Das Pferd trabte auf seinen geliebten Besitzer zu. Spartan blies Larry Boswell seinen warmen Atem ins Gesicht. „Oh Gerry!“, murmelte Larry Boswell.

„Grandpa, Gerry ist das Pferd, auf dem ich das Turnier gewonnen habe!“, sagte Hannah. „Er war einfach unglaublich gut im Springen, er ist das Pferd, das ich möchte!“ Sie lief auf ihren Großvater zu und nahm seine Hand. „Bitte, sag Ja! Sag, dass ich ihn behalten darf! Bitte, lass Gerry hier bei uns bleiben!“

Amy hielt den Atem an. Larry Boswell zögerte. Dann lief ihm plötzlich eine Träne über die Wange. „Ja“, sagte er und wischte sich eilig die Träne aus dem Gesicht. „Er kann bleiben.“

Es dauerte nicht lange, bis sie Spartan in seiner alten Box untergebracht hatten. Er sah so glücklich aus, als hätte er all die schrecklichen Ereignisse der vergangenen Monate nie erlebt. „Wir müssen jetzt gehen“, sagte Lou zu Shelley Boswell. „Ich freue mich, dass alles ein so gutes Ende gefunden hat!“

„Ich mich auch." Shelley Boswell lächelte.

Amy verabschiedete sich von Hannah, dann lief sie zu Spartan, der den Kopf aus der Stalltür streckte. Er wandte seinen Blick in ihre Richtung, spitzte die Ohren, sein seidiger Schopf fiel ihm locker über das hübsche Gesicht. In seinen Augen leuchtete unverkennbar die Liebe zu seinem Besitzer. Amy fühlte einen Kloß in ihrer Kehle.

Endlich, endlich war auch der letzte Rest von Reserviertheit von ihm gewichen.

Sie legte ihm eine Hand auf den Hals. „Ich habe dir versprochen, dass ich dich glücklich machen werde, Spartan!", flüsterte sie, als er an ihrem Haar schnupperte. „Und siehst du, ich habe mein Versprechen gehalten!"

Sie fühlte, wie die Tränen in ihr hochstiegen, und kniff ganz schnell die Augen zusammen. Sie umarmte fest seinen Hals und gab ihm einen letzten Kuss.

Amy schluckte, dann drehte sie sich um und lief zu Lou, die schon auf sie wartete.

„Ich werde euch schreiben!", rief Hannah ihnen zu. „Und Fotos schicken!"

Als Amy ins Auto stieg, sah sie, wie Larry Boswell zu Spartan in die Box lief.

Spartan wieherte leise, und Amy konnte erkennen, dass Larry Boswell erfreut lächelte.

Sie fühlte, wie Lou ihr auf die Schultern klopfte. „Du hast richtig gehandelt, Amy!", sagte sie. „Wir alle brauchen ein Zuhause, und du weißt ganz genau, dass Heartland für Spartan nie zu einem richtigen Zuhause hätte werden können."

Amy blickte ihrer Schwester tief in die Augen. „Aber ist Heartland jetzt wenigstens *dein* Zuhause, Lou?“

Lou lächelte. „Ja“, antwortete sie. „Das ist es.“ Sie warf einen Blick auf Amy, dann startete sie den Motor. „Komm schon“, sagte sie leise. „Lass uns fahren.“

Worterklärungen

abreiten Erwärmen und Lockern des Pferdes vor dem Start oder Training

Buckskin Ponyrasse mit „schmutzig“-grau-brauner Fellfarbe

durchlässig Das Pferd lässt die Hilfen des Reiters „durch“

gegen den Zügel gehen Vorwärtsdrängen des Pferdes

halbe Parade Kombinierte Zügel- und Kreuzhilfen, um die Gangart des Pferdes zu verlangsamen oder um es aufmerksam zu machen

Hengst Männliches Pferd, zumeist Zuchthengst, da man im europäischen und nordamerikanischen Kulturkreis fast alle männlichen Pferde, die nicht zur Zucht verwendet werden, kastriert; Hengste sind im Umgang schwierig und erfordern viel Erfahrung

Hufschlag (nicht zu verwechseln mit Huftritt) äußere Reitbahn, Linie, in die das Pferd die „Hufe schlägt“

Kanter Leichter Galopp

Kastrieren s. a. „Hengst“

Kolik Darmkrämpfe beim Pferd auf Grund falscher Fütterung, Überfütterung, Vergiftung u. a.; verläuft häufig glimpflich, ist aber generell lebensbedrohlich, da Pferde nicht erbrechen können

Losgelassenheit Ein „losgelassen“ gehendes Pferd ist entspannt und reagiert sensibel auf den Reiter.

Morgan-Horse Bekannte amerikanische Pferderasse, leichtes, edles Wagen- und Reitpferd

Parcour Hindernisstrecke im Springreiten

Pensionspferd Pferd, für das in einem Stall vom Besitzer für Futter und Pflege „Pension“ gezahlt wird

Roundpen Hoch eingezäunter Platz zum Bewegen der Pferde mit und ohne Longe

Vererber Zuchthengst, der seine guten Eigenschaften „vererbt“

Viereck Dressurviereck (Platz für Dressurtraining)

Wallach Kastriertes männliches Pferd (90 % aller Hengste)

Widerrist Höchster, „fixer“ Punkt des Pferdes (da Hals und Kopf gesenkt werden können)

Zirkel wechseln (auf dem Reitplatz) die Richtung wechseln, andersherum reiten (s. a. „die Hand wechseln“)

Leseprobe: *Hoffen auf morgen,* Heartland Farm Band 3

„Mom kommt nicht wieder, Pegasus", sagte Amy sanft zu dem alten Schimmel. „Sie kommt nie mehr wieder." Sie wusste, dass er ihre Worte nicht verstand, aber sie hatte dennoch das Gefühl, ihm etwas erklären zu müssen.

In den ersten Wochen nach dem schrecklichen Unfall hatte Pegasus unaufhörlich auf Marion Fleming gewartet. Hoffnungsvoll stand er immer wieder an der Tür seiner Box auf der Heartland Farm und blickte vergeblich den Weg hinunter.

Doch in den letzten Tagen war Amy eine Veränderung bei dem Lieblingspferd ihrer Mutter aufgefallen. Pegasus war lustlos und still geworden. Statt über die halbe Tür zu schauen, stand er mit gesenktem Kopf und ausdruckslosen Augen in der hintersten Ecke seiner Box. Es schien, als hätte er in dem Moment, als er aufhörte, Ausschau zu halten, auch alle Hoffnung aufgegeben. Amy konnte es nicht ertragen, ihn so zu sehen. Sie drückte ihr Gesicht an seine Nüstern. Pegasus schnaubte leise und ließ seinen schweren Kopf auf ihre Schulter sinken. Amy schloss die Augen. Trotz der Traurigkeit, die über ihm hing, füllte die Anwesenheit des großen Pferdes die Box und gab Amy das Gefühl von Sicherheit und Frieden, so wie immer. Es war dieselbe Präsenz, die einst ganze Stadien rund um die Welt gefüllt und die ihn und seinen Reiter, Amys Vater, im Parcours zu einem der berühmtesten Paare aller Zeiten gemacht hatte.

Aber das war lange her, zu einer Zeit, als sie noch in England lebten und ihr Vater ein Teil dieses Lebens war, zu einer Zeit, als es Heartland noch nicht für sie gab. Amy warf den Kopf zurück. Sie war jetzt jemand anderes.

Ein Geräusch unterbrach ihre Gedanken: Die Tür des Wohnhauses wurde geöffnet. Amy gab Pegasus einen Kuss auf das rosa Maul und ging nach vorn zum Ausgang der Box. Sie sah ihre große Schwester Lou, schlank und blond, aus dem schindelgedeckten Farmhaus herauskommen. Der Großvater folgte ihr mit einer Reisetasche.

Amy verließ Pegasus' Stall und trat hinaus auf den Hof. „Willst du schon los?"

Jack Bartlett blieb am Auto stehen. „Ja, Schatz. Wenn ich mich jetzt auf den Weg mache, komme ich noch bei Tag an."

Amy rannte zum Wagen. „Grüß Glen und Sylvia!" Sie schlang die Arme um seinen Nacken und drückte ihn fest, atmete den vertrauten Geruch von Leder und Seife.

„Vergiss nicht anzurufen, wenn du da bist", sagte Lou und gab Jack einen Kuss auf die Wange.

Er sah von einer Schwester zur anderen, Sorgenfalten im wettergegerbten Gesicht. „Seid ihr sicher, dass ihr zurecht kommt? Nach allem, was in letzter Zeit passiert ist, sollte ich vielleicht doch nicht wegfahren."

„Wir kommen schon klar", sagte Lou. Amy erhaschte einen Blick aus ihren blauen Augen. „Nicht wahr?"

„Aber ja doch", gab Amy zurück. „Du kannst nicht einfach *nicht* fahren. Du weißt, wie sehr sich Glen und Sylvia auf dich freuen"

Das konnte Jack nicht leugnen. Er hatte immer großen Wert darauf gelegt, mindestens einen Monat bei seinem Bruder Glen und dessen Frau Sylvia zu bleiben. Früher war auch Amy jedes Jahr mit auf die Farm nach Tennessee gekommen.

Jack sah immer noch besorgt aus. „Seid ihr sicher, dass ihr alles schafft ohne mich?“, fragte er. „Wir sind gerade ein bisschen überstrapaziert.“

„Das haben wir doch schon geklärt, Großvater“, sagte Lou bestimmt. „Du weißt, dass meine Freundin Marnie nächste Woche kommt. Sie kann uns helfen, und Ty hat angeboten, ein paar Überstunden zu machen.“

„Können wir uns das überhaupt leisten?“ Bei dem Gedanken Ty, dem Stallburschen, Überstunden bezahlen zu müssen sah Jack unglücklich aus.

„Es wird schon gehen“, sagte Lou, und bevor er noch eine Bemerkung machen konnte, fiel sie ihm ins Wort. „Weißt du was, fahr einfach los!“ Sie umarmte ihn rasch und öffnete die Autotür.

„Man könnte glatt meinen, ihr wollt mich loswerden“, sagte Jack lächelnd. Er lud die Reisetasche in den Kofferraum und stieg ein. „Stimmt auch!“ Amy grinste. „Wir werden so richtig außer Rand und Band geraten, wenn du weg bist, nicht wahr, Lou?“

Jack grinste zurück. „Nicht, dass ich was verpasse! Ich bleib wohl doch lieber hier!“ Aber Lous Gesichtsausdruck war unmissverständlich. „Okay, okay, ich bin schon fort!“, versicherte der Großvater lächelnd und startete den Motor.

„Gut denn“, sagte Lou zu Amy, während sie dem Wagen

nachsahen, der in einer Staubwolke verschwand, „jetzt sind wir allein." Im Haus klingelte das Telefon. Lous Augen glänzten. „Vielleicht ein neuer Kunde! Ich geh ran!" Sie rannte los.

Amy sah über den Hof.

Zu ihrer Linken befand sich der vordere Stallkomplex mit sechs Boxen. Farbe blätterte von den Türen ab, und die hölzernen Türrahmen waren angeknabbert von vielen verschiedenen Bewohnern. Heu und Strohbüschel pappten am Wassertrog und lagen vor den Türen verstreut. Amy seufzte. Der Hof musste gefegt werden, und auch hinter den Gebäuden lag noch viel Schmutz, der zu beseitigen war.

Sie blickte über den Weg zu den Weiden. Pferde und Ponys aller Größen und Farben grasten friedlich in der Septembersonne. Amy fühlte Freude. Wenn es Heartland nicht gegeben hätte, wären die meisten dieser Pferde und Ponys im Schlachthaus geendet. Allein sie so gesund und zufrieden zu sehen, lohnte die langen Stunden harter Arbeit.

Von den fünfzehn Pferden, die zurzeit auf Heartland lebten, waren zwölf aus den Händen von Tierquälern gerettet worden. Ihre seelischen Wunden waren verheilt, sie hatten ein neues zuhause gefunden. Drei waren Pensionspferde, die man nach Heartland geschickt hatte, um ihre Unarten zu kurieren. Und dann war da noch Pegasus. Er hatte Amys Vater gehört bis zu dem Zeitpunkt, als dieser im Springparcours verunglückte und später Frau und Kinder verließ. Danach hatte Pegasus sein Herz an Amys Mutter Marion gehängt. Amys Blick fiel auf die letzte Box – niemand schaute heraus. Armer Pegasus! Ohne Mom schien er so verloren.

Hinter Amy öffnete sich die Tür, Lou trat heraus.

„War es ein Kunde?“, fragte Amy. Doch sie konnte ihrer Schwester die Antwort schon vom Gesicht ablesen.

„Bloß verwählt.“ Lou ließ den Blick besorgt zu den Ställen schweifen. „Wir müssen die drei Boxen da bald voll kriegen, Amy. Die Pensionspferde sind das einzige feste Einkommen, das wir seit Wochen haben.“

Amy nickte. Die Pensionszahlungen für die zeitweise untergebrachten Tiere half die Arbeit mit den ihnen anvertrauten kranken Pferden zu finanzieren.

„Ich begreife nicht, warum es keine Nachfrage mehr gibt“, fuhr Lou stirnrunzelnd fort. „Nachdem Nick Halliwell angefangen hatte, uns weiterzuempfehlen, gab es zunächst viele Anfragen. Jetzt passiert gar nichts mehr.“

„Ich könnte Nick wieder einmal anrufen und fragen, ob er jemanden kennt, der ein bisschen Hilfe braucht bei seinen Pferden“, schlug Amy vor. Nick Halliwell war ein bekannter Springreiter. Vor zwei Monaten hatte Amy einem seiner talentierten jungen Pferde die Angst vor dem Transportanhänger genommen, und seitdem unterstützte Nick die Farm.

Lou war einverstanden. „Es ist einen Versuch wert.“

Als Amy bei Nick Halliwell anrief, musste sie jedoch erfahren, dass er zur Landesmeisterschaft gefahren war. „Er ist erst in drei Wochen zurück“, erklärte ihr der Sekretär.

Amy seufzte. „Pech gehabt.“

„Es ist beängstigend.“ Lou runzelte die Stirn. „Seit drei Wochen nicht ein einziger neuer Kunde.“

Amy musste sich eingestehen, dass es wirklich etwas seltsam

war, aber sie wollte sich keine Gedanken mehr darüber machen. „Es wird schon werden. Heartland ist nicht kleinzukriegen." Sie versuchte optimistisch zu klingen.

„Hoffentlich", gab Lou zurück. „Wir werden Schwierigkeiten bekommen, wenn das Geschäft nicht bald besser läuft." Sie seufzte und stand auf. „Also, ich schlage vor, wir nehmen uns jetzt mal Moms Zimmer vor."

Amy schnürte es die Kehle zu. *Moms Zimmer.* – In Marions Schlafzimmer war seit der Nacht, in der sie starb, nichts verändert worden. Doch jetzt, da Lous Freundin Marnie für ein paar Wochen zu Besuch kommen wollte, brauchten sie Platz. Lou hatte beschlossen, dass dies der richtige Zeitpunkt war, um aufzuräumen. „Es wird nicht lange dauern", sagte Lou, als Amy ihr die Treppe hinauf folgte. „Ich dachte mir, wir machen zwei Haufen: Sachen zum Behalten und Sachen zum Wegwerfen." Sie öffnete die Zimmertür und trat ein.

Amy blieb im Türrahmen stehen. Seit dem Tod ihrer Mutter hatte sie versucht, das Zimmer zu meiden. Aber jetzt ließen der Anblick all der persönlichen Dinge eine plötzliche Woge von Gefühlen über sie hereinbrechen. Der Unfall war vor drei Monaten passiert und der allgegenwärtige Schmerz war nicht mehr so heftig. Andererseits genügte ein kleiner Anstoß, um die Trauer über den Verlust wieder aufbrechen zu lassen.

„Okay." Lou ging entschlossen hinüber zu einem Stapel leerer Pappkartons, den sie zuvor schon hergebracht hatte. „Lass uns die Sachen, die wir aufheben wollen, in diese Kartons hier tun und was wir wegschmeißen wollen in die anderen." Sie räusperte sich. „Ich schlage vor, wir fangen mit dem Schrank an."

Amy betrat den Raum; alles schien ihr unwirklich: die Pferdefotos an den Wänden, die Stalljacke über einer Stuhllehne, das ungemachte Bett. Es war, als wäre ihre Mutter noch am Leben und könnte im nächsten Augenblick, unmittelbar nach Amy, ins Zimmer kommen.

Lou öffnete den Eichenschrank. Angesichts der vertrauten Kleider hielt jedoch auch sie für einen Moment inne. Sie streckte die Hand aus und berührte die Gewebe. Amy sah sie schlucken. Als Lou die Sprache wieder fand, war ihre Stimme wieder fest: „Gut, sollen wir die zuerst durchsortieren?" Sie zögerte noch einmal, bevor sie ein paar Blusen herauszog. „Alles, was noch in Ordnung ist, geben wir in die Kleiderspende, und von dem Rest sollten wir uns trennen."

„Wir können Moms Sachen nicht einfach wegschmeißen!", widersprach Amy. Sie fing den Blick ihrer Schwester auf.

„Aber wir müssen Platz für Marnies Sachen schaffen."

Amy konnte den Gedanken, die Kleidung ihrer Mutter wegzuwerfen, einfach nicht ertragen. „Können wir all das nicht woandershin tun?" Sie ging hinüber zum Wäscheschrank und nahm eine grüne Reithose heraus. Ihr Magen zog sich zusammen. Sie erinnerte sich, dass ihre Mutter sie nur wenige Tage vor ihrem Tod getragen hatte.

Lou lenkte ein. „Okay, sicherlich ist noch Platz im Keller."

Es dauerte nicht lange, die Sachen einzupacken. Amy legte Reithosen, T-Shirts und Pullover zusammen, während Lou die wenigen schicken Kleider, die ihre Mutter besessen hatte, vom Bügel nahm und sie schnell und methodisch in die Kartons packte. Als sie zum letzten Kleidungsstück kam, hielt sie inne.

„Moms Jackett“, sagte sie leise, während sie die dunkelblaue Reitjacke mit dem bordeauxroten Futter betrachtete.

Amy sah, wie sich Lous Augen plötzlich mit Tränen füllten, und spürte, wie sich ein Ring um ihre Brust legte. Mom hatte ihre Springreiter-Karriere aufgegeben, nachdem sich Pegasus und Daddy bei dem Unfall im Springen vor zwölf Jahren schwer verletzt hatten. Amy war damals noch nicht einmal drei Jahre alt und konnte sich nicht mehr daran erinnern. Ihre Erinnerung setzte erst ein, nachdem sie mit ihrer Mutter nach Nordost-Virginia zum Großvater auf die Heartland Farm gezogen waren. Aber sie wusste, dass Lou, die zum Zeitpunkt des Unfalls elf gewesen war, wesentlich mehr Erinnerungen an ihr Leben in England hatte – Erinnerungen, die das Kleidungsstück offenbar zurückbrachte.

Lou blinzelte, faltete das Jackett zärtlich zusammen und legte es auf die anderen Sachen. Dann begann sie, den Boden des Schrankes auszuräumen: Schuhschachteln, Dosen mit Gesichtscreme, Stücke von Lippenstiften und Make-up-Krümel.

„Schau dir das an!“ Ihre Stimme klang fest.

Amy wühlte stumm in dem Durcheinander von Schuhen. Mitten darin fand sie eine Schachtel. Sie öffnete sie. „Fotos!“ Da waren zwei Alben mit ausgebleichten Einbänden und Umschläge mit losen Fotografien. Amy schlug das erste Album auf. „Lou! Das bist du!“ Zweifellos war das blond gelockte kleine Mädchen ihre Schwester: kornblumenblaue Augen, groß wie Untertassen, in einem herzförmigen Gesicht.

Lou sah ihr über die Schulter. „Hm, bin ich.“

„Und Daddy und Mom!“ Da waren Fotos von ihren Eltern,

auf denen sie seltsam jung aussahen: ihr Vater mit dunklem Lockenkopf, ihre Mutter, ihm lächelnd zugewandt, rank und schlank, mit den gleichen blauen Augen wie Lou, dem gleichen hellen Haar.

Amy blätterte die Seiten um. Es gab Bilder vom Turnierstall ihrer Eltern in England – ein hübscher quadratischer Hof mit Außenboxen aus dunklem Holz, aus denen Pferde herausschauten, Bilder von den Eltern auf Turnieren, Bilder von Moms eleganter brauner Stute Delilah und von Daddy auf Pegasus. Es gab auch Bilder von der etwa fünfjährigen Lou, wie sie auf einem kleinen Pinto-Pony über einen Parcours ritt.

„Das war Minnie." Lou kniete sich lächelnd neben Amy. „Daddy hat sie mir gekauft, als ich drei war. Als du dann alt genug warst, wolltest du immerzu auf ihr reiten. Deshalb hat mir Daddy schließlich Nugget geschenkt." Sie schlug das zweite Fotoalbum auf. „Hey, schau mal, hier bist du frisch geboren!"

Amy betrachtete sich selbst als Baby und blätterte weiter, bis sie Bilder von sich als Zweijährige fand: ein dünnes Kind mit hellbraunem Haar und grauen Augen, fast immer entweder neben oder auf einem Pferd fotografiert. Sie sah ganz anders aus als Lou, ähnelte mehr ihrem Vater.

Lou deutete auf ein Urlaubsbild, das die ganze Familie an einem Meeresstrand neben einer riesigen Sandburg zeigte. Sie sahen fröhlich aus. „Das war unser Spanien-Urlaub. Du warst gerade mal drei und ich elf."

Amy blätterte weiter, begierig mehr zu sehen, doch plötzlich gab es keine Bilder mehr. Der Rest des Albums war leer. Sie sah ihre Schwester an.

„Daddys Unfall“, sagte Lou leise.

Amy nahm die Umschläge mit den losen Fotos und schüttete sie auf dem Boden aus. Die Bilder zeigten Amy und Mom mit dem Großvater auf Heartland. Amy war in dem Jahr gewachsen, und ihre Mutter hatte sich ebenfalls verändert – ihr Gesichtsausdruck war ernst, ihre Augen traurig.

„Das bin ich.“ Lou zog ein Foto hervor. Es zeigte sie in einer eleganten Schuluniform vor dem Eingang des Internats in England, die Mappe in der Hand. Auch sie sah sehr ernst aus.

Amy warf Lou einen Blick aus dem Augenwinkel zu. „Warum bist du nicht mit uns gekommen?“ Ihre Mutter hatte damals versucht, es ihr zu erklären, doch Amy hatte nie verstanden, warum Lou in England im Internat bleiben wollte.

„Weil ich dachte, dass Daddy vielleicht zu uns zurückkehrt“, sagte Lou.

„Mom hat monatelang auf ihn gewartet.“ Amy erinnerte sich an die Worte ihrer Mutter: *Ich habe gewartet und gewartet für nichts und wieder nichts.* Sie hatte die Stirn gerunzelt. „Er hat uns sitzen lassen, Lou.“

Lous Augen blitzten. „Er hat versucht damit klarzukommen, dass er nie wieder ein Turnier reiten kann!“, entgegnete sie heftig. „Er wäre zurückgekommen – für uns. Aber Mom ist abgehauen und hat das Land verlassen!“

„Das musste sie!“, rief Amy aus. Erinnerungen aus den ersten Monaten in Virginia schossen ihr durch den Kopf. Mom war so durcheinander gewesen. „Sie konnte nicht in England bleiben, weil sie alles dort an *ihn* erinnerte!“

„Wenn sie in England geblieben *wäre*, wäre das *vielleicht* ein

Anlass gewesen für ihn zurückzukommen, und sie hätten *zusammen* weggehen können!“

Er ist aber niemals zurückgekommen! Amy verkniff sich die Worte. Sie wusste, dass sie immer nur Moms Version der Geschichte gehört hatte, trotzdem wollte sie nicht einsehen, dass es noch eine andere gab und warum Lou immer noch zu ihrem Vater hielt. Nach den Monaten angespannten Wartens hatte Marion alle Pferde verkauft – außer Pegasus. Er war bei dem Unfall selbst schwer verletzt und gleich danach zu Moms Familie nach Virginia zurückgeschickt worden. Nunmehr selbst hier angekommen, konzentrierte sie sich darauf, Pegasus gesund zu pflegen und danach hatte sie mit dem Aufbau des Gnadenbrot-Hofs auf Heartland begonnen. Indem sie sich um aufgegebene Pferde kümmerte, fand Marion wieder zu sich selbst.

„Ich hätte hier nicht leben können“, sagte Lou. „Mom hätte von mir erwartet, dass ich helfe und mit anpacke und ich konnte es nicht ertragen, noch länger von Pferden umgeben zu sein, nach dem, was mit Daddy passiert war.“

Amy dachte an all die Jahre, in denen sie aufgewachsen war und ihre Schwester kaum zu Gesicht bekommen hatte und an die wenigen Male, als Lou sie besuchte. – Die Gründe ihrer Ablehnung von Heartland hatten immer mit Moms Arbeit zu tun gehabt. Jetzt war es anders. Nach Moms Tod begann Lou, ihre Liebe zu Pferden wieder zu entdecken. Amy fischte ein Foto heraus, das Lou in einer langen, schwarzen Universitätsrobe zeigte, aufgenommen am Tag ihres Abschlusses an der Oxford-Universität in England, neben ihr Mom und Amy.

Lou warf einen Blick darauf und lächelte. „Ich konnte es

kaum fassen, dass ihr beide den weiten Weg von Amerika bis nach England auf euch genommen hattet, nur um bei meiner Graduierung dabei zu sein."

„Mom war sehr stolz, als du in Oxford eingeschrieben wurdest", sagte Amy. „Und als du angerufen und erzählt hast, wie gut deine Prüfungen gelaufen sind, meinte Mom, wir *müssen* hinfahren. Nicht einmal Heartland war ihr wichtiger als das."

Lou war erstaunt. „Hat sie das wirklich gesagt?"

Amy nickte.

„Das wusste ich nicht", sagte Lou beschämt.

„Mom hat dich wirklich vermisst, Lou. Sie war so froh, als du den Job in New York bekommen hattest!"

Lou biss sich auf die Lippen. „Aber ich kam zu selten zu Besuch, nicht wahr? Oh Amy, wenn alles ein bisschen anders gewesen wäre ..." Ihr versagte die Stimme, doch sie riss sich sofort wieder zusammen. „Sinnlos, darüber nachzudenken", fuhr sie brüsk fort. „Es bringt nichts, den Dingen hinterherzutrauern. Das Leben geht weiter." Sie fuhr fort, Sachen einzupacken. „Komm schon, sehen wir zu, dass wir fertig werden."

Amy tat die Fotos zurück in die Hüllen und packte die Alben sorgfältig weg. Die Schachtel trug sie hinüber zum Fenster. Moms Fenster ging, so wie das ihre, zum Hof hinaus. Sie sah, Pegasus hatte sich immer noch in seiner Box verkrochen und war nicht zu sehen.

„Ich mache mir Sorgen um Pegasus." Amy begann Lou dabei zu helfen, den Schminktisch und die Schubladen zu leeren.

„Du hast kürzlich gesagt, dass er nicht mehr er selbst ist", sagte Lou.

„Was *ist* das?“, fragte Amy noch einmal, beunruhigt, weil Lou den Brief so seltsam anstarrte.

„Vor fünf Jahren“, sagte Lou und zeigte auf den Poststempel.

„Na und?“ Amy verstand noch immer nicht.

Lou sah sie an, sie war blass. „Er ist von Daddy.“

...

Amy nickte. „Unmittelbar nach Moms Tod – weißt du noch, wie er immer über die Stalltür hinweg nach ihr Ausschau gehalten hat?"

„Als ob sie jeden Augenblick nach Hause kommen könnte."

„Er hat damit aufgehört. Er steht nur noch in der hintersten Ecke seiner Box und ist deprimiert. Ich mache mir Sorgen."

„Das gibt sich wieder." Lou verschloss die Kartons.

Amy war sich da überhaupt nicht sicher. „Mom ist seine einzige Bezugsperson gewesen. Er muss völlig durcheinander sein. Plötzlich ist sie nicht mehr da, und er weiß nicht, warum. Garantiert ist es das, weshalb er so deprimiert ist."

„Kannst du ihm nicht irgendwie helfen?"

Amy dachte an die Kräuter, die Öle und andere Naturheilmittel, deren Gebrauch Mom sie gelehrt hatte. Sie kannte verschiedene Mittel, um Depressionen zu behandeln. „Ich werd's versuchen. Mal sehen, was ich tun kann."

Lou schickte ihr ein ermutigendes Lächeln zu, bevor sie weiter in den Schubladen kramte. „Bestimmt kannst du ihn ein bisschen aufmuntern."

Einige Minuten lang arbeiteten sie stumm weiter. Lou zog eine Schublade voller Briefe und Postkarten heraus. „Wir schütten sie einfach aus." Rasch durchwühlte sie den Inhalt. „Sowieso nur alte Geburtstagskarten und ..." Plötzlich hielt sie inne und zog einen Umschlag hervor.

Lou starrte auf das Kuvert.

„Was ist das?"

Keine Antwort. Amy sah ihrer Schwester über die Schulter. Der Brief war adressiert an Marion Fleming, Heartland Farm.